Der Preußische Landeseisenbahnrat (1882 bis 1922)

Europäische Hochschulschriften

Publications Universitaires Européennes
European University Studies

Reihe II
Rechtswissenschaft

Série II Series II
Droit
Law

Bd./Vol. 3545

PETER LANG
Frankfurt am Main · Berlin · Bern · Bruxelles · New York · Oxford · Wien

Jürgen Seffzig

Der Preußische Landeseisenbahnrat (1882 bis 1922)

Das Zusammenwirken von Staat und Wirtschaft im Kaiserreich

PETER LANG
Europäischer Verlag der Wissenschaften

Bibliografische Information Der Deutschen Bibliothek
Die Deutsche Bibliothek verzeichnet diese Publikation in der Deutschen Nationalbibliografie; detaillierte bibliografische Daten sind im Internet über <http://dnb.ddb.de> abrufbar.

D 30
ISSN 0531-7312
ISBN 3-631-39746-1

www.peterlang.de

Gliederung

Literaturverzeichnis

Adler, Gerhard, Fenner, Wolfgang; Lexikon der Eisenbahn, 8. bearbeitete und ergänzte Auflage, Stuttgart 1990.

Alberty, M.; Der Übergang zum Staatsbahnsystem in Preußen, seine Begründung, seine Durchführung und seine Folgen, eine wirtschaftspolitische Untersuchung, Jena 1911.

Albrecht, Paul; Die Haftung der Eisenbahn für Verlust und Beschädigung des Gutes nach Handelsgesetzbuch, Leipzig 1907.

Ambrosius, Gerold; Der Staat als Unternehmer, Öffentliche Wirtschaft und Kapitalismus seit dem 19. Jahrhundert, Göttingen 1984.

Ambrosius, Gerold; Staat und Wirtschaft im 20. Jahrhundert, Enzyklopädie Deutscher Geschichte Band 7, München 1990.

Barnikel, Hans-Heinrich; Kartelle in Deutschland. Entwicklung,theoretische Ansätze und rechtliche Regelungen, in: Theorie und Praxis der Kartelle, Hrsg. Hans-Heinrich Barnikel, Darmstadt 1972, S. 1 - S. 64.

Berthold, Norbert, Hank, Rainer; Bündnis für Arbeit: Korporatismus statt Wettbewerb, Tübingen 1999.

Bismarck, Otto von; Gedanken und Erinnerungen, Stuttgart 1898.

Blaich, Fritz; Kartell- und Monopolpolitik im kaiserlichen Deutschland, Düsseldorf 1973.

Blaich, Fritz; Staat und Verbände in Deutschland zwischen 1871 und 1945, Wiesbaden 1979.

Böckenförde, Ernst-Wolfgang; Der deutsche Typ der konstitutionellen Monarchie im 19. Jahrhundert, in: Ernst-Wolfgang Böckenförde, Recht, Staat, Freiheit, Frankfurt am Main 1991, S. 273 - S. 305.

Borchardt, Knut; Die Industrielle Revolution in Deutschland 1750-1914, in: Europäische Wirtschaftsgeschichte Band 4, hrg. von Carlo M. Cipolla, Knut Borchardt, Stuttgart, New York 1985, S. 135 - S. 202.

Borchardt, Knut; Grundriß der deutschen Wirtschaftsgeschichte, 2., verbesserte Auflage, Göttingen 1985.

Born, Karl Erich; Wirtschafts- und Sozialgeschichte des Deutschen Kaiserreichs(1867/71 - 1914), Stuttgart 1985.

Brake, Ludwig; Die ersten Eisenbahnen in Hessen, Wiesbaden 1991.

Brockhaus; Konversationslexikon, 2. Band, Berlin und Wien 1894.

Brockhaus; Konversationslexikon, 7. Band, Berlin und Wien 1894.

Brockhaus; Konversationslexikon, 8. Band, Berlin und Wien 1894.
Brockhaus; Konversationslexikon, 10. Band, Berlin und Wien 1894.
Brockhaus; Konversationslexikon, 12. Band, Berlin und Wien 1895.
Brockhaus, Konversationslexikon, 16. Band, Berlin und Wien 1895.
Carsten, Francis L.; Geschichte der preußischen Junker, Frankfurt am Main 1988.
Cohn, Gustav; Die englische Eisenbahnpolitik der letzten zehn Jahre, in: Archiv für Eisenbahnwesen 1883, S. 1 - 43, 91 - 134, 209 - 253, 345 - 353, 435 - 486, Archiv für Eisenbahnwesen 1884, S. 505 - 514.
Denkschrift; Der Preußische Landeseisenbahnrat in den ersten fünfundzwanzig Jahren seiner Tätigkeit (1883 bis 1908). Denkschrift dem Landeseisenbahnrat überreicht vom Minister der öffentlichen Arbeiten. Berlin 1908.
Deutsche Bundesbank; Deutsches Geld- und Bankwesen in Zahlen 1876 - 1975, Frankfurt am Main 1976.
Eger, Georg; Handbuch des Preußischen Eisenbahnrechts, Erster Band, Breslau 1889.
Encyclopaedia Judaica; Encyclopaedia Judaica, Fünfter Band, Berlin 1930.
Facius, Friedrich; Thüringen, in: Geschichte der deutschen Länder, 2. Band, Die deutschen Länder vom Wiener Kongreß bis zur Gegenwart, hrsg. von Georg Wilhelm Sante, Würzburg 1971, S. 500 - S. 539.
Falkenbach, Walter; Eisenbahnbeiräte, Ihre geschichtliche Entwicklung, heutige Stellung im Rahmen der Deutschen Reichseisenbahnverwaltung und ihre Bedeutung als Interessenvertretungen der Wirtschaft, Frankfurt am Main 1928.
Financial Revue; The Financial Revue, Annual 1914, New York 1914.
Fleck; Eisenbahntarife, in: Wörterbuch des deutschen Verwaltungsrechts, Erster Band, hrsg. von Karl von Stengel, Freiburg im Breisgau 1890, S. 341 - S. 346.
Fremdling, Rainer; Eisenbahnen und deutsches Wirtschaftswachstum: Führungssektoranalyse mit einem Vergleich zu den Vereinigten Staaten und Großbritannien, in: Deutsche Wirtschaftsgeschichte im Industriezeitalter, hrsg. von Werner Abelshauser, Dietmar Petzina, Düsseldorf, Königstein 1981, S. 192 - S. 217.
Friedman, Lawrence M.; A history of american law, Second Edition, New York 1985.
Gall, Lothar; Bismarck, Der weiße Revolutionär, 2. Auflage, Berlin, Frankfurt am Main 1990.
Gall, Lothar; Bismarck - Die großen Reden, Berlin, Frankfurt am Main, Wien 1984.
Gall, Lothar; Pohl, Manfred; Die Eisenbahn in Deutschland, Von den Anfängen bis zur Gegenwart, München 1999.

Gall, Lothar; Europa auf dem Weg in die Moderne 1850 - 1890, 3., überarbeitete und erweiterte Auflage, München 1997.
Geschäftsordnung; Geschäftsordnung für den Bezirkseisenbahnrat Frankfurt a.M. nebst den einschlägigen gesetzlichen Bestimmungen, sowie einem Verzeichnisse der Mitglieder, Frankfurt a. M. 1907.
Geschichte der deutschen Länder; Geschichte der deutschen Länder, 2. Band: Die Deutschen Länder vom Wiener Kongreß bis zur Gegenwart, hrsg. von Georg Wilhelm Sante, Würzburg 1971.
Giddens, Anthony; Der dritte Weg, Die Erneuerung der sozialen Demokratie, Frankfurt am Main 1999.
Gleitze, Bruno; Die wirtschaftliche Entwicklung Ostdeutschlands im Industriezeitalter, in: Das Östliche Deutschland, Ein Handbuch, hrsg. vom Göttinger Arbeitskreis, Würzburg 1959, S. 645 - S. 710.
Hacker, Paul; Die Beiräte für besondere Gebiete der Staatstätigkeit im Deutschen Reiche und in seinen bedeutenderen Gliedstaaten, Tübingen 1903.
Hallgarten, George W.F., Radkau, Joachim; Deutsche Industrie und Politik, von Bismarck bisin die Gegenwart, Hamburg 1981.
Handwörterbuch 1906 der Preußischen Verwaltung; Erster Band, hrsg. von Rudolf von Bitter, Leipzig
Hattenhauer, Hans; Die geistesgeschichtlichen Grundlagen des deutschen Rechts, 3.,überarbeitete und erweiterte Auflage, Heidelberg 1983.
Henning, Friedrich-Wilhelm; Die Industrialisierung in Deutschland 1800 bis 1914, 7., ergänzte Auflage, Paderborn, München, Wien, Zürich 1989.
Henning, Friedrich-Wilhelm; Landwirtschaft und ländliche Gesellschaft in Deutschland, Band 2, 1750 bis 1986, 2., ergänzte Auflage, Paderborn 1988.
Herzfeld, Hans; Geschichte in Gestalten, Ein biographisches Lexikon, Band 3, Frankfurt am Main 1981.
Hinz, Johannes; Pommern, Augsburg 1996.
Hobsbawm, Eric J.; Industrie und Empire I, Britische Wirtschaftsgeschichte seit 1750, Frankfurt am Main 1969.
Hobsbawm, Eric J.; Industrie und Empire 2, Britische Wirtschaftsgeschichte seit 1750, Frankfurt am Main 1969 .
Hofmann, Hans; Die Voraussetzungen für die vertragliche Haftung der Eisenbahn im Gütertransportverkehr, Leipzig 1907.
Huber, Ernst Rudolf; Deutsche Verfasssungsgeschichte seit 1789, Band IV, Struktur und Krisen des Kaiserreichs, Stuttgart, Berlin, Köln, Mainz 1969.
Ipsen, Knut; Zur Rechtsnatur des Tarifs der Bundesbahn, in: Archiv des öffentlichen Rechts, 50. Band, Tübingen 1964, S. 336 - S. 368.
Jahrbuch; Jahrbuch der deutschen Handelskammern und sonstigen amtlichen Handelsvertretungen, 2. Ausgabe, Leipzig 1910.

Jungnickel, Friedrich; Staatsminister Albert von Maybach, Stuttgart, Berlin 1910.
Kellenbenz, Hermann; Deutsche Wirtschaftsgeschichte, Band II, München 1981.
Kiesewetter, Hubert; Industrielle Revolution in Deutschland 1815 - 1914, Neue Historische Bibliothek, Frankfurt am Main 1989.
Klee, Wolfgang; Preußische Eisenbahngeschichte, Stuttgart Berlin Köln Mainz 1982
Klein, Thomas; Sachsen-Anhalt, in: Geschichte der deutschen Länder, 2. Band, Die deutschen Länder vom Wiener Kongreß bis zur Gegenwart, hrsg. von Georg Wilhelm Sante, Würzburg 1971, S. 245 - S. 276.
Lambi, Ivo N.; Die Schutzzoll-Interessen der deutschen Eisen- und Stahlindustrie 1873 - 1879, in: Probleme der Reichsgründungszeit 1848-1879, hrsg. von Helmut Böhme, Zweite Auflage, Köln, Berlin 1972, S. 317 - 327.
Landes, David S.; The unbound Prometheus, Technological Change and Industrial Development in Western Europe from 1750 to the Present, Cambridge 1969.
Landeseisenbahnrat; Landeseisenbahnrat, Verzeichnis der Beratungsgegenstände der Hauptsitzungen in den Jahren 1883 bis 1913, Berlin ohne Jahr.
von der Leyen, Eisenbahnbeiräte, in: Wörterbuch des deutschen Verwaltungsrechts, Erster Band, hrsg. von Karl von Stengel, Freiburg im Breisgau 1890, S. 331 - S. 334.
List, Friedrich; Das deutsche National-Transport-System in volks- und staatswirthschaftlicher Beziehung, Leipzig 1838, Reprint Berlin 1988.
Lönne, Karl-Egon; Politischer Katholizismus im 19. und 20. Jahrhundert, Frankfurt am Main 1986.
Loviscach, Peter; Beiräte bei Verwaltungsbehörden, eine Untersuchung über die in Beiräten institutionalisierten Beziehungen zwischen Verwaltungsbehörden und Interessenten und Sachverständigen, Berlin 1968.
Mann, Bernhard; Biographisches Handbuch für das Preußische Abgeordnetenhaus 1867 - 1918, Düsseldorf 1988.
Marx, Karl; Kritik des Gothaer Programms, in: Marx, Engels, Werke, Band 19, Berlin 1972, S. 11 - S. 32.
Marx, Karl, Engels, Friedrich; Manifest der Kommunistischen Partei, Stuttgart 1989.
Marx, Karl, Engels, Friedrich; Werke, Band 19, Berlin 1972.
Marx, Karl, Engels, Friedrich; Werke, Band 20, Berlin 1990.
Miller, Susanne, Potthoff, Heinrich; Kleine Geschichte der SPD, 7., überarbeitete und erweiterte Auflage, Bonn 1991.
Montanari, Massimo; Der Hunger und der Überfluß, München 1993.
Mottek, Hans, Becker, Walter, Schröter, Alfred; Wirtschaftsgeschichte Deutschlands, Ein Grundriß, Band III, 2. Auflage, Berlin 1975.

Neue Deutsche Biographie; 7. Band, Berlin 1986.
Neue Deutsche Biographie; 18. Band, Berlin 1997.
Nipperdey, Thomas; Deutsche Geschichte 1866 -1918, Band II, Machtstaat vor der Demokratie, München 1992.
Ogorek, Regina; Untersuchungen zur Entwicklung der Gefährdungshaftung im 19. Jahrhundert, Köln, Wien 1975.
Ottmann; Albert von Maybach, in: Männer der deutschen Verwaltung, Köln 1963, S. 181 - 194.
Pierenkemper, Toni; Europäische Geschichte, Umstrittene Revolutionen, Die Industrialisierung im 19.Jahrhundert, Frankfurt am Main 1996.
Pohlhausen, Robert; Zum Recht der allgemeinen Geschäfts- bedingungen im 19. Jahrhundert, Ebelsbach am Main 1978.
Poschinger, Heinrich von; Fürst Bismarck als Volkswirth, bis zur Übernahme des Handelsministeriums (1880), I. Band, Berlin 1889.
Poschinger, Heinrich von; Fürst Bismarck als Volkswirth, von Übernahme des Handelsministeriums bis Ende 1884, II. Band, Berlin 1890.
Protokoll des Socialisten-Congresses zu Gotha vom 19. bis 23. August 1876; in: Protokolle der sozialdemokratischen Arbeiterpartei, Band II, Bonn - Bad Godesberg, Glashütten im Taunus 1971, S. 82 ff.
Radkau, Joachim; Technik in Deutschland, Vom 18. Jahrhundert bis zur Gegenwart, Neue Historische Bibliothek, Frankfurt am Main 1989.
Rammelt, Hans-Dieter, Fiebig, Günther; Klein- und Privatbahnarchiv 1, Geschichte - Bau - Betrieb, Heidelberg 1989.
Reichsverkehrsministerium; Hundert Jahre deutsche Eisenbahnen, Jubiläumsschrift zum hundertjährigen Bestehen der deutschen Eisenbahnen, Zweite, neubearbeitete und ergänzte Auflage, Leipzig 1938.
Reiss, Carola, Susanne; Rechtsgeschichte und Dogmatik der Inanspruchnahme von Personenbeförderungsleistungen der Eisenbahn, Mannheim 1985.
Rosenthal, Curt Arnold; Die Gütertarifpolitik der Eisenbahnen im Deutschen Reiche und in der Schweiz, Erster Teil, Jena 1914.
Rossberg, Ralf Roman; Geschichte der Eisenbahn, Künzelsau, Würzburg 1984.
Rovan, Joseph Geschichte der deutschen Sozialdemokratie, Frankfurt am Main 1980.
Rüfner, Wolfgang; Preußen, in: Deutsche Verwaltungsgeschichte Band 3, Stuttgart 1984, S. 678 - S. 714.
Sarter, Adolph; Die deutschen Eisenbahnen im Kriege, Stuttgart, Berlin und Leipzig 1930.
Schefold, Ulrich, Scherner, Karl Otto, Willoweit, Dietmar; 150 Jahre Eisenbahn in Deutschland, München 1985. Vom Gewerbe zum Unternehmen, Studien

zum Recht der gewerblichen Wirtschaft im 18. und 19. Jahrhundert, Darmstadt 1982.

Schivelbusch, Wolfgang; Das Paradies, der Geschmack und die Vernunft, Frankfurt am Main 1992.

Schnabel, Franz; Deutsche Geschichte, im neunzehnten Jahrhundert, Band 3, Freiburg im Breisgau 1934, Reprint München 1987.

Schulze, Hagen; Kleine deutsche Geschichte, München 1996.

Seidenfus, Hellmuth; Eisenbahnwesen, in : Deutsche Verwaltungsgeschichte Band 2, Stuttgart 1983, S. 227 - S. 257.

Seidenfus, Hellmuth; Verkehrswesen, in: Deutsche Verwaltungsgeschichte Band 3, Stuttgart 1984, S. 358 - S. 384

Sheehan, James J.; Der deutsche Liberalismus, München 1983.

Siemann, Wolfram; Gesellschaft im Aufbruch, Deutschland 1849 - 1871, Neue Historische Bibliothek, Frankfurt am Main 1990.

Sombart, Werner; Die deutsche Volkswirtschaftslehre im neunzehnten Jahrhundert. Fünfte mit der vierten gleichlautende Auflage, Berlin 1921.

Steitz, Walter; Quellen zur deutschen Wirtschafts- und Sozialgeschichte von der Reichsgründung bis zum Ersten Weltkrieg, Darmstadt 1985.

Starbatty, Joachim; Die englischen Klassiker der Nationalökonomie, Darmstadt 1985.

Stolper, Gustav, Häuser, Karl, Borchardt, Knut; Deutsche Wirtschaft seit 1870, 2., ergänzte Auflage, Tübingen 1966.

Tebarth, Hans-Jakob; Technischer Fortschritt und sozialer Wandel in deutschen Ostprovinzen, Berlin 1991.

Tilly, Richard H.; Vom Zollverein zum Industriestaat, Die wirtschaftlich-soziale Entwicklung Deutschlands 1834 bis 1914, Deutsche Geschichte der neuesten Zeit, München 1990

Ullmann, Hans-Peter; Interessenverbände in Deutschland, Frankfurt am Main 1988.

Walz, Werner; Die Geschichte der Bahn: Erlebnis Bahn, Stuttgart 1977.

Wehler, Hans-Ulrich; Der Aufstieg des amerikanischen Imperialismus, Göttingen 1974.

Wehler, Hans-Ulrich; Das deutsche Kaiserreich, 6. Auflage, Göttingen 1988.

Wehler, Hans-Ulrich; Deutsche Gesellschaftsgeschichte 1849 bis 1914, Dritter Band, München 1995.

Wehler, Hans-Ulrich; Grundzüge der amerikanischen Außenpolitik, Frankfurt am Main 1984.

Winkel, Harald; Die deutsche Nationalökonomie im 19. Jahrhundert, Darmstadt 1977.

Wissenbach; Ständige Tarifkommission, in: Die Bundesbahn, Heft 9 1977, S. 689 - 690.

Wyszomirski, Curt; Die Entwicklung des Deutschen Eisenbahn-Gütertarifs, in: Archiv für Eisenbahnwesen, 67. Jahrgang, Berlin, Göttingen, Heidelberg 1957, S. 322 ff.

Ziegler, Dieter; Eisenbahnen und Staat im Zeitalter der Industrialisierung, Die Eisenbahnpolitik der deutschen Staaten im Vergleich, Vierteljahresschrift für Sozial- und Wirtschaftsgeschichte, Beihefte Nr. 127, Stuttgart 1996.

Quellen: Die Anlagen und Drucksachen zu den Stenographischen Berichten, Preußisches Haus der Abgeordneten und die Protokolle der Sitzungen des Preußischen Landeseisenbahnrats im Ersten Weltkrieg. Das von mir genutzte Archivmaterial stammt aus den Beständen des Geheimen Staatsarchivs Preußischer Kulturbesitz Abteilung Merseburg und des Rheinisch-Westfälischen Wirtschaftsarchivs zu Köln.

Vorwort

Die vorliegende Arbeit wurde im Sommersemester 2002 vom Fachbereich Rechtswissenschaft der Johann Wolfgang Goethe-Universität als Dissertation angenommen. Die Forschungsliteratur ist bis zum Herbst 2001 berücksichtigt worden.

Mein besonderer Dank gilt meinem Doktorvater Prof. Dr. Hans-Peter Benöhr, der die Arbeit durch seine Forschungstätigkeit maßgeblich angeregt hat. Er hat mir stets mit wertvollen Ratschlägen zur Seite gestanden. Danken möchte ich gleichfalls Herrn Prof. Dr. Dr. h.c. Bernhard Diestelkamp für seine zügige Zweitbegutachtung und Herrn Prof. Dr. Wolfgang Naucke für seine zum Thema der vorliegenden Arbeit engagierte Leitung der Disputation.

Gedankt sei weiterhin den Mitarbeiterinnen der Bibliothek der Industrie- und Handelskammer Frankfurt am Main, die mir bei der Quellen- und Literaturrecherche mit großem Engagement behilflich waren. Schließlich danke ich meinem geschätzen Kollegen Herrn Rechtsanwalt Dr. Roland Schimmel für das kompetente Korrekturlesen des Manuskripts.

Ich widme die Arbeit meiner Mutter, meinem Bruder Manfred, meiner Schwägerin Renate und meinem Patenonkel Prof. Dr. Heinrich Köpke, die mich bei allen meinen Plänen stets nach Kräften unterstützen. Die Arbeit ist auch im Gedenken an meinen Vater, der einer alten Eisenbahnerfamilie entstammte, geschrieben worden.

Steinbach (Taunus), im Mai 2002 Jürgen Seffzig

Erster Teil. Forschungslage und Forschungsziel

I. Die wirtschaftliche Bedeutung der Eisenbahn im 19. Jahrhundert

Die Eisenbahn war sicherlich im 19. Jahrhundert das Verkehrsmittel der Industrialisierung in allen Ländern. Sie hatte aber für die Länder der Hochindustrialisierung eine unterschiedlich große Bedeutung.

Auf dem Landweg war die Eisenbahn zwar auch in England nahezu ein Monopolist. Die Insellage und die damit verbundenen größeren Möglichkeiten der Binnenschiffahrt beschränkten jedoch die Bedeutung der Eisenbahn. Die Binnenschiffahrt, der zudem noch durch die Industrialisierung mit der damit einhergehenden Dampfschiffahrt ein schneller Transport von Gütern möglich wurde, stand aufgrund dieser besonderen geographischen Lage in einem größeren Wettbewerb mit der Eisenbahn als in den kontinentaleuropäischen Ländern[1].

Für England wie auch für die in der zweiten Hälfte des 19. Jahrhunderts hochindustrialisierten kontinentaleuropäischen Länder und damit auch für Deutschland wurde die Eisenbahn eine Schlüsselindustrie. Mit dem Eisenbahnbau wurde überhaupt erst die Verkehrsinfrastruktur geschaffen, die für die neu entstandenen Industrien notwendig war, um auch weit entfernte Regionen und Märkte für den Absatz der Waren zu erreichen[2].

Gesamtwirtschaftlich nahm die Eisenbahn wegen der Investitionen in diesen Wirtschaftssektor eine Schlüsselstellung ein, weil damit das industrielle Wachstum insgesamt beschleunigt oder erst richtig angestoßen wurde. Die von den Wirtschaftshistorikern zusammengetragenen und gedeuteten Daten fügen sich für die Zeit nach 1850 zu einem Ablauf zusammen, für den der Nationalökonom Rostow 1956 den Begriff des "Take-off" in die wirtschaftshistorische Forschung eingeführt hat.

Danach war in Deutschland die Zeit von circa 1850 bis zur Gründung des Kaiserreichs in wirtschaftlicher Hinsicht dadurch gekennzeichnet, daß das Wachstum des Sozialprodukts je Kopf der Bevölkerung genug Beschleunigung erfuhr, um in ein anhaltendes Wachstum überzugehen[3]. Diese Theorie von einem sich selbst tragenden Wachstum lehnt sich an ein Bild aus der Luftfahrt an. Ein

1 Hobsbawm, Industrie und Empire I, S. 112 f
2 Brake, Die ersten Eisenbahnen in Hessen, S. 289.
3 Siemann, Gesellschaft im Aufbruch, S. 96.

startendes Flugzeug hebt, wenn es genügend Beschleunigung erfahren hat, vom Boden ab und wird von der Luft getragen[4].

Dadurch hat sich in den heutigen Darstellungen zur Wirtschaftsgeschichte durchgesetzt, nicht allein die Erfindung von neuartigen Maschinen oder wirtschaftshistorische Daten, wie die Gründung des Zollvereins, als Indizien für den qualitativen Sprung in die Industrialisierung anzusehen[5]. Vielmehr ist die Wechselwirkung von unterschiedlichen Wachstumsvorgängen entscheidend.

Die Eisenbahn war in der Wirtschaft des 19. Jahrhunderts ein Leitsektor, indem sie wesentliche Impulse für die Industrialisierung gab.

Der sich verdichtende Verkehr stieß die Nachfrage nach neuen Gütern an, zugleich bewirkte auch die Verkehrsverdichtung einen weiteren Ausbau des Eisenbahnnetzes. Das wiederum steigerte die Nachfrage nach Schienen, Lokomotiven und Waggons, was wiederum zu einer Nachfragesteigerung bei der Eisen- und Maschinenproduktion führte[6].

Diese bedeutende Rolle der Eisenbahn im gesamtwirtschaftlichen Maßstab bestimmte in Deutschland die Debatte über die Verstaatlichung der Eisenbahnen im 19. Jahrhundert.

II. Die rechtlichen Rahmenbedingungen

1. Das preußische Eisenbahngesetz von 1838

Zu Beginn des Jahres 1837 beauftragte die preußische Regierung eine Kommission - zusammengesetzt aus Vertretern öffentlicher Verwaltungszweige -, die bis dahin beratenen Vorschläge zu einem Gesetzentwurf zur Regelung des Eisenbahnwesens auszuarbeiten. Das Ergebnis war das im Jahre 1838 veröffentlichte "Gesetz über die Eisenbahnunternehmungen und insbesondere über das Verhältnis der Eisenbahngesellschaften zum Staate und zum Publikum"[7]. Dieses Gesetz regelte im wesentlichen bis ins 20. Jahrhundert die Beziehungen zwischen Staats- und Eisenbahnverwaltung.

Das Gesetz von 1838 war auf Privateisenbahnen ausgerichtet. Seidenfus sieht darin eine Vorentscheidung in der Systemfrage, weil das Gesetz nur auf Privatbahnunternehmen ausgerichtet war[8]. Noch weiter geht der Rechtshistoriker Hattenhauer, der in dem preußischen Gesetz über die Eisenbahnunternehmungen ei-

4 Siemann, Gesellschaft im Aufbruch, S. 96.
5 Pierenkemper, Umstrittene Revolutionen, S. 18 f.
6 Siemann, Gesellschaft im Aufbruch, S. 95.
7 PrGesS 1838, S. 505 ff.
8 Seidenfus, Eisenbahnwesen, S.237.

nen "Akt staatlicher Selbstentmachtung" glaubt erkennen zu können. Seiner Meinung nach übertrug die Lösung, die man in Preußen - vorbildlich für ganz Deutschland - fand, den Eisenbahnbau dem freien Unternehmertum zur selbständigen Wahrnehmung. Die Eisenbahn und das Verkehrswesen wurden demnach in das Privatrecht, in das freie Spiel der Kräfte entlassen und unter das Gesetz von Angebot und Nachfrage gestellt. Nicht der öffentliche Bedarf, sondern das wirtschaftliche Denken des Unternehmens sei das leitende Prinzip für den Eisenbahnbau gewesen[9]. So wurde nach Hattenhauers Meinung das preußische Gesetz über die Eisenbahnunternehmungen von 1838 ein Akt staatlicher Selbstentmachtung[10]. Beide Autoren teilen die Eisenbahngeschichte damit in gängiger Weise ein: In eine Frühphase, die angeblich durch den Wirtschaftsliberalismus geprägt war, und die Spätphase staatlicher Intervention, die 1879/80 mit der Verstaatlichung der Eisenbahnen in Preußen begann. Das Gesetz von 1838 soll danach ein Zeugnis für den herrschenden Wirtschaftsliberalismus in der Eisenbahnpolitik dieser Zeit gewesen sein.

Nun ist zunächst festzustellen, daß der preußische Gesetzgeber eine Entscheidung zugunsten von staatlichen Eisenbahnen angesichts der verfassungspolitischen Lage in Preußen nicht fällen konnte bzw. dies politisch nicht wollte. Denn nach dem Staatsschuldengesetz von 1820 durfte der preußische Staat nur unter Zustimmung und Garantie der künftigen Ständeversammlung neue Darlehen aufnehmen. Die Einberufung der Stände war aber aus innen- und außenpolitischen Gründen weder vom König noch von der Regierung erwünscht, so daß sämtliche Bitten um staatliche Beihilfen, soweit es sich hierbei nicht um Zinsgarantien handelte, die im Rahmen der Jahreseinkünfte blieben, abgelehnt werden mußten[11].

Das Eisenbahngesetz von 1838 war aber auch inhaltlich weit davon entfernt, den Einfluß des Staates auf den Eisenbahnbau von vornherein aufzugeben. Dabei waren drei Bestimmungen in dem Gesetz von 1838 besonders einschneidend für die Eisenbahnunternehmen. § 42 bestimmte, daß es dem Staat vorbehalten blieb das Eigentum der Bahn mit allem Zubehör gegen vollständige Entschädigung anzukaufen. Dann folgten in § 42 genaue Regelungen, wie dieser Ankauf vonstatten gehen könnte. Genau diese Bestimmungen wurden dann auch die Rechtsgrundlage für die spätere Verstaatlichung der Eisenbahnen in Preußen Ende der 70er Jahre des letzten Jahrhunderts.

Ferner legte der preußische Gesetzgeber in § 49 das Folgende fest: Der preußische Staat behielt sich vor, nach Maßgabe der weiteren Erfahrung und der sich

9 Hattenhauer, Die geistesgeschichtlichen Grundlagen des deutschen Rechts, RdNr. 331, S. 160.

10 Hattenhauer, Die geistesgeschichtlichen Grundlagen des deutschen Rechts, RdNr. 333, S.161.

11 Klee, Preußische Eisenbahngeschichte, S. 97 f.

daraus ergebenden Bedürfnisse die im gegenwärtigen Gesetz gegebenen Bestimmungen durch allgemeine Anordnungen oder durch künftig zu erteilende Konzessionen zu ergänzen und abzuändern und nach Umständen denselben auch andere ganz neue Bestimmungen hinzuzufügen. Danach sollten auch den bereits konzessionierten oder in Gemäßheit dieses Gesetzes zu konzessionierenden Gesellschaften die Beobachtung dieser Ergänzungen, Abänderungen oder neuen Bestimmungen auferlegt werden können .

Schon allein an diesen beiden Paragraphen zeigt sich, wie weitreichend die staatliche Einflußnahme auf das Eisenbahnwesen bereits in der Frühphase des Eisenbahnbaus war.

Gänzlich gegen Grundsätze eines angeblichen Wirtschaftsliberalismus in der ersten Hälfte des 19. Jahrhunderts in Deutschland verstieß aber auch § 38 des Gesetzes von 1838. Nach dieser Norm war von den Eisenbahnunternehmen eine Abgabe zu entrichten, die nach § 39 u.a. dazu diente, die Staatskasse für die ihr durch die Eisenbahnen entzogenen Einnahmen zu entschädigen.

Eine besondere Aufgabe der Abgabe lag gemäß § 38 des Gesetzes von 1838 darin, die Post für den Verlust, welchen sie durch die Eisenbahnen erleiden würde, zu entschädigen. Die Eisenbahnunternehmen wurden also mit dem Eisenbahngesetz von 1838 keineswegs in die freie Konkurrenz des Marktes entlassen. Dies brachten ebenso das Konzessionsverfahren und die weiteren dadurch folgenden Reglementierungen der privaten Eisenbahngesellschaften zum Ausdruck. Der preußische Staat schrieb den Gesellschaften relativ genau vor, wie sie ihre Preispolitik zu gestalten hatten.

Zunächst einmal mußten sich die Gesellschaften gemäß § 1 des Gesetzes von 1838 an das Handelsministerium wenden, um dort bezüglich des Eisenbahnvorhabens einer "sorgfältigen Prüfung" unterzogen zu werden. Weiterhin galt es bezüglich der Eisenbahntarife nach § 26 Nr. 1 den angenommenen Tarif beim Beginn des Transportbetriebes und die späteren Änderungen sofort bei deren Eintritt, im Falle der Erhöhung aber sechs Wochen vor Anwendung derselben, der Regierung anzuzeigen und öffentlich bekannt zu machen. Es fanden sich auch Bestimmungen (z. B. § 26 Nr. 2), nach denen die Eisenbahngesellschaften gezwungen waren, jeden oder jedes Gut zu transportieren, sofern das Reglement keine gegenteiligen Bestimmungen enthielt.

Außerdem schrieb das Gesetz von 1838 den Eisenbahngesellschaften vor, die Transportpreise entsprechend herabzusetzen, falls sie eine bestimmte Gewinnspanne überschritten (§ 33).

Diese staatlichen Vorgaben zur Preisgestaltung bei den Privateisenbahnen waren keine neuen Rechtsschöpfungen anläßlich des Eisenbahnbaus. An dieser Fülle von Beispielen wird deutlich, daß die oben wiedergegebenen Einschätzungen von Seidenfus und Hattenhauer unzutreffend sind. Es hat auch in der Frühphase des Eisenbahnbaus keine Blüte des Wirtschaftsliberalismus in Preußen gegeben. Vielmehr hat der preußische Staat von den Anfängen des Eisenbahnbaus an eine aktive interventionistische Politik wenn nicht betrieben, so doch vorbereitet, indem er die gesetzlichen Grundlagen für die spätere Verstaatlichung geschaffen hat.

2. Privatbahnen und Staatsbahnen - Die Systemfrage

In der wirtschaftsgeschichtlichen Forschung gibt es eine Ansicht, nach welcher der Ausbau des Eisenbahnnetzes in den zwei Jahrzehnten bis zu den umfangreichen Verstaatlichungen unter Bismarck vorwiegend dem im Zuge des Wirtschaftsliberalismus wieder aufblühenden Privatbahnunternehmertum zu verdanken gewesen sei. Mit diesem Gedanken beginnt Seidenfus den von ihm bearbeiteten Abschnitt in der Deutschen Verwaltungsgeschichte über die Eisenbahnpolitik Preußens [12].

Doch gerade die Systemfrage, d.h. die Entscheidung für oder gegen eine Verstaatlichung bzw. Privatisierung des Eisenbahnwesens wurde bereits seit den Anfängen im 19. Jahrhundert von einer ausführlichen Debatte begleitet[13].

Nachdem für weitsichtige Zeitgenossen abzusehen war, daß die Eisenbahn eine zunehmende Bedeutung für das Verkehrswesen und den Handel haben würde, machten sich bedeutende Persönlichkeiten wie Hansemann und Camphausen auch in Preußen dafür stark, größere Eisenbahnprojekte zu fördern. Sie waren in ihrer Mehrheit Anhänger des Staatsbahnsystems. Sie konnten zwar bereits seit 1825 auf die Unterstützung des preußischen Finanzministers Friedrich von Motz zählen, dessen Eisenbahnprojekte aber Friedrich Wilhelm III als verfrüht ansah. Zudem verstarb von Motz 1830[14].

Es gab aber unter den preußischen Politikern noch genügend Skeptiker, die überhaupt Bedenken gegen den Aufbau eines preußischen Eisenbahnwesens hatten.Dies erklärt sich zum einen daraus, daß es für Anlage, Betrieb und Verwaltung sowie für die Abgrenzung der Rechtsbeziehungen zum Staat noch keinerlei Erfahrungen mit einem Eisenbahnwesen in Deutschland gab[15]. Andererseits erschien angesichts der Entwicklung des Handels zunächst noch kein Bedarf für ein weiteres Verkehrsmittel vorhanden zu sein; dabei wurde außer acht gelassen,

---

12 Seidenfus, Verkehrswesen, S. 359.
13 Seidenfus, Eisenbahnwesen, S. 233 ff.
14 Seidenfus, Eisenbahnwesen, S. 234 f.
15 Seidenfus, Eisenbahnwesen, S. 233.

welche fördernden Impulse auf den Handelsverkehr ein zusätzliches Angebot an Verkehrsleistungen ausüben würde[16].

Ferner waren nach den napoleonischen Kriegen beträchtliche Mittel für den Bau von Chausseen aufgewendet worden: Von 1816 bis 1829 stieg deren Meilenzahl von 522 auf 1147,5. Die leitenden Staatsbeamten sahen diese Investitionen durch - wie sie meinten - konkurrierende Eisenbahnlinien gefährdet[17].

3. Die preußischen Verstaatlichungen um 1880

Nachdem das Reichseisenbahnprojekt am Widerstand der Klein- und Mittelstaaten im Reich gescheitert war, ging Bismarck Ende der 1870er Jahre die Verstaatlichung der preußischen Eisenbahnen an. Spätestens im März 1878 war deutlich geworden, daß die preußische Regierung sich auf einen Verstaatlichungskurs eingerichtet hatte. Mit dem neuen Minister für Handel, Gewerbe und öffentliche Arbeiten, Maybach, war das für Eisenbahnfragen zuständige Ressort in die Hände eines Mannes gelegt worden, der als entschiedener Anhänger des Staatsbahnsystems galt[18].

Die Wahlen zum Preußischen Abgeordnetenhaus im September 1879 führten zum Ende der liberalen Mehrheit und brachten einen klaren Sieg der konservativen Parteien, die Bismarcks Staatseisenbahnpolitik befürworteten. Bismarck mußte daher nur noch den auch für Staatseisenbahnen eintretenden Teil der Nationalliberalen für sein Verstaatlichungsprojekt gewinnen.

Nachdem Wilhelm I. bei seiner Thronrede zur Landtagseröffnung am 29. Oktober 1879 deutlich gemacht hatte, daß eine staatliche Förderung gewünschter Nebenbahnen nur zu erwarten sei, wenn auch das Verstaatlichungsprogramm angenommen werde, standen der politischen Umsetzung der Eisenbahnverstaatlichung keine grundsätzlichen Hindernisse mehr entgegen[19].Dem neuen Landtag wurde daraufhin am 30. Oktober 1879 ein Gesetzentwurf zum Erwerb der Berlin-Stettiner, der Magdeburg-Halberstädter, der Hannover-Altenbekener und der Köln-Mindener Eisenbahnen vorgelegt[20]. Die vier Bahnen waren nach dem Gesichtspunkt der Vervollständigung der bestehenden Staatsei-

---

16 Seidenfus, Eisenbahnwesen, S. 235.

17 Seidenfus, Eisenbahnwesen, S. 235.

18 Klee, Preußische Eisenbahngeschichte, S. 173.

19 Alberty, Der Übergang zum Staatsbahnsystem in Preußen, S. 56; Klee, Preußische Eisenbahngeschichte, S. 174.

20 Nr. 5 der Drucksachen des Hauses der Abgeordneten, 14. Legislaturperiede, 1. Session 1879/80, Anlagen, S 19 f.

senbahnen ausgewählt worden[21]. Beim Erwerb der Eisenbahnen blieb der Weg, die Aktien und Obligationen der Gesellschaften nach ihrem gegenwärtigen Börsenkurs zu erwerben, versperrt[22]. Trotz aller Bemühungen um Geheimhaltung drangen immer wieder Informationen über die Verhandlungen mit den privaten Eisenbahngesellschaften an die Öffentlichkeit. Das trieb die Aktienkurse in solche Höhen, daß sie in keinerlei Verhältnis zur Geschäftslage der Eisenbahnunternehmen standen.Deshalb machte die Staatsregierung ihre Angebote auf der Grundlage der von Eisenbahningenieuren abgegebenen Gutachten über den Zustand der Bahnen und nahm die Rentabilität des aufzukaufenden Unternehmens als weiteren Faktor der Bewertung[23]. Die Höhe der ausgeschütteten Dividenden wurde dabei außer acht gelassen, weil manche Bahnen keine Dividenden gaben, bei anderen die Gewinne nicht als Dividende ausgeschüttet wurden, sondern auch in den Reserve- und Erneuerungsfonds flossen. Somit wäre eine Bewertung der Entschädigung nach der Dividendenhöhe ungerecht gewesen.

Auf der so errechneten Bewertungsgrundlage wurde den Eisenbahngesellschaften ein Angebot gemacht, in welchem Verhältnis die Bahnpapiere gegen Staatspapiere umgetauscht werden sollten[24]. Die preußische Regierung war nämlich nach den §§ 2 und 3 des Gesetzentwurfs vom 30. Oktober 1879 ermächtigt, an die Eisenbahngesellschaften Staatsschuldverschreibungen im Wert der Stammaktien auszugeben. Die bei den Verhandlungen niedergelegten Verträge bedurften dann noch der Genehmigung der Generalversammlungen der Aktionäre und beider Häuser des preußischen Landtags[25].

Sieben Wochen später, am 9. Dezember 1879, wurde das erste Verstaatlichungsgesetz angenommen[26]. Die preußische Regierung hatte sich aber verpflichten müssen, einen "Gesetzentwurf betreffend die Verwendung der Jahresüberschüsse der Verwaltung der Eisenbahnverwaltungen" vorzulegen, was am 15. Dezember 1880 erfolgte[27]. Hierzu gehörte auch ein Gesetzentwurf zur Einsetzung von Eisenbahnräten, um die staatlichen Eisenbahnen volkswirtschaftlich und eisenbahntarifpolitisch zweckmäßig zu verwalten[28].

---

21 Klee, Preußische Eisenbahngeschichte, S. 174.
22 Klee, Preußische Eisenbahngeschichte, S. 177.
23 Klee, Preußische Eisenbahngeschichte, S. 177.
24 Klee, Preußische Eisenbahngeschichte, S. 177.
25 Alberty, Der Übergang zum Staatsbahnsystem in Preußen, S. 69; § 7 des Gesetzentwurfs vom 30.10.1879.
26 Haus der Abgeordneten 1879/80, I, S. 197 ff.
27 Nr. 94 der Drucksachen zu den Verhandlungen des Hauses der Abgeordneten 1880/81.
28 Hierzu Zweiter Teil, III.

III. Der Stand der Forschung

Die Historiographie zur Geschichte bzw. Wirtschaftsgeschichte Deutschlands im 19. Jahrhundert stellt die Eisenbahn zutreffend als grundlegend für den Industrialisierungsprozeß in den deutschen Ländern dar[29]. Borchardt betont die hervorragende Rolle der Eisenbahn für die Investitionstätigkeit in der Industrialisierung in Deutschland. Erst die Entwicklung der Eisenbahn seit den 30er Jahren des letzten Jahrhunderts führte zu einem sprunghaften Anstieg der Investitionen. Tilly hebt besonders die Rückkopplungseffekte durch die Vergrößerung des Eisenbahnnetzes hervor. Die starke Ausweitung der Nachfrage nach Eisen kurbelte nicht nur die Eisenproduktion an, sondern wirkte so auch fördernd auf die Steinkohlenproduktion.

Sombart hatte bereits zu Beginn des 20. Jahrhunderts auf die vielfältigen Auswirkungen der Eisenbahn auf die verschiedenen Bereiche der deutschen Volkswirtschaft (besonders die Maschinen- und Montanindustrie, den Aktienmarkt) aufmerksam gemacht[30].

Für ihn ist die Einführung der Eisenbahn als Verkehrsmittel im 19. Jahrhundert ein Ereignis, das im Überblick über die Jahrtausende der Kulturentwicklung einen Markstein bildet[31].

Anhand dieser Beispiele aus der Literatur zeigt sich, daß die Eisenbahn zwar in ihrer Bedeutung für die Industrialisierung erkannt wird. Die Autoren behandeln die Eisenbahn auch richtigerweise in den Abschnitten zur Technikgeschichte der Industriellen Revolution, neben der mit der Eisenbahn eng zusammenhängenden Entwicklung der Telegraphie, neben dem Chausseebau, neben dem Postwesen.

Eine umfassende Monographie zur Geschichte des Eisenbahnwesens auf wissenschaftlichem Niveau sucht der Forschende vergebens. In der Monographie von Gall und Pohl wird die Geschichte der Eisenbahn in Deutschland mit dem Schwerpunkt auf der Staatseisenbahnzeit im 20. Jahrhundert und unter besonders ausführlicher Beschreibung der Entwicklung des Eisenbahnpersonals erzählt, was darauf zurückzuführen ist, daß der "Auftragggeber", die neue Leitung der Deutschen Bahn AG, dies so gewünscht hatte[32].

Das Verhältnis von Staat und Eisenbahn im 19. Jahrhundert wird neuerdings von Ziegler analysiert, der aber den Eisenbahnräten nur eine psychologische

---

29 Beispiele aus neuerer Zeit: Borchardt; Grundriß der deutschen Wirtschaftsgeschichte, S. 40 f; Kiesewetter; Industrielle Revolution in Deutschland, S. 248 ff; Radkau; Technik in Deutschland, S. 133; Tilly; Vom Zollverein zum Industriestaat S. 50 ff.

30 Sombart; Die deutsche Volkswirtschaft im neunzehnten Jahrhundert, S. 238 ff.

31 Sombart; Die deutsche Volkswirtschaft im neunzehnten Jahrhundert, S. 238.

32 Gall, Pohl, Die Eisenbahn in Deutschland, S. 10 f.

Wirkung als Erfolg zubilligt, indem die wirtschaftlichen Einzelinteressen in den Eisenbahnräten gebündelt wurden[33].

Es gibt allerdings noch weitere Monographien zur Geschichte der Eisenbahn. Ihren Ausgang nimmt sie bei der über 500 Seiten umfassenden Darstellung zu Hundert Jahren deutscher Eisenbahnen, welche das Reichsverkehrsministerium als Jubiläumsschrift 1938 herausgab[34]. Heute findet man Literatur zur Eisenbahngeschichte vor allem im Verlagsprogramm des "Motorbuch Verlag" und der "Kohlhammer Edition Eisenbahn"[35].

Diese Publikationen wenden sich an ein Publikum, das aus unterschiedlichen Motiven von der Eisenbahn und ihrer Geschichte fasziniert ist. Dementsprechend versuchen die Autoren, möglichst unterhaltsam - aber auch kenntnisreich -, Fakten zur Eisenbahngeschichte zu vermitteln, ohne aber in einem hinreichenden Maße Zusammenhänge herzustellen.

Einzig Seidenfus mit seinen eisenbahnhistorischen Beiträgen in der Deutschen Verwaltungsgeschichte wird der Eisenbahn auch in ihren verwaltungs- und wirtschaftshistorischen Aspekten gerecht[36].

Hinzuzufügen bleibt aber noch, daß wirtschaftsgeschichtliche Aspekte des Eisenbahnwesens bereits in der damaligen DDR im Zusammenhang mit einer Erforschung der Technikgeschichte der Eisenbahn untersucht wurden, die dem westdeutschen Publikum in unverändertem Nachdruck in Veröffentlichungen der oben genannten Verkehrsfachverlage nahegebracht wurden[37].

Die rechtsdogmatischen Untersuchungen zum Eisenbahnwesen versuchen, Probleme bei der Einordnung rechtlicher Beziehungen der Eisenbahn in die Dogmatik des Öffentlichen und des Bürgerlichen Rechts zu lösen[38].

An diese Literatur knüpft Carola Susanne Reiss in ihrer Dissertation aus dem Jahre 1985 an, indem sie die "Rechtsgeschichte und Dogmatik der Inanspruchnahme von Personenbeförderungsleistungen der Eisenbahn" darstellt, um am Ende ihrer Arbeit eigene Lösungen der vorhergehenden Fragen aus Geschichte und

---

33 Ziegler, Eisenbahn und Staat im Zeitalter der Industrialisierung, S. 240 f.

34 Reichsverkehrsministerium; Hundert Jahre deutsche Eisenbahnen, Leipzig 1938.

35 Beispiele: Klee; Preußische Eisenbahngeschichte; Walz, Die Geschichte der Bahn: Erlebnis Bahn; Beispiele aus anderen Verlagen: Schefold, 150 Jahre Eisenbahn in Deutschland, Rossberg, Geschichte der Eisenbahn.

36 Seidenfus, Eisenbahnwesen, S. 227 ff.

37 Adler, Fenner; Lexikon der Eisenbahn; Rammelt, Fiebig; Klein- und Privatbahnarchiv 1.

38 Aus früherer Zeit: Albrecht; Die Haftung der Eisenbahn für Verlust und Beschädigung des Gutes nach Handelsgesetzbuch; Hofmann; Die Voraussetzungen für die vertragliche Haftung der Eisenbahn im Gütertransportverkehr.
Aus neuerer Zeit: Ipsen; Zur Rechtsnatur des Tarifs der Bundesbahn, in: Archiv des öffentlichen Rechts, 50. Band.

Dogmatik anzubieten[39]. Einen anderen Ansatz bieten die Arbeiten von Pohlhausen[40] und Ogorek[41]. Sie knüpfen in ihren Arbeiten zur Geschichte rechtlicher Normen im Zusammenhang mit der Eisenbahn an den Ansatz der allgemeinen Geschichtsschreibung an. Die Rolle des Rechts im 19. Jahrhundert wird vor dem Hintergrund des Industrialisierungsprozesses beleuchtet.

Pohlhausen stellt fest, daß die gegenwärtige wirtschaftsgeschichtliche Forschung sich mit den Problemen der Industrialisierung ausführlich befaßt, während dies in der Rechtsgeschichte vernachlässigt wird[42].

Scherner und Willoweit glauben hingegen, daß das Recht der Arbeit und der Wirtschaft besonders auch in der rechtshistorischen Forschung überwiegend unter wirtschafts- und sozialgeschichtlichen Aspekten untersucht wird. Die spezifisch rechtshistorische Frage nach der Ausgestaltung und Funktion im historischen Gesamtzusammenhang komme hierbei zu kurz[43]. Sie fordern eine unmittelbare Auseinandersetzung mit den Quellen unter einer besonderen rechtshistorischen Fragestellung[44].

IV. Untersuchungsziel

Der Staat hatte also im 19. Jahrhundert in Deutschland, wie die Einleitung gezeigt hat, entgegen einer weitverbreiteten Ansicht in der wirtschaftshistorischen Forschung aktiv in das wirtschaftliche Geschehen eingegriffen. Es soll nun am Beispiel der Einrichtung von Eisenbahnräten in Preußen untersucht werden, wie sich das Verhältnis zwischen Staat und Wirtschaft darstellte, nachdem der Staat mit der Verstaatlichung der Eisenbahnen die Wirtschaftsabläufe regulieren wollte.

Zunächst ist zu untersuchen, welche Vorstellungen und Interessen die Politiker im Parlament und in der Preußischen Staatsregierung bei der gesetzlichen Errichtung von Eisenbahnräten in Preußen verfolgten. Es ist zu fragen, wie hierbei die Zusammenarbeit zwischen Staat und Wirtschaft in dem Gesetz über die Eisenbahnräte ausgestaltet wurde. Dabei wird auch eine Rolle spielen, wie die Politiker das Verhältnis zwischen dem Parlament und den Eisenbahnräten ein-

39 Reiss; Rechtsgeschichte und Dogmatik der Inanspruchnahme von Personenbeförderungsleistungen der Eisenbahn, Mannheim 1985.

40 Pohlhausen; Zum Recht der allgemeinen Geschäftsbedingungen im 19. Jahrhundert.

41 Ogorek; Untersuchungen zur Entwicklung der Gefährdungshaftung im 19. Jahrhundert.

42 Pohlhausen; Zum Recht der allgemeinen Geschäftsbedingungen, S. 6.

43 Scherner; Willoweit; Vom Gewerbe zum Unternehmen, S. 1.

44 Scherner; Willoweit; Vom Gewerbe zum Unternehmen, S. 1.

schätzten. Hierbei ging es um die Frage, ob die Eisenbahntarifpolitik durch die Abgeordneten oder wirtschaftliche Interessenvertreter kontrolliert und mitgestaltet werden sollte.

Durch die gesetzliche Einrichtung von Eisenbahnräten traten jetzt, im letzten Drittel des 19. Jahrhunderts, als Vertreter der Wirtschaft die Verkehrsinteressenten aus Industrie, Handel und Landwirtschaft gegenüber der Staatseisenbahnverwaltung auf. Es ist zu fragen, welchen Einfluß diese Vertreter der Wirtschaft auf die Entscheidungen der Staatseisenbahnverwaltung mit der Arbeit in den Eisenbahnräten nehmen konnten. Weiter ist zu untersuchen, welche Bedeutung die Beratungen in den Eisenbahnräten für die Staatseisenbahnverwaltung hatten. Fraglich ist, ob die Wirtschaftsvertreter in den Eisenbahnräten bloß Sachverständige waren, die der Staatseisenbahnverwaltung nur ein Bild von den Bedürfnissen der verschiedenen Verkehrsinteressenten vermitteln sollten. Die Eisenbahnräte wären dann nur eine psychologische Stütze bei den Entscheidungen der Staatseisenbahnverwaltung gewesen. Andererseits könnten aber die Eisenbahnräte doch dazu gedient haben, den Wirtschaftsvertretern die Möglichkeit zu öffnen, ihre wirtschaftlichen Interessen in der Eisenbahntarifpolitik wirklich umzusetzen.

Der Gang der Gesetzgebung wird geschildert werden. Außerdem wird die praktische Tätigkeit und die Arbeitsweise der Eisenbahnräte an einzelnen Fallbeispielen gezeigt werden. Eine umfassende Darstellung der Tätigkeit des Landeseisenbahnrats ist aufgrund der Stoffmasse von mir nicht angestrebt worden. Die Arbeit der Bezirkseisenbahnräte kann nur anhand einer Fallstudie zur Zusammenarbeit mit dem Landeseisenbahnrat dargestellt werden, weil zur Erforschung der Tätigkeit der einzelnen Bezirkseisenbahnräte umfangreiche Archivarbeit nötig gewesen wäre, bei der es zumindestens bezüglich der östlichen Bezirkseisenbahnräte fraglich ist, ob überhaupt Material in den Archiven zu finden ist.

Zweiter Teil. Entstehung

I. Vorläufer und vergleichbare Einrichtungen

1. Vorläufer und vergleichbare Einrichtungen außerhalb des Tarifwesens

Loviscach bezeichnet in seiner Arbeit über Beiräte bei Verwaltungsbehörden als erste Beiräte im eigentlichen Sinn einer Vertretung von wirtschaftlichen Interessen bei Verwaltungsbehörden bzw. sachkundiger Beratungsgremien für die Verwaltung die hier zu untersuchenden Eisenbahnräte in Preußen[45].

Nach der Meinung von Loviscach können als Vorläufer dieser Beiräte beiratsähnliche Einrichtungen in der Entwicklung hin zu den modernen Staatsministerien und Parlamenten im 18. und 19. Jahrhundert gelten[46].Dabei stützt er sich darauf, daß im Absolutismus bzw. Spätabsolutismus die Herrscher Einrichtungen schufen, welche eine beratende Funktion für sie ausüben sollten[47]. Ebenso hatten seiner Auffassung nach im Spätabsolutismus die Parlamente in den Augen des Herrschers einen beiratsähnlichen Charakter[48].

Diese von Loviscach aufgeführten Beispiele leiden im hier interessierenden Zusammenhang daran, daß sie nicht wirklich Verbindungsglieder zwischen Staat und Gesellschaft sind, sondern vorwiegend Funktionen im Staatsgefüge erfüllen. Die von Loviscach als Vorgänger aufgeführte "Zentralstelle für Gewerbe und Handel in Württemberg" kommt allerdings der Aufgabenstellung der Eisenbahnräte in Preußen näher. Diese 1848 eingerichtete Zentralstelle ging auf eine Forderung des Landwirtschaftlichen Vereins in Württemberg zurück. Sie erhielt eine eigentümliche Doppelstellung, indem sie zugleich als oberste Behörde für die Angelegenheiten von Gewerbe und Handel und als oberste Spitzenvertretung der verschiedenen Vereinigungen der Interessenten, insbesondere der Handelskammern, fungierte. Sie bestand zum Teil aus vom König ernannten Beamten, zum anderen Teil aus ehrenamtlichen, "Beiräte" genannten Mitgliedern, die von den Interessenvertretungen gewählt wurden[49]. Eine Reihe von mit den Eisenbahnräten

45 Loviscach; Beiräte bei Verwaltungsbehörden, S. 50.
46 Loviscach; Beiräte bei Verwaltungsbehörden, S. 50 f.
47 Loviscach; Beiräte bei Verwaltungsbehörden, S. 51.
48 Loviscach; Beiräte bei Verwaltungsbehörden, S. 52.
49 Loviscach; Beiräte bei Verwaltungsbehörden, S. 51.

vergleichbaren Einrichtungen entstanden aber im letzten Drittel des 19. Jahrhunderts.

Durch den Erlaß vom 10. Oktober 1890 genehmigte der Kaiser, daß bei der Kolonialabteilung des auswärtigen Amts als sachverständiger Beirat für Kolonialangelegenheiten ein Kolonialrat errichtet wurde[50]. Die Zuständigkeit des Kolonialrats war auf die Abgabe von Gutachten über alle Angelegenheiten, welche ihm von der Kolonialabteilung überwiesen wurden, beschränkt geblieben. Außerdem war der Kolonialrat befugt, über selbständige Anträge seiner Mitglieder Beschluß zu fassen[51]. Die Mitglieder wurden für die Dauer einer Sitzungsperiode von drei Jahren vom Reichskanzler aus den Reihen der bedeutenden Kolonialgesellschaften berufen[52]. Der Reichskanzler lud auch zu den Hauptversammlungen ein, die in der Regel zweimal im Jahr stattfanden[53]. An den Sitzungen konnten mit beratender Stimme Mitglieder der Kolonialabteilung und mit Genehmigung des Reichskanzlers auch Vertreter anderer Behörden teilnehmen. Den Vorsitz führte der Leiter der Kolonialabteilung selbst oder ein Beamter dieser Abteilung, der mit der Stellvertretung beauftragt wurde. Der Vorsitzende hatte aber in keinem Fall ein Stimmrecht in der Sitzung[54]. Die Haupttätigkeit des Kolonialrats war die Beratung über Landkonzessionen in den Schutzgebieten[55].

Das Gesetz über das Auswanderungswesen vom 9. Juni 1897[56] übertrug in § 2 dem Reichskanzler die Konzessionierung von Auswanderungsunternehmungen mit der Maßgabe, daß bei der Entscheidung die Zustimmung des Bundesrats notwendig war. Zur sachverständigen Unterstützung der Konzessionierungsstelle wurde im Gesetz die Bildung eines Auswanderungsbeirats vorgeschrieben (§ 38). Der Beirat wurde aber kaum einberufen und hatte damit die an ihn gestellten Hoffnungen nicht erfüllt[57].

Das Börsengesetz vom 22. Juni 1896[58] hatte dem Bundesrat eine Reihe von Befugnissen und Geschäften übertragen. Hierzu gehörten die Begrenzung des Bereichs der Börse (§ 6), die amtliche Festsetzung der Warenpreise (§ 35) und die Einschränkung des Börsenterminhandels oder die Verhinderung desselben in bestimmten Waren und Werten (§ 50). Für den nötigen Sachverstand zur Erledigung dieser Aufgaben sollte ein Börsenausschuß geschaffen werden (§ 3). Der

---

50 RGBl 1890, S. 179 f.
51 Hacker, Die Beiräte, S. 20.
52 Hacker, Die Beiräte, S. 19.
53 Hacker, Die Beiräte, S. 21.
54 Hacker, Die Beiräte, S. 20.
55 Hacker, Die Beiräte, S. 21.
56 RGBl. 1897, S. 463 f.
57 Hacker, Die Beiräte, S. 24.
58 RGBl 1896, S. 157 f.

Börsenausschuß hatte die Aufgabe, die zur Beschlußfassung an den Bundesrat überwiesenen Angelegenheiten sachverständig zu begutachten. Zu seinen Befugnissen gehörte aber auch, Anträge an den Reichskanzler zu stellen und Sachverständige zu befragen. Für die Hälfte der vom Bundesrat auf fünf Jahre zu berufenden 30 Mitglieder hatten die Börsenorgane ein Vorschlagsrecht. Die anderen 15 Mitglieder wurden aus der Industrie und der Landwirtschaft gewählt, ohne daß hier ein Vorschlagsrecht bestand. Der Börsenausschuß hatte dann auch eine rege Tätigkeit entwickelt und zur Erfüllung seiner Aufgaben Unterausschüsse gebildet[59]. Durch das Reichsgesetz vom 12. Mai 1901 wurde zugleich mit der Behörde, die er beraten sollte, der Versicherungsbeirat geschaffen. Dieser Beirat wurde dem neuen Kaiserlichen Aufsichtsamt für Privatversicherung zugeordnet. Die Mitglieder des Beirats wirkten nicht nur vorbereitend bei wichtigen Beschlüssen des Aufsichtsamts mit, sondern hatten bei den Entscheidungen auf dem Gebiet des Versicherungswesens ein Stimmrecht[60]. Dieses Stimmrecht wurde so ausgeübt, daß zwei Mitglieder des Beirats nach einer im voraus aufgestellten Reihenfolge vom Aufsichtsamt hinzugezogen wurden. Eine Verordnung setzte die Zahl der Mitglieder des Beirats auf 40 fest, ließ aber eine Erhöhung auf 60 zu. Die Mitglieder waren Direktoren oder sonstige Angestellte privater Versicherungsunternehmen[61].

Nachdem das Kaiserliche Gesundheitsamt durch das Gesetz vom 30. Juni 1900 zur Bekämpfung gemeingefährlicher Krankheiten neue Aufgaben erhalten hatte, wurde in § 43 des Gesetzes die Errichtung eines Reichsgesundheitsrats bestimmt. Sachkundigen Rat gaben in dieser Einrichtung Juristen, Professoren, staatliche und kommunale Verwaltungsbeamte, Militärpersonen, Bautechniker, Tierärzte, Kaufleute, Landwirte, Apotheker und Fabrikanten[62]. Die Mitglieder wurden vom Bundesrat ernannt.

Im Deutschen Landwirtschaftsrat hatten sich 1872 die landwirtschaftlichen Zentralvereine und Landwirtschaftskammern der Einzelstaaten des Deutschen Reichs zusammengeschlossen.

Der Landwirtschaftsrat bildete den Oberbau der einzelstaatlichen Einrichtungen. Auch wenn er keine öffentlichrechtliche Stellung besaß, so erfüllte er durch seine Stellungnahmen eine Aufgabe, die der eines Beirats vergleichbar war[63]. Der Landwirtschaftsrat überreichte immer wieder unaufgefordert das Material seiner Verhandlungen und seine Gutachten den Reichs- und Landesregierungen. Die Mitglieder des Landwirtschaftsrats wurden von den landwirtschaftlichen Zentral-

59 Hacker, Die Beiräte, S. 26.
60 Hacker, Die Beiräte, S.26.
61 Hacker, Die Beiräte, S. 27.
62 Hacker, Die Beiräte, S. 29.
63 Hacker, Die Beiräte, S. 39.

vereinen oder von den Landwirtschaftskammern, wo solche bestanden, gewählt. Die insgesamt 74 Sitze waren auf die Länder nach einem bestimmten Schlüssel verteilt. Preußen hatte 25, Bayern 9, Sachsen und Württemberg hatten je 5 Sitze. Der Landwirtschaftsrat trat jährlich zu einer Generalversammlung in Berlin zusammen. Seine Geschäfte führte ein Ausschuß aus neun gewählten Mitgliedern[64].

2. Vergleichbare Einrichtungen innerhalb des Eisenbahnwesens

Der direkte Vorläufer der Eisenbahnräte in Preußen war der Verkehrsausschuß für Elsaß-Lothringen aus dem Jahr 1874. Seine Einrichtung ging auf eine Anregung der Handelskammer Mühlhausen zurück[65]. Der Verkehrsausschuß stellte einen Ausgleich zwischen den Interessen der Wirtschaft und der Eisenbahnverwaltung her. Er tagte allerdings ohne gesetzliche Grundlage und setzte sich auf der Interessentenseite nur aus Vertretern des Handels zusammen[66].

Dieser letzte Aspekt läßt sich daraus erklären, daß alleine der Handel mit den Handelskammern eine öffentlich-rechtliche Organisation besaß und zudem die Eisenbahn aufgrund des besonderen Interesses des Handels am Verkehr zunächst als der wichtigste Partner der Eisenbahnverwaltung erscheinen mußte. Denn Handel und Industrie, die unter den Kriegsereignissen schon sehr gelitten hatte, mußten befürchten, infolge Errichtung neuer Zollschranken die alten und natürlichen Absatzgebiete in Frankreich zu verlieren[67]. Allgemein bezeichnete man es daher als nationale Pflicht der unter Verwaltung des Deutschen Reichs gestellten Reichseisenbahnen in Elsaß-Lothringen, den an die Eisenbahnverkehrs- und -tarifpolitik gestellten Forderungen und Wünsche der Wirtschaft, in jeder nur denkbaren Weise entgegenzukommen[68].

Maybach in seiner Funktion als Präsident des Reichseisenbahnamts war von der Niederschrift der ersten Sitzung des Eisenbahnauschusses so beeindruckt, daß er mit einem Rundschreiben vom 11. Januar 1875[69] allen der Reichsaufsicht unterstehenden deutschen Staats- und Privateisenbahnen die Einrichtung ähnlicher Ausschüsse empfahl.

Die oldenburgischen Staatsbahnen bildeten aufgrund der Anregung Maybachs bereits 1877 einen Eisenbahnbeirat unter der Bezeichnung "Freie Vereinigung zur Wahrung und Förderung der Eisenbahnverkehrsinteressen im Gebiete der ol-

64 Huber, Deutsche Verfasssungsgeschichte, Band 4, S. 1004.
65 Rosenthal; Die Gütertarifpolitik der Eisenbahnen, S. 81.
66 Rosenthal; Die Gütertarifpolitik der Eisenbahnen, S. 83.
67 Falkenbach, Eisenbahnbeiräte, S. 25.
68 Falkenbach, Eisenbahnbeiräte, S. 26.
69 Anlage A der Drucks. Nr 48, Haus der Abgeordneten, Session 1880/81

denburgischen Staatseisenbahnen". Die Errichtung beruhte nicht auf einer öffentlich-rechtlichen Grundlage; von Seiten der Regierung wurden keine Richtlinien gegeben[70].

Durch Gesetz vom 7. Januar 1903 wurde nach preußischem Vorbild ein Eisenbahnrat errichtet. Die Zusammensetzung wies hier eine Besonderheit auf. Neben den Vertretern aus Landwirtschaft, Handel und Industrie wurden auch Vertreter aus den Arbeitnehmerkreisen in den Eisenbahnrat gewählt[71]. Die drei Arbeitnehmervertreter wurden nach Artikel 3 § 1 des Gesetzes von dem Ausschuß der Landesversicherungsanstalt Oldenburg aus den in Oldenburg wohnenden Arbeitnehmern gewählt, die nicht bei der Staatsbahn arbeiteten. Je neun Mitglieder wurden von der Landwirtschaftskammer, der Handelskammer und der Handwerkskammer in Oldenburg gewählt.

Auch die württembergischen Staatsbahnen folgten der Anregung Maybachs. Durch die Verordnung vom 4. Juni 1878 wurde ein "Beratender Ausschuß von Vertretern des Handels und der Gewerbe, sowie der Landwirtschaft" eingerichtet. Dieser Ausschuß hatte nur drei Jahre Bestand, bis er durch einen "Beirat der Verkehrsanstalten" abgelöst wurde[72]. Dieser Beirat war nicht wie der Ausschuß der Generaldirektion der Eisenbahn beigeordnet, sondern der Verkehrsabteilung des Ministeriums für auswärtige Angelegenheiten[73]. Der Beirat bestand aus 16 Mitgliedern. Acht Mitglieder wurden von den Handels- und Gewerbekammern und weitere acht von dem Gesamtkollegium der Zentralstelle für die Landwirtschaft gewählt[74].

In Baden wurde durch die Verordnung vom 4. November 1880 als ständige Interessenvertretung der Wirtschaft ein "Eisenbahnrat" errichtet. Er hatte dem Handelsministerium und der Generaldirektion der Staatsbahnen gegenüber gutachtliche Äußerungen abzugeben. Nach § 3 der Verordnung bestand der Eisenbahnrat aus je einem von den Handelskammern ernannten Vertreter des Handels und der Industrie sowie zwei von dem Landesausschuß der Badischen Gewerbevereine gewählten Vertretern der Gewerbe. Dazu kamen noch höchstens fünf durch das Handelsministerium ernannte Mitglieder, die Experten in wirtschaftlichen Fragen sein mußten. Der Eisenbahnrat wurde durch die Verordnung vom 6. Januar 1912 neu organisiert. Hinzu kam die Zuständigkeit auch für die Bodenseeschiffahrt. Darüber hinaus konnte der Eisenbahnrat Wünsche und Beschwerden an das Handelsministerium richten. Dem Ministerium gegenüber hatte der Eisenbahnrat nun ein Auskunftsrecht zu allen Verkehrsfragen. Der Eisenbahnrat

70 Falkenbach, Eisenbahnbeiräte, S. 77 f.
71 Falkenbach, Eisenbahnbeiräte, S. 79.
72 Verordnung vom 20. März 1881.
73 Falkenbach, Eisenbahnbeiräte, S. 81.
74 Falkenbach, Eisenbahnbeiräte, S. 81.

setzte sich jetzt aus 27 Mitgliedern zusammen, von denen zehn vom Finanzministerium ernannt wurden. Drei der Mitglieder wurden aus den Kreisen der Lohnarbeiter auf Vorschlag des Gewerbeaufsichtsamts gewählt. Seit 1919 schlugen die freien Gewerkschaften zwei dieser Vertreter und die christlichen Gewerkschaften einen Vertreter vor. Die übrigen 17 Mitglieder wurden gewählt: Neun von den Handelskammern, Vier von der Landwirtschaftskammer und von den Handwerkskammern. Staatseisenbahnbeamte und Staatseisenbahnarbeiter kamen als Mitglieder nicht in Frage.

In Bayern bildeten "wirtschaftliche Konferenzen" die Vorläufer eines 1881 errichteten Eisenbahnrates[75]. An diesen Konferenzen nahmen die landwirtschaftlichen Komitees und die Gewerbe- und Handelskammern teil.

Durch die Verordnung vom 16. März 1881 wurden diese Konferenzen als Eisenbahnrat neu organisiert. Der Eisenbahnrat bestand aus 25 auf Vorschlag der Handels- und Gewerbekammern und des Kreiskomitees des landwirtschaftlichen Vereins vom König berufenen Mitgliedern. Durch die Verordnung vom 15. August 1908 wurde ein Landeseisenbahnrat und ein Verkehrsausschuß für die bayrische Pfalz geschaffen. Der Landeseisenbahnrat hatte nun 28 Mitglieder gegenüber den bisherigen 25 des Eisenbahnrats. Als Neuerung wurde durch die Verordnung vom 24. Dezember 1924 je ein Mitglied aus den dem Landesbeirat für Industrie, Gewerbe und Handel angegliederten zwei Abteilungen für Arbeiterschutz und Arbeiterwohlfahrt vorgeschlagen.

Der Verkehrsausschuß für die bayrische Pfalz wurde wegen der besonderen geographischen Lage im Zuge der Verstaatlichung der pfälzischen Eisenbahnen eingerichtet[76].

In Hessen wurde durch die Verordnung vom 5. Juli 1881 zur beirätlichen Mitwirkung in Eisenbahnverkehrsfragen ein Eisenbahnrat errichtet. Er bestand aus 18 Mitgliedern des Handels, des Gewerbes und der Landwirtschaft. Die Provinzialausschüsse der drei Provinzen Starkenburg, Rheinhessen und Oberhessen, die Handelskammern Darmstadt, Offenbach, Mainz, Worms, Bingen und Gießen und die landwirtschaftlichen Provinzialvereine der drei Provinzen wählten je einen Vertreter. Hierbei waren die Körperschaften nicht auf den Kreis ihrer eigenen Mitglieder beschränkt. Außerdem wurden noch Mitglieder der Verwaltungen der in Hessen gelegenen Privatnebenbahnen (z.B. die Süddeutsche Eisenbahngesellschaft) und Vertreter von Staatsbehörden zugezogen.

Mit Inkrafttreten des Staatsvertrages zwischen Preußen und Hessen über die gemeinschaftliche Verwaltung des beiderseitigen Eisenbahnbesitzes vom 23. Juni

---

75 Falkenbach, Eisenbahnbeiräte, S. 85.
76 Falkenbach, Eisenbahnbeiräte, S. 89.

1896 wurde der hessische Eisenbahnrat mit Wirkung vom 1. Februar 1897 aufgehoben[77].

In Sachsen wurde durch die Verordnung vom 9. Juli 1881 bei der Generaldirektion der Staatsbahnen ein "Eisenbahnrat" geschaffen. Er bestand aus 18 Mitgliedern, sechs Vertretern des Handels und des Gewerbes, von denen je einer von den Handels- und Gewerbekammern Dresden, Chemnitz, Plauen und Zittau, von der Handelskammer Leipzig und von der Gewerbekammer Leipzig gewählt wurden. Die fünf Vertreter der Landwirtschaft wählten die fünf landwirtschaftlichen Kreisvereine. Hinzu kamen noch sieben vom Finanzministerium ernannte Mitglieder.

In Mecklenburg-Schwerin wurde verhältnismäßig spät erst durch die Verordnung vom 12. Mai 1890 zur beirätlichen Mitwirkung in Eisenbahnverkehrsfragen ein "Landeseisenbahnrat" errichtet. Als Vorbild dienten die preußischen Eisenbahnräte[78]. Der Landeseisenbahnrat bestand aus vierzehn Mitgliedern. Acht Mitglieder und zwei Stellvertreter wurden von den Ständen gewählt. Vier Mitglieder und deren Stellvertreter wurden von dem Ministerium des Innern aus den Kreisen der Land- und Forstwirtschaft, der Industrie und des Handelsstandes berufen. Zwei Mitglieder und deren Stellvertreter wurden vom Ministerium des Innern aus der Generaldirektion der Eisenbahnen bestimmt.

Die wichtigste mit dem Preußischen Landeseisenbahnrat vergleichbare Einrichtung auf dem Gebiet des Tarifwesens war die Ständige Tarifkommission der deutschen Eisenbahnen.

Die Ständige Tarifkommission war keine Konkurrenz für den Preußischen Landeseisenbahnrat, da sie - im Gegensatz zur Haupttätigkeit des Preußischen Landeseisenbahnrats, Entscheidungen für Ausnahme- und Differentialtarife vorzuberaten[79] - zur Vorberatung von Änderungen des Normaltarifs für die Beschlußfassung durch die Generalkonferenzen der deutschen Eisenbahnverwaltungen eingesetzt wurde. Dies hing eng mit der Einführung des Reformtarifs 1877 zusammen.

Im Laufe der Entwicklung nach dem Preußischen Eisenbahngesetz von 1838 hatten sich verschiedene Tarifverbände gebildet, deren Tarife zum Teil erheblich differierten[80]. In der Reichsverfassung von 1871 hatte das Reich in Artikel 45 Abs. 2 den Auftrag erhalten, auf möglichst gleichmäßige Beförderungsentgelte hinzuwirken und dafür zu sorgen, daß ein entsprechender Tarif eingeführt werde.

---

77 Falkenbach, Eisenbahnbeiräte, S. 89.

78 Falkenbach, Eisenbahnbeiräte, S. 91.

79 Der Preußische Landeseisenbahnrat; Denkschrift, Zweiter Abschnitt, Die Tätigkeit des Landeseisenbahnrats, S. 10.

80 Wissenbach; Ständige Tarifkommission, S. 689.

Dieser Aufgabe entsprechend wurde 1877 mit dem Deutschen Reformtarif ein einheitliches Tarifschema - eine Synthese aus Wertklassifikations- und Wagenraumsystem; also vorwiegend ein Kilometertarif - geschaffen[81].

Dem Preußischen Handelsministerium war daran gelegen, dieses Tarifwerk mit den stark wechselnden Bedürfnissen der Wirtschaft in Einklang zu halten und eine einheitliche Fortbildung des Gütertarifwesens zu gewährleisten. So wurde auf seine Anregung hin die Ständige Tarifkommission ins Leben gerufen, um Änderungen des Reformtarifs für die Beschlußfassung durch die Generalkonferenzen vorzuberaten. Sie bestand aus Vertretern von zehn deutschen Staats- und sechs Privatbahnen[82]. Den Vertretern der interessierten Wirtschaftskreise aus Handel, Landwirtschaft und Industrie im Preußischen Landeseisenbahnrat entsprach der Ausschuß der Verkehrsinteressenten bei der Ständigen Tarifkommission. Auf Vorschlag des Reichskanzleramts vom Oktober 1877 wurde dieser aus Vertretern von Industrie, Handel, Land- und Forstwirtschaft bestehende Ausschuß der Verkehrsinteressenten der Ständigen Tarifkommission zur Seite gestellt[83].

Dabei traten in Verbindung mit der Tariffrage Fragen des Wettbewerbs bei der Tätigkeit der Verkehrsinteressenten in den Vordergrund[84]. Damit standen die Ständige Tarifkommission und der ihr angegliederte Ausschuß der Verkehrsinteressenten vor ähnlichen Fragen wie der Preußische Landeseisenbahnrat. Immer wenn der Preußische Landeseisenbahnrat - neben seiner Haupttätigkeit in Fragen der Gewährung von Ausnahmetarifen - an einer Fortbildung der Allgemeinen Tarifvorschriften und der Güterklassifikation mitwirkte, geschah dies in Verbindung mit der Ständigen Tarifkommission[85].

II. Der Gang der Gesetzgebung

Die von dem Haus der Abgeordneten in der 1. Session der 14. Legislaturperiode 1879/80 eingesetzte Zwölfte Kommisson beantragte in ihrem Generalbericht vom 4. Dezember 1879 über den Gesetzentwurf betreffend den Erwerb mehrerer Privateisenbahnen für den Staat[86], daß Bezirkseisenbahnräte und ein Landeseisen-

81 Wissenbach; Ständige Tarifkommission, S. 689.
82 Wissenbach; Ständige Tarifkommission, S. 689.
83 Wyszomirski; Die Entwicklung des Deutschen Eisenbahn-Gütertarifs, S. 328.
84 Wyszomirski; Die Entwicklung des Deutschen Eisenbahn-Gütertarifs, S. 328.
85 Der Preußische Landeseisenbahnrat, Denkschrift, S. 10 f.
86 Bericht der Zwölften Kommission, in: Anlagen zu den Stenographischen Berichten über die Verhandlungen des Hauses der Abgeordneten, 14. Legislaturperiode, 1. Session, 1879/80, 2. Band, Aktenstück Nr. 60.

bahnrat durch ein Gesetz einzusetzen seien. Hierfür legte die Kommission auch einen eigenen Entwurf mit dem Generalbericht vor[87]. Das Abgeordentenhaus stimmte nach der Debatte über den Entwurf der Zwölften Kommission zur Einsetzung von Eisenbahnräten in der Plenarsitzung vom 12. Dezember 1879 den Beschlüssen der Kommission mit Majorität zu[88]. Mit dem Schreiben vom 3. November 1880 legte der Minister der öffentlichen Arbeiten den Entwurf eines Gesetzes betreffend die Einsetzung von Bezirkseisenbahnräten und eines Landeseisenbahnrats für die Staatseisenbahnverwaltung vor[89]. Der Gesetzentwurf wurde in der ersten Lesung im Abgeordnetenhaus am 30. November 1880 einer Kommission von 21 Mitgliedern zur Vorberatung überwiesen. Die Kommission hat den Entwurf in zwei Lesungen und vier Sitzungen geprüft und hierüber einen schriftlichen Bericht erstattet[90].

Der Bericht und der Entwurf des Ministers kamen aber im Abgeordnetenhaus in der genannten Session nicht mehr zur Beratung. Erst in der 3. Session der 14. Legislaturperiode 1882 lag dem Abgeordnetenhaus ein erneuter Entwurf des Ministers der öffentlichen Arbeiten und der Entwurf der Kommission zur Vorberatung des Entwurfes eines Gesetzes betreffend die Einsetzung von Bezirkseisenbahnräten und eines Landeseisenbahnrates für die Staatseisenbahnverwaltung vor, die den ersten Gesetzentwurf beraten hatte[91]. Am 24. April 1882 fand im Abgeordnetenhaus die Beratung über die beiden vorgelegten Entwürfe statt[92]. Dabei wurde über die Bestimmungen des Gesetzes einzeln abgestimmt.

§ 1 des Gesetzes wurde mit Mehrheit in der gleichlautenden Fassung von Kommission und Ministerentwurf angenommen[93]. Diese Bestimmung regelte, daß Bezirkseisenbahnräte bei den Staatseisenbahndirektionen und ein Landeseisenbahnrat bei der Zentralverwaltung der Staatseisenbahnen zu errichten seien.

---

87 Bericht der Zwölften Kommission, in: Anlagen zu den Stenographischen Berichten über die Verhandlungen des Hauses der Abgeordneten, 14. Legislaturperiode, 1. Session, 1879/80, 2. Band, Aktenstück Nr. 60, S. 934 ff.

88 Sten. Berichte, Haus der Abgeordnten 1879/80, S. 600 ff und S. 610, Das Herrenhaus stimmte ebenfalls zu, Denkschrift, S. 5.

89 Drucksachen, Haus der Abgeordneten, 1880/81, Nr. 48.

90 Drucksachen, Haus der Abgeordnten, 1880/81 Nr. 176.

91 Aktenstück Nr. 18, Anlagen, Erster Band, Haus der Abgeordneten 1882, S. 693 ff; Aktenstück Nr. 211, Anlagen, Zweiter Band, Haus der Abgeordneten 1882, S. 1919 ff.

92 Sten. Berichte, Zweiter Band, Haus der Abgeordneten 1882, S. 1533 - 1566.

93 Sten. Berichte, Zweiter Band, Haus der Abgeordneten 1882, S. 1544.

§ 2 des Gesetzes wurde mit Mehrheit in der gleichlautenden Fassung von Kommission und Ministerentwurf angenommen[94]. § 2 bestimmte, bei welchen Eisenbahndirektionen Bezirkseisenbahnräte eingesetzt werden sollten.

§ 3 regelte die Zusammensetzung und Wahl der Mitglieder der Bezirkseisenbahnräte. Der Regierungsentwurf und der Kommissionsentwurf sahen vor, daß die Mitglieder für die Dauer von drei Jahren zu bestellen seien.

Entsprechend dem Antrag[95] des Abgeordneten Rickert, der der Fraktion Liberale Vereinigung angehörte, wurde der Passus eingefügt, daß die Mitglieder auf drei Jahre gewählt werden sollten. § 3 wurde dann mit dieser Änderung entsprechend dem Beschluß der Kommission mit Mehrheit im Abgeordnetenhaus angenommen[96].

§ 4 wurde ebenfalls mit Mehrheit im Abgeordnetenhaus angenommen[97]. Nach § 4 konnten auch aus nichtpreußischen Gebieten Vertreter zu den Verhandlungen des Bezirkseisenbahnrats zugelassen werden, wenn diese Gebiete zum Bezirk einer Staatseisenbahndirektion gehörten. Diese Bestimmung hatte im Regierungs- und Kommissionsentwurf dieselbe Fassung.

Die §§ 5, 6 , 7, 8 und 9 wurden vom Abgeordnetenhaus unverändert in der Fassung des Kommissionsentwurfs angenommen[98].

Gemäß § 5 im Regierungsentwurf bestelllte jeder Bezirkseisenbahnrat für die Erledigung eiliger Sachen und zur Vorbereitung der Beratungen der Bezirkseisenbahnräte einen ständigen Ausschuß. Nach dem vom Abgeordnetenhaus angenommen § 5 im Kommissionsentwurf konnte der Bezirkseisenbahnrat einen solchen Ausschuß bestellen. Die Einsetzung war also nicht zwingend.

§ 6 regelte die Zuständigkeit der Bezirkseisenbahnräte.

Der Regierungsentwurf sah vor, daß bei Gefahr im Verzug die von der Eisenbahnverwaltung getroffenen wichtigen Entscheidungen dem Ausschuß oder dem Bezirkseisenbahnrat bei der nächsten Zusammenkunft mitzuteilen seien. Im Kommissionsentwurf sollte diese Mitteilung nur bei wichtigen zur Zuständigkeit des Bezirkseisenbahnrats gehörenden Maßnahmen erfolgen. Allerdings sollten diese dem Ausschuß und dem Bezirkseisenbahnrat mitzuteilen sein.

Nach § 7 des Regierungsentwurfs sollte ein Bezirkseisenbahnrat mindestens zweimal jährlich von dem Präsidenten der Staatseisenbahndirektion einberufen werden. Der Kommissionsentwurf bestimmte hingegen, daß die Frage

---

94 Sten. Berichte, Zweiter Band, Haus der Abgeordneten 1882, S. 1544.
95 Nr. 227, Anlagen, 2. Band, Haus der Abgeordneten 1882.
96 Sten. Berichte, Zweiter Band, Haus der Abgeordneten 1882, S. 1553.
97 Sten. Berichte, Zweiter Band, Haus der Abgeordneten 1882, S. 1554
98 Sten. Berichte, Zweiter Band, Haus der Abgeordneten 1882, S. 1554.

der Einberufung in einem von dem Minister der öffentlichen Arbeiten zu genehmigenden Regulativ (Geschäftsordnung) zu regeln sei.

§ 8 sah in beiden Entwürfen vor, daß Vertreter anderer Eisenbahnverwaltungen und Staatsbehörden zu den Sitzungen der Bezirkseisenbahnräte hinzugezogen werden konnten.

§ 9 schließlich bestimmte in beiden Entwürfen, daß Vorerhebungen zur Beschlußfassung der Bezirkseisenbahnräte von der zuständigen Staatseisenbahndirektion zu erheben seien.

Auch die §§ 10 (Zusammensetzung des Landeseisenbahnrats), 11 (Zuziehung von Sachverständigen), 12 (Ausschuß des Landeseisenbahnrats), 13 (Zusammensetzung des Ausschusses), 14 (Zuständigkeit des Landeseisenbahnrats), 15 (Berufung des Landeseisenbahnrats), 16(Nachträgliche Mitteilung vorläufiger Anordnungen der Staatsregierung an den Landeseisenbahnrat und den Ausschuß), 17 (Geschäftsordnung des Landeseisenbahnrats), 18 (Vorerhebungen), 19 (Mitteilung der Verhandlungen des Landeseisenbahnrats an den Landtag)[99] und §§ 20 (Festsetzung der Normaltransportgebühren nur durch Gesetz), 21 (freie Fahrt und Diäten für die Mitglieder der Eisenbahnräte), 22 (Erlöschen der Mitgliedschaft in den Eisenbahnräten), 23 (Verkündung des Gesetzes)[100] wurden vom Abgeordnetenhaus unverändert in der Fassung des Kommissionsentwurfs angenommen.

§ 10 des Regierungsentwurfs beschäftigte sich mit der Frage der freien Fahrt der Mitglieder des Bezirkseisenbahnrats von und zu den Sitzungen. Diese Bestimmung war im Kommisionsentwurf in § 22 enthalten, der so vom Abgeordnetenhaus angenommen wurde.

Der spätere § 10 im Gesetz zur Zusammensetzung des Landeseisenbahnrats war im Regierungsentwurf so ausgestaltet, daß je drei Mitglieder des Landeseisenbahnrats und deren Stellvertreter aus beiden Häusern des Landtags gewählt werden sollten. Der zum Gesetz gewordene Passus im Kommissionsentwurf sah stattdessen vor, daß drei Mitglieder von dem Minister für Landwirtschaft, Domänen und Forsten, drei von dem Minister für Handel, zwei von dem Minister der Finanzen sowie zwei von dem Minister der öffentlichen Arbeiten für die Dauer von drei Jahren berufen wurden. Ausgeschlossen sollten unmittelbare Staatsbeamte sein. Auch bei dem späteren § 13 des Gesetzes über die Eisenbahnräte, der die Zusammensetzung des Ausschusses des Landeseisenbahnrats regelte, gab es Unterschiede in den beiden Entwürfen. Nach dem Regierungsentwurf sollten Mitglieder des Ausschusses zwei Ministerialkommissarien und je zwei Mitglieder der Häuser des Landtags und deren Stellvertreter sein. Im Gesetz waren dann aber entsprechend dem Kommissionsentwurf nur vier von dem Landeseisenbahn-

99 Sten. Berichte, Zweiter Band, Haus der Abgeordneten 1882, S. 1554 f.
100 Sten. Berichte, Zweiter Band, Haus der Abgeordneten 1882, S. 1566 f.

rat aus seiner Mitte gewählte Vertreter und deren Stellvertreter Mitglieder des Ausschusses. Die Frage der nachträglichen Mitteilung vorläufiger Anordnungen bei Gefahr im Verzug an den Landeseisenbahnrat war im Regierungsentwurf und dem Kommissionsentwurf genauso unterschiedlich geregelt wie bei den Bestimmungen zum Bezirkseisenbahnrat. Nach dem Regierungsentwurf konnte diese Mitteilung an den Auschuß oder den Landeseisenbahnrat erfolgen. Die später Gesetz gewordenen Fassung des Kommissionsentwurfs bestimmte, daß der Landeseisenbahnrat und der Ausschuß die Mitteilung erhalten mußten.

Das "Gesetz, betreffend die Einsetzung von Bezirkseisenbahnräthen und eines Landeseisenbahnrathes für die Staatseisenbahnverwaltung" vom 1. Juni 1882 trat gemäß § 23 des Gesetzes weitgehend in der vom Abgeordnetenhaus abgestimmten Fassung am 1. Januar 1883 in Kraft[101].

III. Die Vorstellungen der Kommission zur Verstaatlichung der Privateisenbahnen in Preußen

1. Die Eisenbahnräte und die Grundsätze der Eisenbahntarifpolitik

Die Forderung nach einem Gesetz zur Einrichtung eines Landeseisenbahnrats und von Bezirkseisenbahnräten kam aus dem Generalbericht der "zwölften Kommission zur Vorberatung des Gesetzentwurfs, betreffend den Erwerb mehrerer Privateisenbahnen für den Staat"[102] vom 4. Dezember 1879. Dieser Kommission war vor allem die Begutachung verschiedener Verträge zwischen mehreren großen Privateisenbahnen und dem Preußischen Staat über die Verstaatlichung der Eisenbahnen zur Aufgabe gestellt.

Neben einer auch juristischen Würdigung der Verträge beschäftigte sich die Kommission vor allem mit den finanziellen Auswirkungen der Verstaatlichung auf den Preußischen Staatshaushalt[103]. Die Kommission nahm das Gesetz über den Erwerb von Privateisenbahnen mit neun gegen fünf Stimmen an[104].

Der Abschnitt über die finanziellen Auswirkungen hat in dem Kommissionsbericht den Titel "Finanzielle und wirtschaftliche Garantien"[105]. In diesem Forde-

---

101 Gesetzsammlung für die Königlichen Preußischen Staaten 1882, S. 313 - 319.

102 Bericht der Zwölften Kommission, in: Anlagen zu den Stenographischen Berichten über die Verhandlungen des Hauses der Abgeordneten, 14. Legislaturperiode, 1. Session, 1879/80, 2. Band, Aktenstück Nr. 60.

103 Zu den Verträgen über den Übergang mehrer Privateisenbahnen in Staatsbesitz: Bericht der Zwölften Kommission, S. 611 ff.

104 Bericht der Zwölften Kommission, S. 933.

105 Bericht der Zwölften Kommission, S. 917 ff.

rungskatalog der Abgeordneten spielten der Preußische Landeseisenbahnrat und die Bezirkseisenbahnräte eine entscheidende Rolle. Die Kommission beschloß zunächst, dem Abgeordnetenhaus zu empfehlen, die Zustimmung zu dem Gesetzentwurf betreffend den Erwerb mehrer Privateisenbahnen für den Staat von der Zusage der preußischen Staatsregierung abhängig zu machen, daß die Verwendung der Überschüsse der Staatseisenbahnen gesetzlich festgestellt werde[106]. Desweiteren beschloß die Kommission, dem Abgeordnetenhaus zu empfehlen, die Zustimmung zu dem Gesetzentwurf, betreffend den Erwerb mehrer Privateisenbahnen für den Staat, von der Zusage abhängig zu machen, daß der Minister der öffentlichen Arbeiten in Zukunft dem Entwurf des Staatshaushalts eine Übersicht der Normaltransporttarife für Personen- und Gütertransporte auf den staatlichen Eisenbahnen beifügen solle[107]. Außerdem sollte die Zustimmung zum Gesetz davon abhängig gemacht werden, daß Bezirkseisenbahnräte und ein Landeseisenbahnrat auf gesetzlicher Grundlage eingerichtet würden[108].

In ihrem Bericht hob die Kommission hervor, daß die Vermehrung des Staatsbahnbesitzes und der Staatsschuld die weitestreichende Veränderung bezüglich des Staatseigentums und der Staatsverschuldung war, "welche sich je auf ein Mal in unserem Staate vollzogen hat"[109]. Die Abgeordneten erkannten folglich den gravierenden Einschnitt für die preußische Finanzpolitik und den preußischen Staatshaushalt.

In ihrer Einschätzung konnten die möglichen Schwankungen bei den Erträgen aus den neuen staatlichen Eisenbahnen eine erhebliche Gefahr für den Staatshaushalt bedeuten, der ohnehin bereits unter den schwankenden Erträgen aus der Forstwirtschaft und der Berg- und Hüttenverwaltung zu leiden hatte[110].

In der weiteren Entwicklung spielten aber die hohen Gewinne der verstaatlichten Eisenbahnen die weitaus größte Rolle für den Staatshaushalt, deren Anteil an den staatlichen Einnahmen durchschnittlich sich auf etwa 10 bis 11 % und sogar noch einen höheren Anteil belief[111]. In Preußen erreichte der Anteil der Eisenbahnüberschüsse am gesamten Staatshaushalt um die Jahrhundertwende sogar 60 %[112].

Die Kommissionsmitglieder versuchten in ihrem Bericht in richtiger Einschätzung der besonderen Bedeutung der Eisenbahnüberschüsse, eine Verwendung für andere Haushaltsposten zu begrenzen. Danach sollte die Verwendung

106 Bericht der Zwölften Kommission, S. 923.
107 Bericht der Zwölften Kommission, S. 926.
108 Bericht der Zwölften Kommission, S. 926.
109 Bericht der Zwölften Kommission, S. 917.
110 Bericht der Zwölften Kommission, S. 918.
111 Henning; Die Industrialisierung in Deutschland 1800 bis 1914, S. 243.
112 Klee; Preußische Eisenbahngeschichte, S. 189.

der Eisenbahnüberschüsse für andere Zwecke die Summe von 2,2 Millionen Mark nicht überschreiten[113]. In der Folgezeit erwiesen sich die Befürchtungen der Abgeordneten , daß Überschüsse der Eisenbahnverwaltung auch über den in der "Garantievorlage" festgesetzten Betrag hinaus für andere Staatsausgaben als das Eisenbahnwesen verwendet werden, als vollkommen berechtigt[114].

Aus diesen verschiedenen Einschätzungen und Forderungen der Zwölften Kommission läßt sich erkennen, daß die Abgeordneten um ihr Budgetrecht bezüglich des Staatshaushalts fürchteten. Denn dieses Budgetrecht war, mehr noch als die Mitwirkung der Volksvertretung bei der Gesetzgebung, der eigentliche Gegenpol zum monarchischen Prinzip in der konstitutionellen Verfasssung[115].

Die preußische Regierung konnte mit den Überschüssen aus den neu verstaatlichten Eisenbahnen das Budgetrecht der Abgeordneten unterlaufen, indem sie diese Überschüsse für ihre Vorhaben verwandte und damit diese Gelder nicht als Bestandteil des Haushalts dem Abgeordnetenhaus vorlegen mußte.

Die Kommission verstand in diesem Zusammenhang die Eisenbahntarife als einen entscheidenden Ansatzpunkt für eine Einflußnahme des Abgeordnetenhauses. So beantragten mehrere Kommissionsmitglieder, die Eisenbahntarife ebenso wie die Postgebühren nur auf Grund eines Gesetzes festzulegen bzw. zu ändern[116]. Die Antragsteller begründeten ihren Antrag mit der Möglichkeit der Regierung, über die Erhöhung der Tarife die dadurch erhöhten Eisenbahnüberschüsse für andere defizitäre Ausgabenvorhaben zu verwenden[117].

Hier wird nochmals die Furcht der Abgeordneten deutlich, die Kontrolle über den Staatshaushalt infolge der Überschüsse der staatlichen Eisenbahnen zu verlieren. Die Mehrheit in der Kommission erkannte den politischen Sprengstoff einer solchen Forderung seitens des Parlaments. Sie fand den Vorschlag zwar sympathisch, zog sich aber darauf zurück, daß die Abgeordneten nicht die nötige Kompetenz für die Entscheidung über die Eisenbahntarife hätten und zudem die "Interessenleidenschaften" in der Tariffrage in das Abgeordnetenhaus hineingetragen würden[118].

So erschien den Abgeordneten die Einrichtung eines Landeseisenbahnrats und von Bezirkseisenbahnräten auf gesetzlicher Grundlage als ein gangbarer Weg, um einerseits den Einfluß des Abgeordnetenhauses auf die Eisenbahntarife und damit auf die Verwendung der Eisenbahngewinne zu wahren. Dies sollte durch

---

113 Bericht der Zwölften Kommission, S. 922.
114 Klee; Preußische Eisenbahngeschichte, S. 186.
115 Böckenförde; Der deutsche Typ der konstitutionellen Monarchie im 19. Jahrhundert, S. 293.
116 Bericht der Zwölften Kommission, S. 927.
117 Bericht der Zwölften Kommission, S. 927.
118 Bericht der Zwölften Kommission, S. 927.

die Wahl von Mitgliedern des Landtags in den Landeseisenbahnrat erfolgen[119]. Andererseits sollten die Mitglieder der Eisenbahnräte als Sachverständige bei der Lösung der wirtschaftlichen Fragen der Staatseisenbahnverwaltung zur Seite gestellt werden. Sie sollten der Staatseisenbahnverwaltung die Wünsche und Beschwerden der Eisenbahnverkehrsteilnehmer nahebringen und verfehlte Tarifmaßregeln der Verwaltung vermeiden helfen[120].

Außerdem sollten die verstaatlichten Eisenbahnen nach Meinung der Abgeordneten dem öffentlichen Interesse dienen, was nur bedeuten konnte, die Tarife herabzusetzen[121].

Die Kommission wußte, daß in den westlichen Provinzen Preußens bereits Eisenbahnräte auf der Grundlage einer Vereinbarung zwischen den öffentlich-rechtlichen Kammern und der Staatseisenbahnverwaltung ihre Arbeit erfolgreich verrichteten[122]. So war die Forderung nach einem Preußische Landeseisenbahnrat für die Abgeordneten eng mit ihrer Absicht zur Wahrung eines Budgetrechts des Abgeordnetenhauses angesichts der veränderten Lage durch die Verstaatlichung der Eisenbahnen in Preußen verbunden.

Die Frage der Ausgestaltung des Preußischen Landeseisenbahnrats geriet in der Diskussion der Kommission zu einem Balanceakt. Ein möglichst weitgehender Einfluß des Abgeordnetenhauses sollte aber nicht zu einem Eingriff des Abgeordnetenhauses in die Kompetenzen der Exekutive führen.

Die Befürworter einer gesetzlichen Zuständigkeit des Abgeordnetenhauses in Eisenbahntariffragen verlangten, daß mindestens die Erhöhung der Eisenbahntarife von der Zustimmung des Preußischen Landeseisenbahnrats abhängig gemacht werden sollte[123].

Die Mehrheit lehnte dies jedoch mit dem Argument ab, daß damit die Verantwortlichkeit der Preußischen Staatsregierung aufgehoben würde[124].

Auf der einen Seite wurde in der Kommission gesehen, daß die Vertretung von Abgeordneten im Preußischen Landeseisenbahnrat die Trennlinie zwischen Legislative und Exekutive verwischen könnte. Andererseits wandte sich die Kommission vehement dagegen, daß der Minister der öffentlichen Arbeiten den Vorsitz im Preußischen Landeseisenbahnrat führen könnte[125].

Dies zeigt, daß gegenüber der Regierung und ihren Ministern ein gewisses Mißtrauen seitens der Abgeordneten bestand.

---

119 Bericht der Zwölften Kommission, S. 930 und II2c des Entwurfs, S. 926.
120 Bericht der Zwölften Kommission, S. 929.
121 Bericht der Zwölften Kommission, S. 922.
122 Bericht der Zwölften Kommission, S. 929.
123 Bericht der Zwölften Kommission, S. 930.
124 Bericht der Zwölften Kommission, S. 930.
125 Bericht der Zwölften Kommission, S. 930.

Andererseits wollte man nicht im Zuge der Eisenbahnpolitik die Verantwortlichkeit der Exekutivspitze aushöhlen. Es hatte sich in Preußen eine konstitutionelle Verantwortlichkeit gegenüber dem Parlament herausgebildet, welche die Minister dazu veranlaßte, ihre bzw. die königliche Politik vor dem Parlament zu begründen[126].

2. Der Entwurf der Zwölften Kommission zur Einsetzung von Eisenbahnräten

Der Entwurf der Zwölften Kommission zu einem Gesetz über Eisenbahnräte enthielt bereits einen großen Teil der Bestimmungen, die später in dem Gesetz über Eisenbahnräte stehen sollten[127]. Der Entwurf sah aber eine andere Zusammensetzung des Landeseisenbahnrats vor, in der sich ein grundsätzlich anderes Verständnis von der Funktion des Landeseisenbahnrats offenbarte. Mitglieder des Landeseisenbahnrats waren demnach Vertreter der Preußischen Staatsregierung, Vertreter aus dem Parlament und Vertreter aus der Wirtschaft. Der Minister der öffentlichen Arbeiten, der Minister für Handel und Gewerbe, der Finanzminister und der Minister für Landwirtschaft, Domänen und Forsten sollten jeweils einen Vertreter ensenden[128]. Dabei waren entgegen der späteren Gesetzesfassung in § 10 unmittelbare Staatsbeamte nicht ausgeschlossen.

Des weiteren sollten jeweils drei Mitglieder beider Häuser des Landtags und ihre drei Stellvertreter für die Dauer der Legislaturperiode in den Landeseisenbahnrat gewählt werden[129]. Diese Abgeordneten sollten auch in dem Ausschuß des Landeseisenbahnrats, der zur Vorbereitung der Sitzungen und in dringenden Fällen tagen sollte, vertreten sein. Der Ausschuß bestand nach dem Entwurf der Zwölften Kommission aus zwei Mitgliedern der Häuser des Landtags, aus zwei der von den Ministerien berufenen Mitgliedern des Landeseisenbahnrats und aus vier Mitgliedern, die aus Industrie, Handel und Landwirtschaft kamen[130].

In der Zusammensetzung des Landeseisenbahnrats in dem Bericht der Zwölften Kommission zeigt sich, daß hier nicht nur das Verhältnis von Staatseisenbahnverwaltung und Wirtschaft in bezug auf die Eisenbahntarifpolitik festgelegt wurde, sondern der Landeseisenbahnrat auch einen Einfluß der Parlamente auf die Eisenbahntarifpolitik gewährleisten sollte. Im Gegensatz zur endgültigen Ausgestaltung des Landeseisenbahnrats in dem Gesetz von 1882 war also in dem

126 Böckenförde; Der deutsche Typ der konstitutionellen Monarchie im 19. Jahrhundert, S. 299 f.
127 Bericht der Zwölften Kommission, S. 926 f.
128 Bericht der Zwölften Kommission, S. 926.
129 Bericht der Zwölften Kommission, S. 926.
130 Bericht der Zwölften Kommission, S. 926.

Bericht der Zwölften Kommission ein Dreiecksverhältnis zwischen Regierung, Parlament und Wirtschaft festgeschrieben.

IV. Die Vorstellungen des zuständigen Ministers

Maybach, dessen Ministerium der öffentlichen Arbeiten federführend bei der Gesetzgebung für die Eisenbahnräte war, hatte sich bereits 1875 als Präsident des Reichseisenbahnamtes dafür eingesetzt, Eisenbahnräte im Verwaltungswege bei allen deutschen Bahnen einzuführen[131]. Maybach hatte allerdings ein ganz anderes Verständnis von Aufgabe und Funktion des Preußischen Landeseisenbahnrats. Er begriff diese Einrichtung nicht als Teil der finanziellen und wirtschaftlichen Garantien zur Verstaatlichung der Eisenbahnen in Preußen, wie die Mitglieder der Kommission dies taten, für die der Landeseisenbahnrat ein Instrument zur Kontrolle der staatlichen Eisenbahntarifpolitik war, sondern als Verbesserung der Verwaltung der staatlichen Eisenbahnen. Besonders deutlich kommt das in einem Votum vom 20. April 1882 zum Ausdruck[132].

Maybach erkannte, daß die Abgeordneten durch den Preußischen Landeseisenbahnrat auf die Tarifpolitik der verstaatlichten Preußischen Eisenbahnen Einfluß nehmen wollten. Eine Einflußnahme auf die Eisenbahntarife seitens des Abgeordnetenhauses, welche ein Mitspracherecht der Abgeordneten bei Tariferhöhungen enthalten hätte, lehnte er kategorisch ab[133]. Maybach befürchtete eine zu weitgehende Einschränkung der Befugnisse der Eisenbahnverwaltung, welche seiner Ansicht nach einen Spielraum in der Tarifpolitik bei den Erfordernissen des Eisenbahnverkehrs benötigte[134]. Für Maybach hatten die Interessen des öffentlichen Verkehrs und die finanziellen Interessen der Staatseisenbahnverwaltung Priorität[135]. Diese Interessen waren also seiner Ansicht nach der Maßstab für gesetzliche Bestimmmungen, um die Eisenbahntarifpolitik zu regeln. Maybach sah ferner in der Kompetenz der Preußischen Regierung für die Erhöhung der Eisenbahntarife keine Gefährdung der Interessen des Abgeordnetenhauses.

---

131 Jungnickel, Staatsminister Albert von Maybach, S. 97.

132 GStA Merseburg, Rep. 93, Ministerium der öffentlichen Arbeiten, Nr. 3295, Bl. 97 ff.

133 GstA Merseburg, Rep 93 , Ministerium der öffentlichen Arbeiten, Nr. 3295, Bl. 101 RS.

134 GstA Merseburg, Rep. 93, Ministerium der öffentlichen Arbeiten, Nr. 3295, Bl. 101 RS.

135 GstA Merseburg, Rep. 93, Ministerium der öffentlichen Arbeiten, Nr. 3295, Bl. 101 RS.

Eine umfassende Tariferhöhung würde die Regierung nach Maybachs Ansicht nicht ohne Beratung und Einverständnis seitens des Abgeordnetenhauses durchführen[136]. Maybach hält in seinem Votum eine Verbindung von Mitspracherechten der Abgeordneten und der Einsetzung von Eisenbahnräten für abwegig. In das Gesetz zur Einsetzung von Eisenbahnräten würde "eine mit der Einrichtung der Eisenbahnbeiräthe nicht unmittelbar zusammenhängende, fremde Materie eingeführt."[137]. Maybach sprach in dem Votum in diesem Zusammenhang von einem "unverkennbaren Mißtrauen" gegenüber der Regierung[138].

Maybach war ein Mann der Verwaltung und dabei besonders der Eisenbahnverwaltung. Er war Volljurist, wobei er zunächst die klassische Laufbahn im Justizdienst einschlug und wenige Jahre nach seiner Ernennung zum Gerichtsassessor im Jahre 1852 Kreisrichter bei dem Kreisgericht in Hagen wurde[139]. Ein tragischer Vorfall, bei dem ein ihm befreundeter, bei der Bergisch-Märkischen Eisenbahn als Grunderwerbskommissar beschäftigter Assessor bei einer Kahnpartie auf der Ruhr ertrank, und dessen Stelle nun frei wurde, lenkte nach den Angaben seines Biographen Jungnickel Maybachs Augenmerk auf eine Beschäftigung bei der Eisenbahnverwaltung[140]. Von da an führte Maybach eine steile Karriere von einer anfänglichen Tätigkeit als Mitglied des Verwaltungsrats der zunächst noch privaten Oberschlesischen Eisenbahngesellschaft in Breslau über verschiedene Positionen als Vorsitzender einer Königlichen Eisenbahndirektion in die Stellung des Präsidenten des Reichseisenbahnamts, um schließlich im Juli 1879 zum Minister für öffentliche Arbeiten ernannt zu werden[141].

Bereits zu Beginn seiner Laufbahn hatte er mit der Abwicklung zur Verstaatlichung der Oberschlesischen Eisenbahngesellschaft zu tun. Maybach bewies dabei schon zu Beginn seiner Verwaltungskarriere großes Durchsetzungsvermögen. Nachdem die Hauptaktionäre den Versuch unternahmen, die Mehrheit gegen eine Beschlußfassung der Generalversammlung der Aktionäre herzustellen, indem die erforderliche Anzahl an Aktien an Schauspieler des Breslauer Theaters verteilt wurde, ließ Maybach kurzerhand die für den Tag der Beschlußfassung vorgesehene Oper für ein Schauspiel absetzen[142].

---

136 GstA Merseburg, Rep 93, Ministerium der öffentlichen Arbeiten, Nr. 3295, Bl. 102 RS - 103.

137 GStA Merseburg, Rep 93, Ministerium der öffentlichen Arbeiten, Nr.3295, Bl. 103 RS - 104.

138 GstA Merseburg, Rep. 93, Ministerium der öffentlichen Arbeiten, Nr. 3295, Bl. 104 RS.

139 Jungnickel, Staatsminister Albert von Maybach, S. 7.

140 Jungnickel, Staatsminister Albert von Maybach, S. 7 f.

141 Jungnickel, Staatsminister Albert von Maybach, S. 9 ff

142 Jungnickel, Staatsminister Albert von Maybach, S. 17 f.

Maybach trat selbst an die Spitze der neugeschaffenen Königlichen Eisenbahndirektion Breslau[143]. Er war also vom Beginn seiner Verwaltungstätigkeit an ein konsequenter Vertreter des Staatseisenbahnsystems. Dabei hatten besonders die Schriften David Hansemanns, der ein überzeugter Anhänger des Staatsbahnsystems war, einen starken Einfluß auf ihn ausgeübt[144]. Maybach war also der ideale Mann für die Umsetzung der Verstaatlichung der Preußischen Eisenbahnen. Allerdings hatte er wenig politisches Gespür besonders gegenüber wirtschaftlichen Interessen, was sich beispielhaft an einer Äußerung während der Diskussion zur Verstaatlichung der Eisenbahnen in Preußen zeigte.

Er bezeichnete die Börse als "einen Giftbaum, der auf das Leben der Nation seinen verderblichen Schatten wirft", um damit das Interesse der Börse an der Spekulation mit den Eisenbahnaktien zu charakterisieren, was einen Proteststurm der börsengeneigten Presse auslöste[145]. Dennoch verstand er die Einsetzung von Eisenbahnräten als wichtige Ergänzung des Verstaatlichungsvorhabens in Preußen. Er hatte sich bereits als Präsident des Reichseisenbahnamts dafür eingesetzt, Eisenbahnräte bei allen deutschen Eisenbahnen im Verwaltungswege einzuführen[146].

Dies ergab sich schließlich daraus, daß Maybach als Präsident des Reichseisenbahnamts auch für die Reichsbahnen in Elsaß-Lothringen zuständig war, bei denen regelmäßige Konferenzen zwischen Vertretern der Wirtschaft und der staatlichen Eisenbahndirektion zum ersten Mal stattgefunden hatten.

Es bleibt festzuhalten, daß Maybach die Einrichtung von Eisenbahnräten jedoch nur als Abrundung und zur Erhöhung der staatlichen Eisenbahnverwaltung wollte, was vor dem Hintergrund seiner Biographie verständlich ist.

V. Bismarcks eisenbahn- und wirtschaftspolitische Ziele in Bezug auf die Preußischen Eisenbahnräte

Bei den Reichstagswahlen am 10. Januar 1877 zeigte sich, daß die Mehrheit der Wähler nicht bereit war, den Liberalen länger auf dem Weg der Freihandelspolitik zu folgen. Die konservativen Parteien gewannen auf Kosten der liberalen Parteien Stimmen[147].

Bismarck gewann daraufhin während eines langen Urlaubs, den er nach der Zurückweisung seines Entlassungsgesuchs vom 27. März 1877 nahm, Klarheit

143 Ottmann, Albert von Maybach, S. 186.
144 Ottmann, Albert von Maybach, S. 184.
145 Jungnickel, Staatsminister Albert von Maybach, S. 80 f.
146 Jungnickel, Staatsminister Albert von Maybach, S. 97.
147 Huber, Deutsche Verfassungsgeschichte, Band 4, S. 1045.

über die Grundsätze einer künftigen Wirtschafts- und Finanzpolitik[148]. Am 22. Februar 1878 verkündetete Bismarck auch öffentlich seinen wirtschafts- und finanzpolitischen Kurswechsel anläßlich der ersten Lesung einer Reihe von Steuergesetzen.

Im Mittelpunkt der finanzpolitischen Reformbestrebungen sollte dabei die Errichtung von Reichsmonopolen stehen. Damit bezweckte Bismarck, dem Reich eine solide Finanzbasis zu schaffen und es damit zugleich unabhängig von den Partikularstaaten zu machen[149].

Dies mußte zum Bruch mit den Nationalliberalen führen, da ein staatliches Wirtschaftsmonopol auch nur in einem kleinen Teilbereich der wirtschaftlichen Doktrin der Liberalen widersprach[150]. In der Frage der Schutzzollpolitik wirkte sich allerdings der Druck der industriellen Schutzzollinteressenten aus.

Unter dem Eindruck der Depression nach 1873 breitete sich Unzufriedenheit mit der freihändlerischen Zollpolitik der Reichstagsmehrheit über die Reihen der Eisenindustriellen hinaus aus. Zur gleichen Zeit, als der Verein deutscher Eisen- und Stahlindustrieller die Beibehaltung der Eisenzölle propagierte, erhoben auch die Hersteller von Soda, Baumwoll-, Leinen-, Woll-, Papier-und Lederwaren ihre vereinzelten Stimmen für eine verstärkte Schutzzollpolitik[151].

Die völlige Ablehnung dieser Forderungen durch die freihändlerisch gesinnte Mehrheit des Reichstags bewirkte eine Organisierung der Schutzzollinteressen. Gegen Ende November 1875 lud der extremste Anhänger einer Schutzzollpolitik, Wilhelm von Kardorff, eine ausgewählte Gruppe der Industrieunternehmer nach Berlin ein.

Dabei wurde das Ziel formuliert, eine Organisation aufzubauen, welche die Zollpoltik beeinflussen sollte, den Binnenmarkt der deutschen Industrie vorzubehalten und die deutsche Volkswirtschaft weitgehend unabhängig zu machen[152]. Nach diesem Treffen kam es am 19. Januar 1876 zur konstituierenden Versammlung des Zentralverbandes deutscher Industrieller[153].

Zunächst scheiterte aber ein Antrag auf Wiedereinführung der Eisenzölle, mit der Konsequenz, daß englische und französische Eisenimporte den deutschen Markt überschwemmten; dies führte zu Betriebs- und Hochofenstillegungen[154]. Erst nach den Neuwahlen 1878 ergab die Zusammensetzung des Reichstags durch die Bildung einer interfraktionellen "Freien Wirtschaftlichen Vereinigung",

148 Huber, Deutsche Verfassungsgeschichte, Band 4, S. 1045.
149 Gall, Bismarck, S. 558 f.
150 Gall, Bismarck, S. 559.
151 Lambi, Die Organisation der industriellen Schutzzollinteressenten, S. 296.
152 Lambi, Die Organisation der industriellen Schutzzollinteressenten, S. 297.
153 Lambi, Die Organisation der industriellen Schutzzollinteressenten, S. 297.
154 Huber, Deutsche Verfassungsgeschichte, Band 4, S. 1045.

der Abgeordnete der Konservativen, des Zentrums und einige Liberale angehörten, die Möglichkeit für Bismarck, eine Schutzzollpolitik durchzusetzen[155]. Die Schutzzollpolitik stand auch in Bismarcks Interesse, die finanzielle Unabhängigkeit des Reichs zu schaffen.

Der Schutzzoll war nämlich zugleich Finanzzoll und konnte damit als weitere Verbesserung der Einnahmen des Reichs dienen[156].

Zwischen der Eisenindustrie und der Eisenbahn bestanden naturgemäß enge Verbindungen. Während zwischen 1835 und 1845 die meisten Schienen noch importiert wurden, schützten bereits im Zollverein hohe Zölle auf alle Produkte der Eisenverarbeitung die inländische Schmiedeeisenindustrie und mit ihr die Schienenherstellung[157].

Daran läßt sich erkennen, wie sehr Schutzzollpolitik und das Streben Bismarcks nach Errichtung staatlicher Wirtschaftsmonopole miteinander verknüpft sein mußten. Auch um sich gegen den Eisenbahnpartikularismus der Länder durchzusetzen, kam Bismarck Ende der siebziger Jahre zu dem Plan einer grundsätzlichen Reform der Eisenbahnverfassung.

An sich war die Errichtung eines Systems reichseigener Eisenbahnen in Artikel 41 der Reichsverfassung ausdrücklich zugelassen. Danach konnnten Eisenbahnen auch gegen den Widerspruch der Einzelstaaten für Rechnung des Reichs angelegt werden. Zudem verpflichtete Artikel 42 der Reichsverfassung die Bundesregierungen, die "Deutschen Eisenbahnen" wie ein einheitliches Netz zu verwalten.

Doch während sich bei der Errichtung der Reichspost und der Reichsbank das staatswirtschaftliche Prinzip ohne erhebliche Schwierigkeiten durchsetzen ließ, stellten sich dem zwischen 1876 und 1879 unternommenen Versuch, das deutsche Eisenbahnwesen in gemeinwirtschaftliche Formen zu überführen, schwere Hindernisse entgegen. Dabei handelte es sich neben parlamentarischen und bürokratischen Widerständen vor allem um den Widerstand der Einzelstaaten, die um ihre Eigenständigkeit fürchteten[158].

So blieb Bismarck nichts anderes übrig, als die Verstaatlichung der Eisenbahnen auf Landesebene voranzutreiben.

In einer berühmten Rede vor dem Reichstag am 8. Mai 1879[159] gab Bismarck zu erkennen, welche Bedeutung das Eisenbahnwesen im Zusammenhang mit der neu einzuschlagenden Schutzzollpolitik haben mußte. Seiner Ansicht nach konnte der Schutzzolltarif keine Selbständigkeit, keine Sicherheit und keine Wirkung

155 Huber, Deutsche Verfassungsgeschichte, Band 4, S. 1047.
156 Gall, Bismarck, S. 559.
157 Fremdling, Eisenbahnen und deutsches Wirtschaftswachstum, S. 197 u. S. 200
158 Huber, Deutsche Verfassungsgeschichte, S. 1057.
159 Poschinger, Fürst Bismarck als Volkswirth, I. Band, S. 228 ff.

haben, wenn nicht die Frage der Eisenbahntarife berücksichtigt werden würde[160], denn für Bismarck stellte der Eisenbahntarif eine Art Gegenzoll dar, wenn der Eisenbahntransport für Einfuhren weitaus günstigere Tarife bereithielt als die Ausfuhr aus dem Reich[161]. So forderte er in der gleichen Rede die Einzelstaaten auf, wenigstens auf Landesebene der Staatseisenbahnpolitik zu folgen, um eine Kontrolle über die Eisenbahntarife zu erlangen[162].

Bismarck hatte bereits durch das Reichseisenbahnprojekt die Zustimmung des preußischen Abgeordneten- und Herrenhauses zur Abtretung und Verstaatlichung der preußischen Eisenbahnen bekommen[163]. Wie sehr die von Bismarck erkannte Notwendigkeit, die Eisenbahntarife zu beeinflussen, mit der Frage der Verstaatlichung verbunden war, zeigt das wichtigste Argument für die Verstaatlichung. Die Befürworter der Verstaatlichung wiesen darauf hin, daß aus dem Wesen der Eisenbahnen das Betriebsmonopol und eine monopolistische Tendenz der Verkehrsgestaltung im Gebiet einer Eisenbahnlinie resultiere[164]. Ein gleich leistungsfähiges Verkehrsmittel war damals nicht vorhanden. Der Fuhrwerksverkehr kam nur noch für verhältnismäßig kurze Entfernungen in Betracht, und auch das Wasserstraßenverkehrssystem konnte nur beschränkt mit den Möglichkeiten der Eisenbahn konkurrieren[165]. Ferner ergab sich eine Monopolstellung aus dem betriebstechnischen Grund der Unmöglichkeit "einer Konkurrenz auf der Schiene", was beim Verkehr auf Wasserstraßen möglich war[166].

Somit wird verständlich, daß Bismarcks Schutzzollpolitik bei der besonderen Bedeutung der Eisenbahntarife die Kontrolle über das faktische Monopol der Eisenbahnen benötigte. Die Einrichtung von Eisenbahnräten in Preußen im Zuge der Verstaatlichung der Eisenbahnen erscheint folglich als eine Ergänzung der eisenbahnpolitischen Ziele Bismarcks, da in diesen Einrichtungen die Interessen der inländischen Wirtschaft, welche durch die Schutzzölle gefördert werden sollte, bei den Eisenbahntarifen zur Geltung kommen konnten.

Allerdings hatte schon eine zeitgenössische linke Kritik noch eine andere Dimension der Eisenbahnpolitik Bismarcks herausgearbeitet. Friedrich Engels sah in seiner Schrift "Der Sozialismus des Herrn Bismarck" vom Februar 1880 als Ausgangspunkt des Reichseisenbahnprojekts Bismarcks nicht "das soziale Wohl

---

160 Gall, Bismarck - Die großen Reden, S. 205.
161 Gall, Bismarck - Die großen Reden, S. 205.
162 Gall, Bismarck - Die großen Reden, S. 206.
163 Klee, Preußische Eisenbahngeschichte, S. 172.
164 Alberty, Der Übergang zum Staatsbahnsystem in Preußen, S. 144.
165 Alberty, Der Übergang zum Staatsbahnsystem in Preußen, S. 145.
166 Alberty, Der Übergang zum Staatsbahnsystem in Preußen, S. 146.

des Landes, sondern das individuelle Wohl zweier zahlungsunfähiger Banken"[167].

Engels wies darauf hin, daß von 1869 bis 1873 während der Spekulationswelle an der Berliner Börse die Disconto-Gesellschaft und besonders das Bankhaus Bleichröder die Möglichkeit nutzten, durch den Ankauf einer entsprechenden Anzahl von Eisenbahnaktien die privaten Eisenbahngesellschaften zu kontrollieren[168]. Beide Banken gerieten nach der Krise 1873 in finanzielle Schwierigkeiten, da die Kurse der Eisenbahnaktien erheblich gesunken waren. Nach Engels' Darstellung versuchten sie nun, diese Aktien an den Staat zu verkaufen, in der Erwartung, bei einem staatlichen Ankauf zumindest ihre Verluste ausgleichen zu können[169].

Außerdem sieht die linke Kritik an Bismarcks Eisenbahnverstaatlichungsplänen damals wie heute die besondere militärische Bedeutung eines Staatsbahnmonopols. Bismarck bezweckte demnach, "das militaristische Potential des sich herausbildenden deutschen Imperialismus zu stärken"[170]. Bei Engels heißt es im Anti-Dühring: "Bismarck verstaatlichte ohne jede ökonomische Notwendigkeit die Hauptlinien Preußens, einfach um sie für den Kriegsfall besser einrichten und ausnützen zu können"[171].

Vor dem Hintergrund der linken Kritik an Bismarck erscheint dessen Eisenbahnpolitik in einem anderen Licht. Wenn Bismarck mit der Verstaatlichung der Eisenbahnen in Preußen dem Interesse der Wirtschaft diente, so ist die Einrichtung eines Preußischen Landeseisenbahnrats über die Schutzzollpolitik hinaus in denselben Zusammenhang einer Dienstbarmachung des Eisenbahnwesens für die Wirtschaft zu stellen.

Bismarcks verfassungspolitische Ziele erschließen sich dem Forschenden aus seinen Reden im Reichstag und dem Preußischen Abeordnetenhaus, aber auch aus den Reden zum Volkswirtschaftsrat[172].

Drei Hauptmotive zeichnen sich dabei ab. Die Eisenbahnräte sollten den Sachverstand in die wirtschaftspolitischen Entscheidungen einbringen, der im Parlament angeblich nicht vertreten war[173]. Die Interessen der verschiedenen

---

167 Marx, Engels, Werke, Band 19, S. 173.

168 Marx, Engels, Werke, Band 19, S. 172 f.

169 Marx, Engels, Werke, Band 19, S. 173.

170 Mottek, Becker, Schröter, Wirtschaftsgeschichte Deutschlands, S. 119.

171 Marx, Engels, Werke, Band 20, S. 259.

172 Poschinger, Bismarck als Volkswirth, II. Band, Bismarcks Rede am 27.01.1881 zur Eröffnung des Volkswirtschaftsrats, S. 11ff; Bismarcks Reichstagsrede am 1.12.1881 betreffend die Errichtung eines deutschen Volkswirtschaftsrats, S. 94 ff.

173 Poschinger, Bismarck als Volkswirth, II. Band, Bismarcks Rede am 27.01.1881 zur Eröffnung des Volkswirtschaftsrats, S. 13; Bismarcks Reichstagsrede am 1.12.1881 betreffend die Errichtung eines deutschen Volkswirtschaftsrats, S. 95.

Wirtschaftszweige und Regionen sollten einen Ausgleich finden[174]. Bismarck wollte schließlich mit den Eisenbahnräten den Entscheidungsprozeß nach dem Mehrheitsprinzip und mit den modernen Parteien durch eine berufsständische Interessenvertretung ersetzen, die an die ständischen Vertretungen im Staat der absoluten Monarchie anknüpfen sollte.

VI. Die Konservativen

In den Jahren nach 1876 geriet die deutsche Landwirtschaft in eine schwere Krise, die mit den dramatischen Veränderungen auf dem internationalen Agrarmarkt zusammenhing. Deutschland konnte nicht mehr größere Agrarmengen ausführen. Es war vielmehr gezwungen, infolge der vehementen Bevölkerungszunahme seit 1852 mehr Roggen und seit 1876 auch mehr Weizen zu importieren, als es exportierte.

Währenddessen überfluteten verschiedene Getreidesorten, besonders aus Rußland und Nordamerika, bei stark gesunkenen Frachtkosten den europäischen Markt. Dies führte zu einem Preisverfall des Getreides[175]. Als Reaktion schloß sich 1876 eine große Zahl preußischer Gutsbesitzer, die bisher freihändlerisch eingestellt waren, zur "Vereinigung der Steuer und Wirtschaftsreformer" zusammen, deren Mitglieder zu neunzig Prozent Rittergutsbesitzer waren[176].

Gemeinsam mit dem im gleichen Jahr gegründeten "Centralverband deutscher Industrieller" erhob diese Vereinigung nun protektionistische Forderungen.

Politisches Sprachrohr der Landwirtschaft in Preußen war die Konservative Partei bzw. seit 1876 Deutsch-Konservative Partei, die unter den Bedingungen des Dreiklassenwahlrechts regelmäßig über 100 Abgeordnete im Preußischen Abgeordnetenhaus hatte[177].

In der Debatte am 12. Dezember 1879 über das Gesetz zur Einsetzung eines Preußischen Landeseisenbahnrats ergriff einer der Parteiführer der Konservativen Partei im Preußischen Abgeordnetenhaus das Wort.

Freiherr von Minnigerode war ein typischer Vertreter der preußischen Großgrundbesitzer: Rittergutsbesitzer auf Rositten bei Reichenbach in Ostpreußen und Vizepräsident des Forstvereins für Ost- und Westpreußen[178]. Dem Argument, die

---

174 Poschinger, Bismarck als Volkswirth, II. Band, Bismarcks Rede am 27.01.1881 zur Eröffnung des Volkswirtschaftsrats, S. 13 f; Bismarcks Reichstagsrede am 1.12.1881 betreffend die Errichtung eines deutschen Volkswirtschaftsrats, S. 95.

175 Carsten, Geschichte der preußischen Junker, S. 134.

176 Carsten, Geschichte der preußischen Junker, S. 135.

177 Carsten, Geschichte der preußischen Junker, S. 141.

178 Mann, Biographisches Handbuch für das Preußische Abgeordnetenhaus, S. 272.

Vertreter des Abgeordnetenhauses könnten im Preußischen Landeseisenbahnrat die allgemeinen Interessen des Landes Preußen geltend machen, widersprach von Minnigerode entschieden. Grundlage der Überlegungen in der Zwölften Kommission zum Erwerb von Privateisenbahnen sei es gewesen, daß die Mitglieder des Preußischen Landeseisenbahnrats, die aus den Bezirkseisenbahnräten entsandt werden sollten, im wesentlichen einen regionalen bzw. lokalen Standpunkt einnehmen würden.

Der konservative Abgeordnete von Minnigerode sah aber keinen wesentlichen Unterschied zwischen der Perspektive der Vertreter aus den Bezirkseisenbahnräten und der der Abgeordneten.

Seiner Auffassung nach blieb den Abgeordneten aufgrund ihrer fachlichen Eignung kaum etwas anderes übrig, als ebenfalls aus der lokalen Anschauung heraus zu handeln[179].

Der Abgeordnete von Minnigerode stützte sich bei seiner Ablehnung der Beteiligung von Abgeordneten am Preußischen Landeseisenbahnrat auf die besondere Nähe dieser Einrichtung zur Exekutive. Er begriff den Preußischen Landeseisenbahnrat als eine "Behörde, die einen Enquêtecharakter trägt; eine stehende Enquêtekommission"[180].

Er hatte jedoch ein anderes Verständnis vom Preußischen Landeseisenbahnrat als die Mehrheit der Mitglieder der Zwölften Kommission zum Erwerb von Privateisenbahnen. Er erwartete sich eine objektive Beratung der Exekutive[181]. Folglich wollte von Minnigerode die neu zu schaffende Einrichtung von Parteieneinflüssen fernhalten. Seine Argumentation kam in dem Satz zum Ausdruck: "Der Landeseisenbahnrath hat also einerseits den Charakter einer Enquêtekommmission, andererseits steht er der Exekutive selbst nicht fern"[182].

So sehr Minnigerode versuchte, den negativen Einfluß der Beteiligung von Abgeordneten auf den Preußischen Landeseisenbahnrat in der Debatte im Parlament mit differenzierten Argumenten glaubhaft zu machen, so werden doch seine wahren Absichten in einer schriftlichen Stellungnahme vom 22. September 1880[183] gegenüber Minister Maybach zu dem Gesetzentwurf[184] des Ministeriums der öffentlichen Arbeiten vom 3. November 1880 zur Einsetzung von Eisenbahn-

179 Sten. Berichte, Erster Band, Haus der Abgeordneten, 1879, S. 601.
180 Sten. Berichte, Erster Band, Haus der Abgeordneten, 1879, S. 601.
181 Sten. Berichte,Erster Band, Haus der Abgeordneten, 1879, S. 601.
182 Sten. Berichte, Haus der Abgeordneten, , 1879, S. 601.
183 GStA Merseburg, Rep. 93, Ministerium der öffentlichen Arbeiten, Nr. 3295, Bl. 76 - 77 RS.
184 Drucksachen, Haus der Abgeordneten, 1880/81, Nr. 48.

räten in Preußen deutlich. Von Minnigerode hatte diesen Gesetzentwurf zugesandt bekommen, bevor dieser dem Abgeordnetenhaus vorgelegt wurde[185].

Der Passus zur Beteiligung der Abgeordneten am Preußischen Landeseisenbahnrat war in seinen Augen nur aus taktischen Gesichtspunkten für eine gewisse Zeit im Gesetzentwurf beizubehalten, um das Abgeordnetenhaus bei den gegebenen Mehrheitsverhältnissen dem Gesetzentwurf gegenüber günstig zu stimmen[186]. Damit spielt er auf die Gunst der Nationalliberalen an.

Tatsächlich aber lehnte von Minnigerode die Beteiligung von Abgeordneten am Preußischen Landeseisenbahnrat ab, weil "städtisch-doktrinäres Denken" und "großstädtische Interessen", "das Berliner Element" mit den Delegierten aus dem Abgeordnetenhaus in den Preußischen Landeseisenbahnrat hineingetragen würden[187].

In diesen Äußerungen drückt sich die tiefe Ablehnung und Furcht der ostelbischen Großgrundbesitzer gegen das immer mehr in der Volkswirtschaft maßgebliche Element der vom Bürgertum getragenen Industrie aus. Es ist aber auch das Mißtrauen gegenüber dem gesellschaftlichen Leben und Denken des Bürgertums in den Großstädten, besonders gegen die neue Intellektualität.

Die ostelbischen Rittergutsbesitzer führen im Kaiserreich schließlich ein Rückzugsgefecht gegen das immer mehr in Politik und Wirtschaft vordringende Bürgertum, um die eigene gesellschaftliche Stellung zu halten.

Allerdings hatte bereits im ausgehenden 18. Jahrhundert eine Agrarrevolution eingesetzt, die zu einer lang andauernden Hochkonjunktur von 1840 bis 1876 führte. Modernisierungs- und Rationalisierungsmaßnahmen in Bezug auf die Bodenkultur brachten eine immense Leistungssteigerung, die, in Verbindung mit Vorteilen durch die Bauernbefreiung (beispielsweise die Aufhebung des Bauernschutzes) für die Großagrarier, diese Agrarrevolution hervorriefen[188].

Dieser letzte konjunkturelle Aufschwung machte die traditionelle Elite des grundbesitzenden Adels noch einmal selbstbewußt und bekräftigte in den Augen dieser Großagrarier noch einmal ihren historisch verankerten Führungsanspruch gegenüber den rivalisierenden bürgerlichen Exponenten der zweiten, der Industriellen Revolution[189].

Vor diesem Hintergrund ist es auch verständlich, wenn von Minnigerode in seinem Schreiben an Maybach forderte, daß die land- und forstwirtschaftliche Beteiligung an den Bezirkseisenbahnräten in den Gebieten zu verstärken sei, in

185 GstA Merseburg, Rep. 93, Ministerium der öffentlichen Arbeiten, Nr. 3295, Bl. 76.

186 GStA Merseburg, Ministerium der öffentlichen Arbeiten, Nr. 3295, Bl. 77 RS.

187 GStA Merseburg, Rep. 93, Ministerium der öffentlichen Arbeiten, Nr. 3295, Bl 77 RS.

188 Wehler, Das Deutsche Kaiserreich, S. 20.

189 Wehler, Das Deutsche Kaiserreich, S. 20.

denen Land- und Forstwirtschaft die wichtigsten Wirtschaftsbereiche waren[190]. Wie sehr sich von Minnigerode als Interessenvertreter seiner Landschaft und Klasse verstand, wird auch darin deutlich, daß er als Beispiel für die ungerechtfertigte Verteilung der Stimmen in den Bezirkseisenbahnräten Westpreußen anführte, in dessen Bezirkseisenbahnrat auf Handel und Industrie fünf Vertreter und auf die Landwirtschaft vier Vertreter entfielen[191].

Eine Benachteiligung der Landwirtschaft sah von Minnigerode auch darin, daß in allen Bezirkseisenbahnräten nur neunzehn der Mitglieder aus Ost- und Westpreußen stammten[192].

Dieser Zahl stellte er die Zahlen von Westfalen mit einundzwanzig Mitgliedern, von Hannover mit ebenfalls einundzwanzig Mitgliedern und von Sachsen mit dreiundzwanzig Stimmen gegenüber[193]. Von Minnigerode drückte in diesem Vergleich seine Befürchtung aus, daß die übermächtige Repräsentation dieser Regionen zu einem Übergewicht der wichtigsten Wirtschaftssektoren der Industriellen Revolution in den Bezirkseisenbahnräten führen würde.

In Westfalen lag das Ruhrgebiet, das mit der Kohle den wichtigsten Energieträger für die Industrielle Revolution lieferte; zur Zeit der Reichsgründung hatte es bereits knapp die Hälfte der Steinkohleförderung erbracht[194]. Diese Überlegungen führen zum zweiten wichtigen Interessenvertreter in der Debatte über den Preußischen Landeseisenbahnrat.

VII. Die Nationalliberalen

Durch die außenpolitischen Erfolge von 1864 und 1866 war auch für viele führende Liberale Bismarck ein Staatsmann von besonderem Format geworden, dessen Politik außerordentlich erfolgreich war. Im Reichstag des Norddeutschen Bundes war die Nationalliberale Partei bereits die Partei, auf die sich Bismarck vor allem stützen konnte; sie wurde die "Reichsgründungspartei". Die Nationalliberale Partei ging im März 1867 aus den Liberalen hervor, welche sich auf dem Weg zur Reichsgründung hinter Bismarck stellen wollten.

Die soziale Basis der Partei waren im wesentlichen die Gruppen des aufstrebenden Bürgertums: Industrielle, Bankiers, das alte protestantische Großbürgertum. Den Standpunkt der Nationalliberalen erläuterte in der Debatte am 12. De-

190 GStA Merseburg, Rep. 93 , Ministerium für öffentliche Arbeiten, Nr. 3295, Bl. 76 RS.
191 GStA Merseburg, Rep. 93, Ministerium für öffentliche Arbeiten, Bl. 76 RS.
192 GStA Merseburg, Rep. 93, Ministerium der öffentlichen Arbeiten, Bl. 77.
193 GStA Merseburg, Ministerium der öffentlichen Arbeiten, Nr. 3295, Bl. 77.
194 Born, Wirtschafts- und Sozialgeschichte, S. 38.

zember 1879 über die Einsetzung von Eisenbahnräten in Preußen der Abgeordnete Hammacher aus Essen. Er war ein typischer Vertreter des Großbürgertums der Zeit. Nach dem Studium der Rechte anfangs der vierziger Jahre in Berlin und Bonn arbeitete Hammacher zunächst im Justizdienst[195]. Wegen radikaler politischer Bestrebungen kam er 1849 in Berlin in Haft und wurde 1851 aus dem Staatsdienst entlassen. Hammacher wandte sich dann der Ruhrindustrie zu. Er begründete und verwaltete mehrere Montangesellschaften[196]. Hammacher war einer der politischen Führer der Nationalliberalen. Zudem gründete er verschiedene bedeutende Vereine, die als Interessenvertretungen der aufstrebenden Industrie fungierten. Die Palette reicht vom deutschen Nationalverein bis zum deutschen Kolonialverein[197].

Hammacher legte als Liberaler besonderen Wert darauf, daß die Eisenbahnräte auf gesetzlicher Grundlage geschaffen wurden, um sie zu einer gesetzlichen Institution zu erheben[198]. Er verband diese rechtsstaatlichen Forderungen mit der Frage der Interessen in und an der staatlichen Eisenbahntarifpolitik.

Die Eisenbahnräte konnten danach eine "Schutzwehr" gegen die Begehrlichkeiten der Finanzverwaltung bilden[199]. Dabei stellte Hammacher, entsprechend dem liberalen Wirtschaftsmodell, die wirtschaftlichen Interessen der einzelnen Gruppen, welche in den Eisenbahnräten vertreten sein sollten, als "volkswirtschaftliches Wohl des Landes" dar[200]. Die Interessenvertreter erschienen Hammacher weniger einseitig, vielmehr besonders zu einem gerechten Urteil qualifiziert in der Frage der Eisenbahntarife, da sie aus dem "praktischen Leben" kamen[201].

Eine ebenso positive Haltung gegenüber den Eisenbahnräten nahm der nationalliberale Abgeordnete Lauenstein ein.

Auch er verwies auf die positive Wirkung der Eisenbahnräte als Gegengewicht zur Verwaltung, welche möglicherweise zu bürokratisch arbeiten und entscheiden würde[202]. Einerseits hob Lauenstein die besondere Bedeutung der gesetzlichen Verankerung der Eisenbahnräte hervor, wodurch diese Einrichtungen eine Garantie gegen eine verfehlte Tarifpolitik würden. Andererseits sollten die Kompetenzen der Eisenbahnräte begrenzt bleiben. Sie sollten nur eine begutach-

195 Mann, Biographisches Handbuch für das Preußische Abgeordnetenhaus, S. 809.
196 Mann, Biographisches Handbuch für das Preußische Abgeordnetenhaus, S. 809.
197 Mann, Biographisches Handbuch für das Preußische Abgeordnetenhaus, S. 809.
198 Sten. Berichte, Erster Band, Haus der Abgeordneten 1879, S. 608.
199 Sten. Berichte, Erster Band, Haus der Abgeordneten, 1879, S. 609.
200 Sten. Berichte, Erster Band, Haus der Abgeordneten, 1879, S. 609.
201 Sten. Berichte, Erster Band,Haus der Abgeordneten, 1879, S. 608 u. 609.
202 Sten. Berichte, Haus der Abgeordneten, 1879, S. 602.

tende, nicht eine entscheidende Tätigkeit wahrnehmen[203]. Das begründete Lauenstein damit, daß die Vertreter wirtschaftlicher Verbände nicht die gleichen Befugnisse wie die Abgeordneten haben sollten[204].

Diesem Argument lag die Furcht zugrunde, die Eisenbahnräte könnten sich zu Eisenbahn- und Tarifparlamenten entwickeln. Weder das Abgeordnetenhaus sollte in die zweite Linie gedrängt noch die Verantwortlichkeit des Ministers oder der Eisenbahnverwaltung herabgemindert werden[205].

Lauenstein brachte aber auch noch ein wichtiges Gegenargument zur Position des ostpreußischen Agrariers von Minnigerode in die Diskussion. Er wandte sich gegen eine Wahl der Mitglieder der Bezirkseisenbahnräte durch die Provinzialausschüsse, dies vor allem deshalb, weil in allen Provinzen nach Lauensteins Darlegungen die Landwirtschaft in diesen Einrichtungen einen überwiegenden Einfluß hatte[206]. Besonders im Rheinland und Westfalen wirkte sich dieses Ungleichgewicht zuungunsten der dortigen Industrie aus, was namentlich die Abgeordneten aus diesen Regionen nach Lauensteins Darstellung kritisierten[207].

Zudem waren die Provinzialausschüsse ungeeignete Einrichtungen, um dort eisenbahntarifpolitische Fragen zu erörtern[208]. Lauenstein spielte mit seiner Kritik an dem vorgeschlagenen Wahlverfahren für die Bezirkseisenbahnräte auf den Wahlmodus für die Provinzialausschüsse in Preußen an. Der Provinzialausschuß war neben dem Provinziallandtag eines der Organe des Provinzialverbandes.

Der Provinziallandtag bestand aus den von den Kreistagen bzw. den Stadtvertretungen gewählten Abgeordneten, der Provinzialausschuß aus einem Vorsitzenden und sieben bis dreizehn vom Provinziallandtag auf sechs Jahre gewählten Mitgliedern, sowie kraft Amts dem Landesdirektor[209].

Somit waren also letztendlich auch die Provinzialausschüsse von der Zusammensetzung der Kreistage abhängig. Gerade dabei erwies sich die Kritik Lauensteins als berechtigt. Die Kreistage wurden in einem komplizierten Systen in drei Wahlverbänden gewählt. Diese Wahlverbände bestanden jeweils aus den größeren ländlichen Grundbesitzern, den Landgemeinden und den Städten[210]. Die Sitze im Kreistag wurden zwar zunächst nach der Bevölkerungszahl von Stadt und Land verteilt, aber die Städte durften nicht mehr als die Hälfte, wenn nur eine Stadt vorhanden war, nicht mehr als ein Drittel der Abgeordneten stellen. Dann

203 Sten. Berichte, Erster Band, Haus der Abgeordneten, 1879, S. 602.
204 Sten. Berichte, Erster Band, Haus der Abgeordneten, 1879, S. 602.
205 Sten. Berichte, Erster Band, Haus der Abgeordneten, 1879, S. 602.
206 Sten. Berichte, Erster Band, Haus der Abgeordneten, 1879, S. 603.
207 Sten. Berichte, Erster Band, Haus der Abgeordneten 1879, S. 603.
208 Sten. Berichte, Erster Band, Haus der Abgeordneten 1879, S. 603.
209 Rüfner, Preußen, Deutsche Verwaltungsgeschichte 3, S. 699.
210 Rüfner, Preußen, Deutsche Verwaltungsgeschichte 3, S. 696.

fielen die nach Abzug der städtischen Abgeordneten übriggebliebenen Sitze an die größeren Grundbesitzer und die Landgemeinden je zur Hälfte[211].

Daran zeigt sich, daß indirekt durch den Wahlmodus bei den Kreistagen die Landwirtschaft tatsächlich einen erheblichen Einfluß in den Provinzialausschüssen hatte. Die Industrie und der Handel, welche vorwiegend in den Städten angesiedelt waren, wurden durch das Wahlverfahren zu den Kreistagen benachteiligt. Allerdings hatte der konservative Abgeordnete von Minnigerode - wie bereits oben dargestellt - auf die für die Landwirtschaft ungünstige Zusammensetzung der Bezirkseisenbahnräte selbst hingewiesen.

Wichtig für das Verständnis des Plädoyers der Redner der Nationalliberalen für die gesetzliche Einsetzung von Eisenbahnräten ist die innerparteiliche Entwicklung der Nationalliberalen Partei Ende der siebziger Jahre des 19. Jahrhunderts in Deutschland. Dabei kam es zu einer Spaltung zwischen dem damals so genannten linken und dem rechten Flügel der Nationalliberalen Partei. Die Linke sah durch den wirtschaftspolitischen Kurswechsel Bismarcks grundsätzliche liberale Positionen verraten[212]. Die Rechte verdächtigte hingegen die Bismarck-Kritiker unter den Nationalliberalen, möglicherweise mit der Sozialdemokratie im Bunde zu sein[213].

Als die Nationalliberalen im Herbst 1879 die Vorbereitungen für die preußischen Landtagswahlen aufnahmen, hatten sich Ungewißheit und Pessimismus in der Partei ausgebreitet. Dabei gelang es den Nationalliberalen in einigen Wahlkreisen teilweise nicht mehr, sich auf einen gemeinsamen Kandidaten zu einigen[214]. Bei den Wahlen 1879 in Preußen erlitten die Nationalliberalen dann auch eine erhebliche Wahlniederlage, bei der sie gut ein Drittel ihrer Sitze einbüßten[215].

Die Redner der Nationalliberalen im Preußischen Abgeordnetenhaus zur Frage der Einsetzung von Eisenbahnräten in Preußen gehörten in dem politischen Spektrum der Nationalliberalen dem gemäßigten "rechten" Flügel an. Hammacher beispielsweise hatte sich in der so entscheidenden Frage der Schutzzölle vom undogmatischen “Freihändler” zum gemäßigten “Schutzzöllner” entwikkelt[216]. Dieser Teil der Nationalliberalen versuchte, sich mit der neuen Wirtschaftspolitik Bismarcks wenigstens teilweise zu arrangieren.

Die Nationalliberalen gingen in ihrem Parteiprogramm von der klassischen liberalen Vorstellung eines Dualismus von Staat und Gesellschaft aus. Der Staat

---

211 Rüfner, Preußen, Deutsche Verwaltungsgeschichte 3, S. 696.
212 Sheehan, Der deutsche Liberalismus, S. 224.
213 Sheehan, Der deutsche Liberalismus, S. 224.
214 Sheehan, Der deutsche Liberalismus, S. 224.
215 Sheehan, Der deutsche Liberalismus, S. 225.
216 Neue Deutsche Biographie, 7. Band, S. 589.

wurde aber von den Nationalliberalen als Träger der nationalen Einheit verstanden. Diesen Staat galt es zu verbinden mit einer Gesellschaft, die in den Augen der Liberalen Träger von Freiheit und Fortschritt war[217]. Dieser Kern ihres Programms veranlaßte die Nationalliberalen, die konstitutionelle Monarchie als ihr verfassungspolitisches Ideal anzusehen[218]. Der Dualismus von Staat und Gesellschaft war demnach ausgewogen im Sinne einer Koordination von starker monarchischer Gewalt und einer starken Volksrepräsentation.

Genau diese Aussagen des Programms findet man in den Reden der nationalliberalen Abgeordneten zur Frage der Eisenbahnräte in Preußen wieder. Die Interessen des Staates finden in der Argumentation Hammachers einen Ausgleich mit den Interessen der Gesellschaft und dem Parlament in der Einrichtung der Eisenbahnräte. Andererseits beschränken sie in den Ausführungen Lauensteins wiederum die Bürokratie. Für beide Redner waren allerdings die Interessen der Gesellschaft gleichzusetzen mit den Interessen der vom wohlhabenden Bürgertum getragenen Wirtschaftszweige der modernen Industrie.

VIII. Die Linksliberalen

Die Linksliberalen lehnten die gesetzliche Einrichtung von Eisenbahnräten zunächst grundsätzlich ab und stellten den Landeseisenbahnrat ganz in Frage.

Der Abgeordnete der Liberalen Vereinigung Kieschke verwies in der Sitzung des Abgeordnetenhauses am 24. April 1882 darauf, daß die ohne gesetzliche Grundlage eingerichteten Eisenbahnräte in seinen Augen bereits gute Arbeit geleistet hätten. Die auf der Grundlage einer Vorschrift des Ministers für öffentliche Arbeiten geschaffenen periodischen Konferenzen in den verschiedenen Direktionsbezirken waren nach Auffassung von Kieschke besonders dazu geeignet, einen Ausgleich nicht nur zwischen den Interessen der Wirtschaftskreise und der Staatsregierung zu schaffen, sondern auch die Wirtschaftsinteressenten untereinander zu einem Ausgleich der Interessen kommen zu lassen[219]. Nach Kieschkes Meinung stehen sich die Interessenvertreter von Landwirtschaft, Handel und Industrie zunächst einmal feindlich gegenüber, was sie die Eisenbahnfragen von einem sehr unterschiedlichen Standpunkt aus betrachten läßt[220]. Damit hatte dieser Abgeordnete ein ganz anderes Bild von den verschieden Interessengruppen und Kräften, welche die Wirtschaft und die Gesellschaft in Preußen trugen, als der

217 Huber, Deutsche Verfassungsgeschichte, Band 4, S. 64.
218 Huber, Deutsche Verfassungsgeschichte, Band 4, S. 64.
219 Sten. Berichte, Zweiter Band,Haus der Abgeordneten 1882, S. 1533.
220 Sten. Berichte, Zweiter Band, Haus der Abgeordneten, 1882, S. 1533.

Nationalliberale Hammacher. Bei Hammacher ziehen die unterschiedlichen Kräfte an einem Strang und bereichern dabei mit dem Sachverstand aus dem praktischen Leben die Arbeit der Staatseisenbahnverwaltung in Eisenbahntariffragen.

Besondere Kritik übte Kieschke an der Besetzung der Bezirkseisenbahnräte durch die Provinzialausschüsse. Denn dadurch würden die verschiedenen Vereine, welche die interessierten Wirtschaftskreise verträten, das Recht verlieren, die Vertreter aus der Wirtschaft direkt in die Bezirkseisenbahnräte zu entsenden. Stattdessen müßten sie die Vorschläge aus den Provinzialausschüssen respektieren[221].

Die Ablehnung des Landeseisenbahnrats verband sich bei Kieschke mit einer Kritik an den Vorschlägen der Zwölften Kommission. Der Landeseisenbahnrat führt nach Kieschkes Darlegungen zu einer abgeschwächten Verantwortlichkeit der Regierung und besonders des zuständigen Ministers in Eisenbahntariffragen[222]. Zudem sei es zweifelhaft, ob der Landeseisenbahnrat wirklich eine sachkundigere Entscheidung in Eisenbahntariffragen ermögliche[223]. Kieschke wandte sich vor allem dagegen, daß die Kompetenz der Regierung in Eisenbahnfragen durch die Garantieforderungen der Kommission beschränkt und dabei die Verantwortlichkeit der Regierung verwässert würde[224]. Damit wollte er sagen, daß nur eine klare Trennung zwischen Legislative und Exekutive entsprechend dem Gewaltenteilungsmodell eine wirksame Kontrolle der Regierung ermögliche.

Ein führender Vertreter der Fortschrittspartei, der Abgeordnete Richter, kritisierte ebenfalls, daß die Regierung an Verantwortlichkeit verlieren würde, wenn ein Landeseisenbahnrat eingesetzt würde. Er verband seine Kritik mit vehementen Angriffen gegen die Nationalliberalen.

Richter warf den Nationalliberalen blindes Vertrauen in die Pläne der Regierung vor, womit sie der liberalen Sache schwer geschadet hätten[225]. Dem folgten noch einige Polemiken gegen die Nationalliberalen.

In der Sache verglich Richter die Einrichtung der Eisenbahnräte mit dem Plan, einen Volkswirtschaftsrat zu schaffen[226].Dabei sah Richter besonders in der Zusammensetzung und der Berufung der Mitglieder Übereinstimmungen.

Der Plan, einen deutschen Volkswirtschaftsrat einzurichten, kam auf Initiative der deutschen Wirtschaftsverbände im Zusammenhang mit Bismarcks wirt-

---

221 Sten. Berichte, Zweiter Band, Haus der Abgeordneten, 1882, S. 1533.
222 Sten. Berichte, Zweiter Band, Haus der Abgeordneten, 1882, S. 1534.
223 Sten. Berichte, Zweiter Band, Haus der Abgeordneten, 1882, S. 1534.
224 Sten. Berichte, Haus der Abgeordneten, 1882, S. 1534.
225 Sten. Berichte, Zweiter Band, Haus der Abgeordneten, 1882, S. 1540.
226 Sten. Berichte, Zweiter Band, Haus der Abgeordneten, 1882, S. 1541.

schaftspolitischem Kurswechsel 1879 zustande[227]. Die Widerstände, denen Bismarck bei dem Reichseisenbahnprojekt im Bundesrat begegnet war, veranlaßten ihn aber, beim Plan des Volkswirtschaftsrats den Umweg über Preußen zu gehen[228]. Am 15. Oktober 1880 legte Bismarck dem Staatsministerium den Entwurf einer Verordnung über die Errichtung eines Preußischen Volkswirtschaftsrats vor. Entgegen den Vorschlägen der Verbände verzichtete Bismarck nicht nur auf den Reichsvolkswirtschaftsrat, sondern auch auf eine gesetzliche Grundlegung. Dies hatte beim Preußischen Volkswirtschaftsrat zur Folge, daß er praktisch ein untergeordneter Teil der Verwaltung wurde[229].

Damit hatte der Volkswirtschaftsrat in Preußen eine juristische Schwäche, die zugleich eine politische war.

Ernst Rudolf Huber urteilt dann auch in seiner Verfassungsgeschichte: "Indem Bismarck diesen legislativen Weg vermied, setzte er die geplante Institution einer verfassungspolitischen Abwertung aus, die schwer wiedergutzumachen war"[230]. Der Abgeordnete Richter verschwieg diesen wichtigen Unterschied zwischen Volkswirtschaftsrat und den Eisenbahnräten. Dies ist verständlich, weil er nur auf die Wirkung der Eisenbahnräte auf das verfassungspolitische Verhältnis zwischen preußischer Regierung und Abgeordnetenhaus aufmerksam machen wollte. Eine Herabminderung der Verantwortlichkeit der preußischen Regierung durch die Einrichtung von Eisenbahnräten bedeutete nämlich in seinen Augen zugleich eine Schwächung der Stellung des Abgeordnetenhauses[231].

IX. Das Zentrum

In Deutschland gaben 1870 die weltanschaulichen Auseinandersetzungen und die sich dadurch abzeichnenden antikatholischen Konsequenzen, welche zum Kulturkampf führten, in der Politik den entscheidenden Anstoß zur Gründung der Zentrumspartei, die an die katholische Fraktionsbildung im preußischen Landtag personell und ideell anknüpfen konnte[232].

In dem Programm des Zentrums gab es ein deutliches Interesse an sozialen Fragen. Allerdings wahrte das Zentrum in seinen politischen Zielen das Neben-

---

227 Huber, Deutsche Verfassungsgeschichte, Band 4, S. 1027.
228 Huber, Deutsche Verfassungsgeschichte, Band 4, S. 1027.
229 Huber, Deutsche Verfassungsgeschichte, Band 4, S. 1028.
230 Huber, Deutsche Verfassungsgeschichte, Band 4, S. 1028
231 Sten. Berichte, Zweiter Band, Haus der Abgeordneten, 1882, S. 1541.
232 Lönne, Politischer Katholizismus, S. 152 f.

einander von Kapital, Grundbesitz und Arbeit. Das Zentrum wandte sich aber gegen offenkundige Mißstände in der Lage der Arbeiterschaft[233].

Das Zentrum konnte infolge seines besonderen konfessionellen Charakters, der ihm prinzipiell die politische Zusammenfassung breiter Schichten des Volkes möglich machte, sein politisches Gewicht sowohl im Bündnis nach rechts als auch nach links in einem für Bismarck unliebsamen Maße verstärken[234].

Bismarck erschien es daher sinnvoll, die Liberalen in ihrem Kampf gegen Zentrum und Kirche fest an die Regierung zu binden und sie dabei zugleich von ihren Liberalisierungsbestrebungen abzulenken[235]. Er tat alles, um die Katholiken als Reichsfeinde zu diskreditieren, was das Zentrum immer wieder nötigte, seine nationale Zuverlässigkeit zu beweisen[236]. Es war dann aber gerade Bismarck, der mit seiner Abwendung von der Freihandelspolitik 1878/79 und dem gleichzeitigen Bruch mit den Liberalen in Reichstag und Preußischem Abgeordnetenhaus Konstellationen herbeiführte, die es ihm notwendig machten, das Zentrum heranzuziehen[237].

Außerdem gewann das Zentrum stetig an Bedeutung. Umfaßte es im Preußischen Abgeordnetenhaus 1870 noch 58 Abgeordnete, so waren es 1879 sogar 97 von insgesamt 433 Abgeordneten, also nahezu ein Viertel der Abgeordneten im Preußischen Abgeordnetenhaus[238]. Das Zentrum nahm vor diesem Hintergrund eine Stellung ein, welche vor allem davon geprägt war, die Macht der preußischen Regierung zu begrenzen.

Redner für das Zentrum in den Debatten über die Eisenbahnräte im Preußischen Abgeordnetenhaus war, wie bei den anderen Parteien, kein Hinterbänkler. Der Kölner Abgeordnete Roeckerath war einer der Mitbegründer und Führer des Zentrums im Rheinland, der Hochburg des Katholizismus in Preußen[239]. Roekkerath sprach sich eindeutig für eine gesetzliche Einrichtung der Eisenbahnräte in Preußen aus, gerade um den Minister daran zu hindern, die Eisenbahnräte eigenmächtig abschaffen zu können[240]. Für den Landeseisenbahnrat hielt er eine Teilnahme von Abgeordneten für unabdingbar, weil nur diese seiner Auffassung nach in der Lage seien, ein Gegengewicht zu den staatlichen Vertretern der Eisenbahndirektionen zu bilden[241]. Roeckerath verhehlte aber nicht seine Skepsis ge-

---

233 Lönne, Politischer Katholizismus, S. 153.
234 Lönne, Politischer Katholizismus, S. 156.
235 Lönne, Politischer Katholizismus, S. 157.
236 Lönne, Politischer Katholizismus, S. 172.
237 Lönne, Politischer Katholizismus, S. 173.
238 Lönne, Politischer Katholizismus, S. 163.
239 Mann, Biographisches Handbuch für das Preußische Abgeordnetenhaus, S. 324.
240 Sten. Berichte, Zweiter Band, Haus der Abgeordneten, 1882, S. 1536.
241 Sten. Berichte, Zweiter Band, Haus der Abgeordneten, 1882, S. 1536.

genüber dem Staatseisenbahnprojekt Bismarcks als solchem. Für Roeckerath war klar, daß die Verstaatlichung der Eisenbahnen in Preußen letztendlich zu einer Reichseisenbahn führen würde. Darin sah er eine Gefahr für den föderalen Aufbau des Reichs[242]. Diese Ausage relativiert die Zustimmung des Zentrums zu der gesetzlichen Einrichtung von Eisenbahnräten. Das Zentrum setzte sich zwar für die Forderungen der Zwölften Kommission zur Eisenbahnverstaatlichung ein, erkannte aber weitsichtig, daß dadurch Bismarcks Kampf zur Stärkung des Reichs unter dem Vorzeichen des Unitarismus nicht mehr aufzuhalten war.

Die positive Haltung des Zentrums zum Föderalismus erklärt sich durch die konfessionelle Grundlage der Partei.

Ein unitaristisches Reich, wie es Bismarck anstrebte, konnte eine konfessionelle Aufspaltung nur schwerlich ertragen. Gegen den protestantischen Charakter des Reichs mußte sich das Zentrum aufgrund seiner konfessionellen Ausrichtung natürlicherweise auflehnen. Denn in dem kleindeutschen Reich geriet der Katholizismus in eine Minderheitsstellung, die von den Katholiken als umso belastender empfunden werden mußte, je mehr diesem Staat von seinen Vorkämpfern ein ausgeprägt protestantischer Charakter zugesprochen wurde[243].

Damit war es allein dem Zentrum gelungen, die Einrichtung von Eisenbahnräten im Zusammenhang mit einer Stärkung des Föderalismus im Reich zu sehen. Der Zentrumsabgeordnete Roeckerath betonte dann auch, daß die Einrichtung von Bezirkseisenbahnräten in seinen Augen "eine Dezentralisation der Provinzialverwaltung" bewirken würde[244].

X. Die außerparlamentarische Linke in Preußen - Die Sozialdemokraten

Die Sozialdemokratie war in Preußen wegen des Dreiklassenwahlrechts bis 1908 nicht im Abgeordnetenhaus vertreten. Aus den Stellungnahmen der Sozialdemokraten zur Verstaatlichung der Eisenbahnen kann man jedoch auf ihre Haltung zu den preußischen Eisenbahnräten schließen. Die Sozialdemokraten hatten aus ihrer sozialistischen Ideologie heraus ein ganz anderes Verständnis von einer Verstaatlichung der Eisenbahnen als Bismarck. Die Meinung der Sozialdemokraten zur Verstaatlichung verdeutlicht, daß eine ständische Interessenvertretung durch die Eisenbahnräte im Sinne Bismarcks aus Sicht der Sozialemokratie nur Instru-

242 Sten. Berichte, Zweiter Band, Haus der Abgeordneten, 1882, S. 1536.
243 Lönne, Politischer Katholizismus, S. 151.
244 Stenographische Berichte, Haus der Abgeordneten, 14. Legislaturperiode, 3. Session, S. 1536.

mentalisierung der Eisenbahnen zugunsten der "ausbeutenden Klassen" bedeuten konnte.

Die Stellungnahmen der Sozialdemokratie zur Verstaatlichung von Großbetrieben hatten im Kaiserreich entsprechend der programmatischen Entwicklung unterschiedliche Begründungen zum Inhalt. Zur Zeit des Reichseisenbahnprojekts hatte die Sozialdemokratische Parteiorganisation mit dem Gothaer Programm, das 1875 auf dem Vereinigungskongreß beschlossen wurde, ein Programm, dem die marxistische Grundlage fehlte. Es war noch stark von Lassalles Gedanken bestimmt[245]. Marx kritisierte dann auch an dem Programm, daß der Forderung nach Bildung von Produktionsgenossenschaften nach Abschaffung des kapitalistischen Eigentums der aus seiner Sicht falsche Gedanke zugrunde lag, die kommunistische Gesellschaft auf einer neuen Grundlage zu errichten. Dies widersprach nämlich der Idee von einer historischen Entwicklung der kommunistischen Gesellschaft aus der zusammenbrechenden kapitalistischen Gesellschaft[246]. Der folgende Sozialisten-Kongreß verabschiedete aber eine Resolution zur Frage der Eisenbahnverstaatlichung, die sich auf das zu dieser Zeit von Bismarck betriebene Reichseisenbahnprojekt bezog und die Eisenbahnverstaatlichung ablehnte, weil die Reichsregierung die Eisenbahnen ganz nach der Analyse besonders von Engels im Interesse der herrschenden Klassen und unter militärischen Aspekten führen und die Einnahmen auch in diesem Sinne verwenden würde[247].

Diese Resolution beschloß der Kongreß gemeinsam mit einer Resolution, in der die Schutzzollpolitik genauso wie eine freihändlerische Politik als bedeutungslos für eine Verbesserung der wirtschaftlichen Notlage der Arbeiterklasse bezeichnet wurde und mit der man die Arbeiter ausdrücklich warnte, daß die auf eine staatliche Einflußnahme zielende Wirtschaftspolitik nur im Interesse der herrschenden Klassen betrieben werden würde[248]. In der Haltung zur Eisenbahnverstaatlichung war also gar nichts zu spüren von einem angeblichen Kompromiß zwischen gerne so bezeichneten staatbejahenden Lassalleanern und marxistischen Eisenachern. Die Sozialdemokratie hatte also schon in Gotha ein sozialistisches Politikverständnis. Es gab zu dieser Zeit nur noch keine Parteitheoretiker wie Bernstein und Kautsky, die später das Erfurter Programm marxistisch formulier-

245 Miller, Potthoff, Kleine Geschichte der SPD, S. 40 f.

246 Marx, Kritik des Gothaer Programms, S. 19 f.

247 Protokoll des Socialisten-Congresses zu Gotha vom 19. bis 23. August 1876, S. 89 f.

248 "...daß endlich die Parteipresse aufzufordern ist, die Arbeiter davor zu warnen, für die unter dem Verlangen nach Schutzzoll eine Staatshülfe erstrebende Bourgeosie die Kastanien aus dem Feuer zu holen." Protokoll des Socialisten- Congresses zu Gotha vom 19. Bis 23. August 1876, S. 89.

ten, weil die Partei mit der Vereinigung erst begann, eine straffe Parteiorganisation zu bilden. Liebknecht hatte daher als führender Funktionär der Parteipresse freie Hand, das Gothaer Programm nach seinem eigenen politischen Weltbild auszuformulieren[249]. Seine großdeutsche Haltung und seine Neigung zu radikalaufklärerischen Ideen, die aus seiner Zeit als Revolutionär 1848 herrührten, verhinderten zwar, daß er das dialektische Denken von Marx annahm, er betrieb aber im von Lassalle gegründeten Allgemeinen Deutschen Arbeiterverein eine promarxistische Opposition[250]. "Wilhelmchens Dummheit" (Marx in seinen zahllosen Wutausbrüchen über Liebknecht)[251] hatte also dazu geführt, daß der historische Materialismus nicht in das Gothaer Programm geschrieben wurde.

Das Programm war daher nicht repräsentativ für die politische Überzeugung der sozialdemokratischen Parteifunktionäre. Die Resolution zur Eisenbahnverstaatlichung offenbarte vielmehr eine Übereinstimmung mit den Analysen von Marx und besonders Engels zur wirtschaftspolitischen Bedeutung der Eisenbahnverstaatlichung durch Bismarck, eine Analyse, die sich der marxistischen Dialektik und des historischen Materialismus bediente und dabei die eigentliche Bedeutung dieser Theorien aufzeigte. Marx und Engels hatten schon im Manifest der Kommunistischen Partei 1848 die Verstaatlichung der Eisenbahnen gefordert, das aber nur als eine der ersten Maßnahmen, die ergriffen werden sollten, wenn das Proletariat die politische Herrschaft in den technisch und wirtschaftlich fortgeschritteneren Ländern erlangt haben würde[252]. Die Eisenbahnverstaatlichung war somit Teil des sozialistischen Übergangsstadiums zum staatsfreien Kommunismus. Wenn nunmehr die Arbeiterschaft als Klasse die alleinige politische Herrschaft - insbesondere über die Produktionsmittel - ausübte, so würden die verstaatlichten Eisenbahnen in der Vorstellung der beiden sozialistischen "Päpste" und ihrem Entwurf vom zwangsläufigen Verlauf der Geschichte hin zur sozialistischen Revolution ebenso zwangläufig ausschließlich im Interesse des Proletariats verwaltet werden. Das von Bismarck betriebene Reichsbahnprojekt erfüllte diese Voraussetzungen gerade nicht. Das Kaiserreich war schließlich eine kapitalistische Gesellschaft. Die Verstaatlichung der Eisenbahnen konnte aus marxistischer Sicht daher nur den Interessen des Kapitals dienen, weil der Staat die Verstaatlichung der von Monopolen beherrschten Teile der Wirtschaft nur betreibe, um das gesamte kapitalistische System aufrechtzuerhalten[253].

249 Miller, Potthoff, Kleine Geschichte der SPD, S. 43.
250 Herzfeld, Geschichte in Gestalten, Band 3, S. 44.
251 Miller, Potthoff, Kleine Geschichte der SPD, S. 43.
252 Marx, Engels, Manifest der Kommunistischen Partei, S. 42.
253 Engels, Die Entwicklung des Sozialismus von der Utopie zur Wissenschaft, Marx, Engels, Werke Bd. 19, S. 222.

Bismarcks Verstaatlichungspolitik hatte nach Engels' Meinung nur eine gute Seite. Diese Politik offenbarte nämlich, daß die Kapitalisten nicht in der Lage waren, die nunmehr verstaatlichten Teile der Wirtschaft zu verwalten. Engels war folgerichtig der Meinung, daß die in Frage kommenden Großunternehmen wie die Eisenbahn einen gesellschaftlichen Charakter hatten, der zur Vergesellschaftung der Unternehmen durch die Verstaatlichung führen mußte[254]. Damit erreichte die Gesellschaft nach dem historischen Materialismus die letzte Stufe der kapitalistischen Gesellschaft, aus der die Proletarische Revolution ausgelöst werden würde, denn die bisher herrschende Klasse erwiese sich als überflüssig und wird in den Führungspositionen der verstaatlichten Unternehmen durch bezahlte Angestellte ersetzt, die aber diese nach den kapitalistischen Interessen der herrschenden Klasse der Bourgeoisie verwalten. Erst wenn die Proletarische Revolution die Arbeiterklasse zur herrschenden Klasse gemacht haben wird, erlangt das öffentliche Eigentum den vollständigen gesellschaftlichen Charakter[255]. Dies verändert dann auch den Staat, weil nun nicht mehr eine Regierung über Personen Herrschaft ausübt, sondern von der dann herrschenden Arbeiterklasse nur noch die Produktionsprozesse geleitet werden, bis der Staat abstirbt[256]. Die Eisenbahnräte als berufsständische Interessenvertreter und auch noch besetzt mit Interessenvertretern der im sozialistischen Sinn herrschenden und besitzenden Klasse wurden daher mit Sicherheit auch von den Sozialdemokraten abgelehnt. Zu Beginn der Weimarer Republik, als die Sozialdemokratie auch in Preußen politisch bestimmend war, sollte sich aber zeigen, daß die Eisenbahnräte zunächst durch Mitglieder aus den Kreisen der Eisenbahnkunden bzw. der Arbeiterschaft ergänzt weiterarbeiten sollten.

Die gesamte Neuordnung machte diese Pläne zunichte. In einem parlamentarischen System waren Eisenbahnräte daher auch möglich. Sie waren dann allerdings nicht mehr die Eisenbahnräte als ständische Interessenvertretungen in einem nur teilweise parlamentarisierten Verfassungsstaat. Es waren also ganz neue Räte, die nur noch denselben Namen trugen.

---

254 Engels, Die Entwicklung des Sozialismus von der Utopie zur Wissenschaft, Marx, Engels, Werke Bd. 19, S. 220.

255 Engels, Die Entwicklung des Sozialismus von der Utopie zur Wissenschaft, Marx, Engels, Werke Bd. 19, S. 228.

256 Engels, Die Entwicklung des Sozialismus von der Utopie zur Wissenschaft, Marx, Engels, Werke Bd. 19, S. 224.

XI. Die kathedersozialistische Wirtschaftslehre

Der Wirtschaftsprofessor Gustav Cohn, der als einer der Begründer der "kathedersozialistischen" Volkswirtschaftslehre gilt[257], beschrieb anfangs der 80er Jahre in einem Aufsatz nicht nur die Haltung dieser staatsozialistischen Schule zur Eisenbahnverstaatlichung und damit zu Bismarcks Eisenbahntarifpolitik, sondern stellte diese Eisenbahnpolitik in einem internationalen Vergleich mit der liberalen englischen Eisenbahnpolitik dar. So erläuterte er zugleich die wirtschaftstheoretischen Grundlagen der preußischen Eisenbahnpolitik. Cohn war nämlich als Vertreter der historischen Schule besonders daran interessiert, der Volkswirtschaftslehre eine ethische Grundlegung zu geben, mit der ausdrücklichen Zielsetzung, politische Konzepte zu entwerfen[258]. Aus internationaler Sicht war die wirtschaftliche Entwicklung im letzten Drittel des 19. Jahrhunderts bis zum Ersten Weltkrieg, der historisch gesehen noch zum 19. Jahrhundert zu rechnen ist, davon gekennzeichnet, daß das vereinte Deutschland zur größten Wirtschaftsmacht aufstieg. Das bisher führende Großbritannien, Herrin eines Weltreichs, in dem die Sonne nie unterging, und auch die Vereinigten Staaten mit Wachstumsraten, die eine den deutschen vergleichbare Höhe erreichten, konnten in diesem Wettbewerb nicht mithalten[259].

Die Wirtschaftshistoriographie konnte ermitteln, daß dieser wirtschaftliche Aufstieg des Deutschen Reichs aus einem Bündel von Faktoren resultierte[260]. Dies lösten Schubkräfte aus , welche die Vereinigung auslöste. Zu den Faktoren gehörten: ein hohes Bevölkerungswachstum und die herausragenden Stellung deutscher Wissenschaft und Bildung, die dazu führte, Deutschland bei den Erfindungen weltweit führend werden zu lassen. Deutschlands Arbeitnehmer waren schließlich die mit der besten Ausbildung und fachlichen Qualifikation.

Preußen war in dem neuen Deutschen Reich die stärkste und alle anderen Reichsteile beherrschende wirtschaftliche Macht. Mit der Verstaatlichung der Eisenbahnen in Preußen wurde die Königlich Preußische Eisenbahnverwaltung im

---

257 Encyclopaedia Judaica, Fünfter Band, S. 622.

258 Winkel, Die deutsche Nationalökonomie im 19. Jahrhundert, S. 113 und S. 151.

259 Landes, The unbound Prometheus, S. 326 ff.

260 Zum gesamten Forschungsstand: Gall, Europa auf dem Weg in die Moderne 1850 - 1890, S. 103 ff, besonders S. 111 ff; Allgemein zu Deutschlands wirtschaftlichem Aufstieg: Borchardt, Die Industrielle Revolution in Deutschland 1750-1914, S. 139ff; Landes, The unbound Prometheus, S. 339 ff; Stolper, Häuser, Borchardt, Deutsche Wirtschaft seit 1870, S. 17 ff, Besonders zur Rolle von Bildung und Wissenschaft: Gall, Europa auf dem Weg in die Moderne, S. 175 ff; Schulze, Kleine deutsche Geschichte, S. 150 f.

Laufe des ausgehenden 19. Jahrhunderts nicht nur zum größten Verkehrsunternehmen der Welt[261], sondern zum weltweit größten Unternehmen überhaupt.

Fast eine halbe Million Eisenbahnbeschäftigte erwirtschafteten anfangs der Achtziger Jahre zur Zeit der großen Eisenbahnverstaatlichung in Preußen Einnahmen im Personen-, Gepäck- und Güterverkehr von mehr als einer halben Million Reichsmark. Dieses Betriebsergebnis konnte bis 1907 noch um mehr als zweihundert Prozent, auf nahezu zwei Milliarden Reichsmark, gesteigert werden[262]!

Angesichts der Bedeutung der Kanäle für das Verkehrswesen in Großbritannien sind als Konkurrenten zum Vergleich nur die Eisenbahnen der Vereinigten Staaten von Amerika heranzuziehen, weil dort die Eisenbahn als Verkehrsmittel für die Industrialisierung ähnlich bedeutsam war wie in Deutschland. Alle amerikanischen Privateisenbahnen zusammen genommen steigerten zwar ihr Betriebsergebnis von umgerechnet 4,6 Milliarden Reichsmark im Jahre 1895 auf über 10 Milliarden Reichsmark im Jahr 1907[263]. Die größte amerikanische Privateisenbahngesellschaft, die Southern Pacific, erzielte aber 1907 nur Einnahmen in Höhe von umgerechnet knapp 500 Millionen Reichsmark[264]. Die enorme Bedeutung der preußischen Staatsbahn als Unternehmen erklärt sich daraus, daß Deutschland mit dieser wirtschaftlichen Entwicklung auch das Land der Kartelle und Monopole wurde, wie sie im übrigen Europa und auch in den Vereinigten Staaten in dieser Größe und Zusammenballung zunächst nicht entstanden.

Dies lag zu einem guten Teil daran, daß Deutschland bereits in die erste Phase der Industrialisierung bis 1880, die fälschlicherweise so genannte liberale Ära, mit einem verhältnismäßig großen Sektor staatlich beherrschter Wirtschaft eintrat[265]. Dieser öffentliche Besitz der deutschen Länder, aus ehemaligem Fürsten-

---

261 Ambrosius, Der Staat als Unternehmer, S. 27; Klee, Preußische Eisenbahngeschichte, S. 7; Wehler, Deutsche Gesellschaftsgeschichte 3, S. 676.

262 Ambrosius, Der Staat als Unternehmer, S. 26; Denkschrift Der Preußische Landeseisenbahnrat, Anlage 9: Entwicklung der preußisch-hessischen Staatseisenbahnen und ihres Verkehrs seit 1880, S. 122.

263 Financial Revue, Annual 1914, S. 94; Deutsche Bundesbank, Deutsches Geld- und Bankwesen in Zahlen 1876 - 1975, S. 3.

264 Financial Revue, Annual 1914, S. 98; Deutsche Bundesbank, Deutsches Geld- und Bankwesen in Zahlen 1876 - 1975, S. 3. In dieser amerikanischen Wirtschaftszeitung zeigt der Überblick über die verschiedenen gewinnbringenden Wirtschaftszweige im übrigen, daß andere aufstrebende Wirtschaftszweige wie Kohle und Stahl nicht annährend so gewaltige Betriebsergebnisse erwirtschafteteten wie die Eisenbahnen. Die amerikanische Finanzzeitschrift informierte den Leser fast ausschließlich über die Entwicklung des Eisenbahnwesens, weil dieses der alles überragende Wirtschaftssektor war.

265 Stolper, Häuser, Borchardt, Deutsche Wirtschaft seit 1870, S. 45 f.

vermögen übernommen und als Staatsbesitz erhalten, war nicht nur umfangreich, sondern führte zu einem großen Anteil der staatlichen Großbetriebe in den Leitsektoren der Hochindustrialisierungszeit ab 1870. Der öffentliche Besitz erfaßte Domänen und Forstwirtschaft genauso wie Berg- und Hüttenwerke, Banken und schließlich Staatseisenbahnen. Die nun gegen Ende des 19. Jahrhunderts hinzuerworbenen Eisenbahnen verstärkten nochmals diese Bedeutung der öffentlichen Wirtschaft[266].

Bei dieser Ausgangslage konnte die preußische Eisenbahnpolitik mit der Verstaatlichung der Eisenbahnen und vor allem mit der nun vollständigen Kontrolle der Eisenbahntarife leicht an die alte merkantilistische Tradition der Wirtschaftspolitik anknüpfen, die nur dadurch unterbrochen worden war, daß in der kurzen Zeit des ungehemmten Wirtschaftswachstums von 1873 bis um 1880 liberale Wirtschaftskonzepte auf die Gesetzgebung und Wirtschaftspolitik einwirkten. Dies aber geschah, ohne den staatlichen Einfluß auf Wirtschaft und Gesellschaft zu verdrängen. Der weitere Verlauf der Untersuchung wird zeigen, daß es eine liberale Ära in der deutschen und preußischen Eisenbahn- und Wirtschaftspolitik gar nicht gegeben hat[267].

Angesichts des wirtschaftlichen Erfolgs war Preußen sehr stolz auf diese Entwicklung. Die preußische Regierung führte diese Erfolge besonders auf die staatliche Lenkung der Wirtschaft durch die Eisenbahntarifpolitik zurück. Der große Konkurrent England war danach unterlegen, weil seine Eisenbahnpolitik von liberalen Wirtschaftsvorstellungen beherrscht wurde und das parlamentarische Konzessionssystem keine wirksame Lenkung der Wirtschaft ermöglichte, eigentlich unter der Prämisse einer liberalen Wirtschaftspolitik auch nicht verfolgen konnte.

Dies alles offenbarte ein Aufsatz der 1883, als die Eisenbahnräte in Preußen ihre Arbeit aufnahmen, im Archiv für Eisenbahnwesen, dem amtlichen Blatt der königlich-preußischen Eisenbahnverwaltung, von dem Wirtschaftsprofessor Cohn über die vergangenen zehn Jahre englischer Eisenbahnpolitik verfaßt wurde[268]. Diese Arbeit ist der Schlüssel, um die Eisenbahnverstaatlichung und die Einrichtung von Eisenbahnräten in Preußen wirtschaftspolitisch zu verstehen.

Der Aufsatz geriet zur Generalabrechnung mit einer liberalen Eisenbahntarif- und Wirtschaftspolitik. Zugleich stellte Cohn die Grundmotive der staatsinterventionistischen und dirigistischen preußischen Eisenbahntarifpolitik vor.

---

266 Ambrosius, Der Staat als Unternehmer, S. 26.

267 Wichtigstes Urteil in der Forschung von Gall, der bezweifelt, daß das Bürgerliche Zeitalter je irgendwo volle Wirklichkeit gewesen ist: Gall, Europa auf dem Weg in die Moderne, S. 101.

268 Cohn, Die englische Eisenbahnpolitik, S. 211 ff.

England war das einzige Land das konsequent jeden fiskalischen Schutz seiner Industrien ablehnte, und es war das einzige Land, in dem die Regierung keinen einzigen Kilometer des Eisenbahnnetzes baute, oder bei der Planung und Finanzierung eingriff[269].

Ziel der zum Teil hämischen und mit unverhohlener preußischer Überheblichkeit vorgetragenen Kritik Cohns an der englischen Eisenbahnpolitik waren die Rechtsprechung der obersten Gerichte und die Veröffentlichungen des englischen Professors Hunter. Die englische Rechtsprechung und der Wissenschaftler hatten den gemeinsamen Ausgangspunkt, daß Eisenbahntarife ausschließlich nach dem Kostenprinzip festgesetzt werden sollten[270].

Hunter und die Queens Benches forderten, daß das Kostenprinzip schon deshalb gelten müsse, weil sonst die Konkurrenten im wirtschaftlichen Verkehr durch unterschiedliche Güterfrachtsätze auf derselben Strecke ihres natürlichen Vorteils beraubt worden wären[271]. Diese sogenannten Differentialtarife konnten in zweierlei Weise entgegen dem Kostenprinzip festgesetzt werden. Einmal gewährte die Eisenbahn den Kunden gleiche Frachtsätze für verschiedene Entfernungen oder verschiedene Frachtsätze für dieselbe Entfernung[272].

So entschied die Common Bench bereits 1857, daß ein Differentialtarif für den Kohletransport widerrechtlich sei, der von der privaten Bahngesellschaft gewährt wurde, um die Konkurrenzfähigkeit des Kohletransports auf der Schiene gegenüber dem Transport auf dem Seeweg zu erhalten. Der Geschäftsmann, der den Seeweg in Anspruch nahm, war nach Auffassung des Gerichts seines natürlichen Vorteils beraubt, weil der Kohletransport auf der Schiene nicht entsprechend der tatsächlichen Kostenlage berechnet wurde, sondern künstlich verbilligt war, um den an sich günstigeren Frachtsatz der Schiffahrt zu unterbieten[273].

In gleicher Weise gab es Klagen gegen eine Preisgestaltung der Eisenbahngütertarife nach dem Wert der zu transportierenden Güter[274]. Baumwollfabrikant Harrison hatte sich erfolgreich dagegen gewehrt, daß die Kohle bei dieser Wertklassifikation billiger transportiert wurde als die rohe Baumwolle, denn wenn man die Kosten der Preisgestaltung zugrunde gelegt hätte, war der Unterschied tatsächlich nur gering. Es fielen weder durch die zu zahlende Haftpflichtversicherung für die von der Versicherung als höherwertig eingestufte Baumwolle noch durch die Arbeiten zum Verdecken der Baumwolle so hohe Zusatzkosten bei der Baumwolle an, die den hohen Frachtpreisunterschied rechtfertigen konnten.

---

269 Hobsbawm, Industrie und Empire 2, S 70.
270 Cohn, Die englische Eisenbahnpolitik, S. 209 ff.
271 Cohn, Die englische Eisenbahnpolitik, S. 211.
272 Cohn, Die englische Eisenbahnpolitik, S. 212.
273 Cohn, Die englische Eisenbahnpolitik, S. 212.
274 Cohn, Die englische Eisenbahnpolitik, S. 215.

Auch ein Liverpooler Chemikalienfabrikant wehrte sich erfolgreich vor Gericht gegen die Wertklassifikation beim Eisenbahngütertransport. Er wollte nicht einsehen, daß er für seine Waren eine höhere Fracht als für Eisen entrichten mußte, denn die Transportkosten unterschieden sich nicht[275].

Die Gerichte begründeten ihre Entscheidungen ganz im Sinne der liberalen Wirtschaftsauffassung im England der Zeit. Die englischen Richter erkannten in einer geradezu brillanten Weise die Gefahren, die von der Eisenbahn in ihrer natürlichen Monopolstellung beim Landtransport für den Wettbewerb ausgehen mußten. Die Warenproduzenten sollten sich schließlich in einem marktwirtschaftlichen System nur aufgrund ihrer besseren Leistung bei der Produktion gegen die Konkurrenten durchsetzen können.

Die Richter begriffen also schon sehr frühzeitig, daß die Eisenbahn mit ihrer Preisbildung Wettbewerber konkurrenzfähig hielt, die sich sonst am Markt nicht hätten behaupten können.

Cohn verurteilte diese Rechtsprechung scharf. Man könne den Gegensatz zwischen der preußischen Sicht der Eisenbahntarife und der englischen Rechtspraxis darauf reduzieren, daß es um nichts anderes als um den Kampf zwischen Freihandel und dem von Bismarck vertretenen Prinzip des Schutzzolls gehe[276].

Damit sprach Cohn die wichtige Aufgabe der in Preußen gewährten Ausnahmetarife für die Schutzzollpolitik an. Die von den englischen Gerichten erkannte Bedeutung der Eisenbahntarifkosten für die Preise der Waren konnte nämlich dazu führen, ausländische Produzenten zu begünstigen, die man gerade mit den Schutzzöllen vom inländischen Markt fernhalten wollte.

In den einzelnen Punkten der nun folgenden Kritik an der englischen Eisenbahnpolitik offenbarte Cohn die Grundhaltung preußischer Eisenbahnpolitik. Er zeigte auf, was preußische Wirtschaftspolitik und vor allem das politische System von der Politik in einer Gesellschaft unterschied, in der das Parlament der Ort der politischen Entscheidungen war.

Wenn Hunter den Grund für die Differentialtarife darin sah, daß diese Preisstruktur bereits das englische Wegerecht auf den Landstraßen und besonders den Transport der Fuhrleute bestimmte und diese Struktur von den Landstraßen auf die Kanäle und von dort auf die Eisenbahn gleichsam mechanistisch übertragen wurde, so fehlte diesem Denken nach Cohns Kritik die Kenntnis des historischen Zusammenhangs[277]. Die Politik der Differentialtarife erhielt so noch höhere Weihen entsprechend dem in der Zeit herrschenden Historismus

275 Cohn, Die englische Eisenbahnpolitik, S. 215.
276 Cohn, Die englische Eisenbahnpolitik, S. 233.
277 Cohn, Die englische Eisenbahnpolitik, S. 211.

Das Abweichen vom Kostenprinzip bei der Eisenbahnpreisbildung konnte sich Hunter nur dadurch erklären, daß die Praxis der parlamentarischen Eisenbahnkonzessionen in England nicht üblich sei[278]. Dieses Argument empörte Cohn besonders, weil mit dieser Genehmigungspraxis wenigstens ein Element staatlichen Eingriffs im englischen System enthalten war. Cohn verstand diese Kritik aber insofern, als die Konzessionspraxis in England auch aus seiner Sicht gravierende Schwächen einer parlamentarischen Kontrolle der Eisenbahnen offenbarte. Ganz entsprechend den Zielen der Schutzzollpolitik erblickte Cohn einen schweren Fehler darin, daß das Parlament Differentialtarife konzessionierte, die den Import amerikanischer Waren gegenüber den inländischen Produzenten, wie oben dargelegt, begünstigten[279].

Das unterschwellig in dem Aufsatz immer wieder anklingende Gefühl einer Überlegenheit des preußisch-deutschen Eisenbahntarifwesens wird ganz deutlich, wenn Cohn sich darüber erfreut zeigt, daß Hunter wenigstens nichts dagegen hatte, Mohrrüben zu einem niedrigeren Frachtsatz zu befördern als Seidenstoffe[280].

Folgendes ist nun deutlich geworden. Die preußische Eisenbahnpolitik war Teil eines Systems des Interessenausgleichs, der so den wirtschaftlichen Bedürfnissen gerecht werden wollte, ohne dies dem Parlament zu überlassen.

Andererseits haben die Betrachtungen zur internationalen Eisenbahntarifpolitik gezeigt, daß es im 19. Jahrhundert auch in den angelsächsischen Demokratien die Gefahr von staatlichen Eingriffen gab, welche die wirtschaftliche Entwicklung behinderten.

In den Vereinigten Staaten war es die Interstate commerce commission, die aber ebenfalls wie in England durch die Gerichte daran gehindert wurde, eine wirkungsvolle Kontrolle über das Eisenbahnwesen und besonders die Frachtsätze auszuüben[281].

XII. Ergebnisse

Die Eisenbahnräte standen in einer Tradition von vergleichbaren Einrichtungen, die im Kaiserreich entstanden waren. Dabei wurden fast immer die von den Entscheidungen der Verwaltung Betroffenen einerseits durch die neugeschaffenen Einrichtungen in die Entscheidungsfindung eingebunden. Andererseits wurde mit

278 Cohn, Die englische Eisenbahnpolitik, S. 233 f.
279 Cohn, Die englische Eisenbahnpolitik, S. 233 f.
280 Cohn, Die englische Eisenbahnpolitik, S. 211.
281 Friedman, A history of American law, S. 451 ff.

diesen Einrichtungen der Verwaltung die für die Entscheidungen notwendige sachkundige Beratung bereitgestellt. Innerhalb des Eisenbahnwesens war durch den Reformtarif von 1877 mit der Ständigen Tarifkommission eine Einrichtung entstanden, mit welcher der Landeseisenbahnrat bei der Tariffortbildung eng zusammenarbeiten sollte, während man auf dem Gebiet der Ausnahmetarife teilweise miteinander konkurrierte.

Der Gang der Gesetzgebung hat gezeigt, daß der Landeseisenbahnrat im Bericht der Zwölften Kommission zur Eisenbahnverstaatlichung in einem Dreiecksverhältnis konstruiert war. Den Vertretern aus Handel, Landwirtschaft und Industrie standen Vertreter aus verschiedenen Ministerien der Preußischen Staatsregierung und Mitgliedern aus beiden Häusern des Landtags gegenüber. In dieser Zusammensetzung in dem Entwurf der Zwölften Kommission hatte der Landeseisenbahnrat teilweise den Charakter eines Eisenbahntarifparlaments. Für die Abgeordneten in der Zwölften Kommission war der Landeseisenbahnrat eben ein Instrument zur Kontrolle der staatlichen Eisenbahntarifpolitik.

Für den Eisenbahnminister Maybach waren die Eisenbahnräte aber genau für diesen Zweck untauglich. Er wollte mit den Eisenbahnräten eine bessere Verwaltung der staatlichen Eisenbahnen durch die Beratung aus den interessierten Wirtschaftskreisen erreichen. Sie sollten dabei nicht in erster Linie ihre Interessen in den Eisenbahnräten zum Ausdruck bringen, sondern als Sachverständige die Bedürfnisse der Wirtschaft als Verkehrsteilnehmer der Staatseisenbahnverwaltung nahe bringen.

Bismarck hingegen wollte auch die Interessen der Wirtschaft in beratenden Körperschaften wie den Eisenbahnräten bündeln. Er stellte die Eisenbahntarifpolitik in den größeren Zusammenhang seiner wirtschaftspolitischen Ziele wie der Schutzzollpolitik.

Die Konservativen hatten eine ähnlich kritische Haltung zur Beteiligung von Abgeordneten im Landeseisenbahnrat wie der Eisenbahnminister Maybach. Für sie sollten die Mitglieder ebenfalls als Sachverständige fungieren, weshalb die Eisenbahnräte der Exekutive nahestünden. Sie wehrten sich gegen das Argument, daß die aus den Bezirkseisenbahnräten gewählten Mitglieder des Landeseisenbahnrats im Gegensatz zu den Mitgliedern aus den beiden Häusern des Landtags nur einen lokalen Standpunkt einnehmen könnten. Hierin zeigt sich das besondere politische Verständnis der Konservativen. Sie waren zu einem guten Teil die Interessenvertreter der preußischen Großgrundbesitzer. Es war ihnen daher gerade daran gelegen, daß lokale Gesichtspunkte bei der Gestaltung der Eisenbahntarifpolitik berücksichtigt wurden.

Die Nationalliberalen hatten im Gegensatz zu den Konservativen eine ganz andere gesellschafts- und wirtschaftspolitische Grundhaltung. Für sie war von entscheidender Bedeutung, daß Eisenbahnräte auf gesetzlicher Grundlage geschaffen wurden, weil damit ein Schutz gegen die unzweckmäßige Verwendung der Überschüsse der Staatseisenbahnen geschaffen wurde, wozu auch die Beteiligung von Parlamentariern in den Eisenbahnräten dienen sollte. Die Nationalliberalen sahen weiter einen Gegensatz zwischen den Interessen der Wirtschaft und der staatlichen Eisenbahnpolitik. Somit bündelten die Eisenbahnräte die Interessen der Wirtschaft und formierten sie so gegenüber dem Staat. In diesen Vorstellungen der Nationalliberalen wurden die Eisenbahnräte mehr zu einer Art von Eisenbahntarifkontrollbehörde gegenüber der Staatseisenbahnverwaltung.

Die Linksliberalen sahen in der gesetzlichen Einrichtung von Eisenbahnräten die Gefahr, daß die Trennung zwischen Legislative und Exekutive verwässert würde. Dahinter stand die Befürchtung, der Eisenbahnminister würde in seinen Kompetenzen abgeschwächt, was dazu führen würde, daß das Parlament seine Kontrollbefugnisse ihm gegenüber nicht mehr voll wirksam ausüben könne. Die Linksliberalen hatten damit ein radikaleres liberales Verständnis als die Nationalliberalen. Nach ihrer Auffassung konnten die wirtschaftlichen Interessen nicht in den Eisenbahnräten gebündelt werden. Im Gegenteil seien auch zwischen den wirtschaftlichen Vertretern unterschiedliche Interessen vorhanden, die besser in den periodischen Konferenzen mit der Staatseisenbahnverwaltung ausgetragen würden, die ohne gesetzliche Grundlage die Vorläufer der Eisenbahnräte in Preußen gebildet hatten.

Das Zentrum sah in den Eisenbahnräten ein Element zur Stärkung des Föderalismus im Deutschen Reich. Gerade mit den Bezirkseisenbahnräten würde die Verwaltung der Staatseisenbahnen einen dezentralen Charakter erhalten.

Das Zentrum hatte damit wie die anderen Parteien eine Konzeption für die Eisenbahnräte gefunden, die zu seiner politischen Grundausrichtung paßte. Die Sozialdemokraten schließlich konnten mit den Eisenbahnräten schon vom Ansatz des Ausgleichs der Interessen zwischen Staat und Wirtschaft her nichts anfangen. In ihrem politischen Verständnis diente der Staat mit der Verstaatlichung der Eisenbahnen den Interessen der Wirtschaft. Ein Ausgleich von Interessen war daher nicht vonnöten. Ein Blick auf die internationale Eisenbahntarifpolitik zeigte, daß in England und den Vereinigten Staaten eine liberale Wirtschaftspolitik vorherrschte, die im Gegensatz zur staatsinterventionistischen Wirtschaftspolitik in Preußen und Deutschland stand. Die Eisenbahntarife sollten im angelsächsischen Raum im freien Wettbewerb gebildet werden, während in Preußen und Deutschland bei der Bildung der Eisenbahntarife wirtschaftspolitische Ziele umgesetzt werden sollten.

Die Eisenbahnräte waren damit auch ein Produkt dieser besonderen wirtschaftspolitischen Ausrichtung in Deutschland und Preußen.

Dritter Teil. Die Ausgestaltung des Preußischen Landeseisenbahnrats nach dem Gesetz von 1882

I. Aufgaben

Der Landeseisenbahnrat hatte seine wichtigsten Aufgaben auf dem Gebiet der Eisenbahntarifpolitik. Zunächst soll ein Überblick über die Entwicklung der Eisenbahntarife gegeben werden. Anfänglich dienten die fast ausnahmslos von privaten Aktiengesellschaften gebauten und betriebenen Eisenbahnen in Deutschland nur dem Personenverkehr. Der Personenverkehr brachte damals nämlich so hohe Dividenden, daß die Aktionäre der Bahn keine Veranlassung sahen, Geld für kostspielige Versuche mit dem Güterverkehr zu bewilligen, deren Erfolg immerhin zweifelhaft erschien[282]. Dennoch erfolgte bereits sieben Monate nach der Eröffnung der erste Eisenbahngütertransport auf der Ludwigs-Eisenbahn zwischen Nürnberg und Fürth. Er bestand aus zwei Fässern Bier.

In der Tarifgestaltung selbst waren die Eisenbahnen zunächst noch fast unbeschränkt. Die Preisbildung richtete sich wie bei allen auf Erwerb abgestellten privaten Wirtschaftsunternehmungen in erster Linie nach der Konkurrenz, also nach den in jahrhundertelanger Praxis bewährten Frachtlöhnen des Fuhrgewerbes. An dieser Konkurrenz orientierte sich auch der Preis für den ersten Gütertransport auf der Eisenbahn zwischen Nürnberg und Fürth[283].

Die Frachtlöhne des Fuhrgewerbes wurden sehr schnell unterboten. Die Tarifpolitik der privaten Eisenbahnunternehmungen war von dem Erwerbsgedanken und der Wettbewerbslage ihrer Bahn bestimmt. Die Festsetzung der Beförderungspreise richtete sich also nach privatwirtschaftlichen Grundsätzen. Entscheidend waren Wettbewerbslage, Zahlungsfähigkeit und Zahlungswilligkeit der Kunden und als besonderer Faktor die Deckung der Selbstkosten[284].

Die Regierungen der meisten Länder des Deutschen Bundes begnügten sich bezüglich der Eisenbahntarife mit einem Aufsichts- und Genehmigungsrecht. So kam es, daß auch der Einfluß der Landesregierungen auf die Entwicklung und den Aufbau der Gütertarife gering blieb und sich nicht einmal innerhalb der Grenzen des eigenen Landes im Sinne einer Vereinheitlichung auswirkte. Die einzelnen Bahnen setzten vielmehr ihre Beförderungspreise je nach den örtlichen

282 Wyszomirski, Die Entwicklung des Deutschen Eisenbahn-Gütertarifs, S. 322.
283 Wyszomirski, Die Entwicklung des Deutschen Eisenbahn-Gütertarifs, S. 323.
284 Wyszomirski, Die Entwicklung des Deutschen Eisenbahn-Gütertarifs, S. 322.

Verhältnissen und Bedürfnissen ihrer Strecken ganz verschieden hoch fest, und auch ihre Tarifsysteme wichen stark voneinaner ab. Allen gemeinsam war lediglich der Grundsatz, daß sich die Fracht nach dem Gewicht des Gutes und der zurückgelegten Entfernung richtete und sich erhöhte, wenn eine besonders schnelle Beförderung verlangt wurde[285].

Es konnten und können auch heute noch zwei Hauptarten von Gütertarifsystemen unterschieden werden. Nach dem Wagenraumsystem wurde die Fracht für Güter aller Art ohne Unterschied lediglich nach der Entfernung, dem Gewicht oder dem Raum bemessen, den die verladenen Güter im Wagen einnahmen. Das System beruhte auf dem Grundgedanken, daß die Selbstkosten der Beförderung je Gewichtseinheit sich mit der besseren Wagenauslastung verminderten und daher eine billigere Fracht rechtfertigten[286].

Das Wertklassensystem hingegen teilte die Güter je nach ihrem Wert in verschiedene Preisklassen ein und setzte die Fracht für die geringwertigen Güter (Rohstoffe und Halbfabrikate) niedriger fest als für die hochwertigen Fertigfabrikate. Ihm lag die Erkenntnis zugrunde, daß dieselbe Fracht, die das hochwertige Gut nur geringfügig belastet, dem geringwertigen bereits die Versandmöglichkeit verschließen kann. Die Beförderungspreise wurden daher der in dem Warenwert zum Ausdruck kommenden wirtschaftlichen Belastungsfähigkeit der einzelnen Güter angepaßt[287].

Jedes der beiden Tarifsysteme hatte gewisse Vorteile, aber auch erhebliche Nachteile. Das Wagenraumsystem bot zwar die Möglichkeit zur Aufstellung einfacher und klarer Tarife und gewährte einen Anreiz zur günstigen Ausnutzung des zur Verfügung gestellten Wagenraums und der Tragfähigkeit, beschränkte aber die Versandfähigkeit der billigeren Massengüter und Rohstoffe auf verhältnismäßig kurze Entfernungen. Dies genügte dem Verkehrsbedürfnis nicht, Güter auch an weit entfernte Orte zu transportieren. Das Wertklassensystem kam dagegen zwar den Bedürfnissen der Wirtschaft in dieser Hinsicht mehr entgegen, entsprach jedoch nicht dem betriebswirtschaftlichen Interesse der Eisenbahnen, das diese an einer Senkung der Selbstkosten durch möglich günstige Wagenausnutzung hatten[288].

Die Verschiedenheiten im System wie in der Höhe der Frachtsätze der einzelnen Gütertarife führten zu unterschiedlichen Tarifen durch den Marktpreis (historisches Stichwort der damaligen Zeit: “Tarifwirrwarr”).

---

285 Wyszomirski, Die Entwicklung des Deutschen Eisenbahn-Gütertarifs, S. 324.
286 Wyszomirski, Die Entwicklung des Deutschen Eisenbahn-Gütertarifs, S. 324.
287 Wyszomirski, Die Entwicklung des Deutschen Eisenbahn-Gütertarifs, S. 324.
288 Wyszomirski, Die Entwicklung des Deutschen Eisenbahn-Gütertarifs, S. 324.

Als die Strecken der verschiedenen Eisenbahnen allmählich zusammenwuchsen und der Verkehr zwischen den wirtschaftlichen Schwerpunkten Deutschlands über unterschiedliche Bahnwege abgewickelt werden konnte, kam es zu Wettbewerbskämpfen mit gegenseitigen Frachtunterbietungen. Zudem gab es weder übereinstimmende Frachtvorschriften noch einen einheitlichen Frachtbrief. Güter, die von einer Bahn auf eine andere übergehen sollten, mußten von einem Vermittler am Übergangsbahnhof in Empfang genommem und mit einem anderen Frachtbrief bei der zweiten Bahn neu aufgeliefert werden[289]. Der 1847 gegründete Verein Deutscher Eisenbahn-Verwaltungen konnte zwar einigermaßen erfolgreich Reglements für den Güterverkehr ausarbeiten, die ein einheitliches Frachtbriefmuster hervorbrachten. Der Verein blieb aber erfolglos in dem Bemühen, aus den unterschiedlichen Tarifsystemen ein allgemein gültiges zu entwikkeln[290].

Erst die Reichsverfassung von 1871 wies in Artikel 45 dem Reich die Aufgabe zu, für übereinstimmende Betriebsreglements und für höchstmögliche Gleichmäßigkeit und Herabsetzung der Tarife sowie besonders dafür zu sorgen, daß bei größeren Entfernungen für den Transport von Kohle, Koks, Erzen, Holz, Steinen, Salz, Roheisen, Düngemitteln und ähnlichen Gütern ein dem Bedürfnis der Landwirtschaft und Industrie entsprechender Tarif, und zwar der Einpfennigtarif: ein Pfennig je Zentner und Meile, eingeführt würde.

Zur Wahrnehmung des in der Reichsverfassung vorgesehenen Aufsichtsrechts wurde durch Gesetz vom 27. Juni 1873 das Reichseisenbahnamt eingesetzt. Zur Erfüllung der von der Reichsverfassung gestellten Aufgaben mußten sich die Eisenbahnen zuvor auf ein allgemein gültiges Tarifsystem für den Aufbau ihrer Gütertarife einigen.

Die erste Generalkonferenz der deutschen Eisenbahnen beschloß 1877 den "Allgemeinen Deutschen Reformgütertarif". Dieser Reformtarif war ein Kilometertarif. Er teilte die Güter nach ihrem Wert und damit nach ihrer Frachtbelastungsfähigkeit in vier Wagenladungsklassen ein: die "Allgemeine Wagenladungsklasse B" und die "Spezialtarife I - III für mindestens 10 Tonnen. Außerdem gab es nach dem Reformtarif zwei Nebenklassen: A1 und A2 für 5 Tonnen-Ladungen, die noch ergänzt wurden durch je eine Klasse für Frachtstückgut und für Eilstückgut[291].

Der Reformtarif berücksichtigte also neben dem Wert des Gutes auch die Wagenauslastung und die Schnelligkeit der Beförderung. Sein Aufbau entsprach dem sogenannten "Gemischten System", das in Süddeutschland entwickelt wor-

---

289 Wyszomirski, Die Entwicklung des Deutschen Eisenbahn-Gütertarifs, S. 325.
290 Wyszomirski, Die Entwicklung des Deutschen Eisenbahn-Gütertarifs, S. 326.
291 Wyszomirski, Die Entwicklung des Deutschen Eisenbahn-Gütertarifs, S. 327.

den war und die Vorteile des Wert- und des Wagenraumsystems miteinander zu verbinden versuchte. Alle in der Gütereinteilung der Spezialtarife I - III nicht genannten hochwertigen Fertigfabrikate hatten die für die Allgemeine Wagenladungsklasse B vorgesehenen höchsten Frachten zu tragen. Die weniger wertvollen Fertigwaren wurden durch den ermäßigten Spezialtarif I, die Halbfabrikate durch den noch niedrigeren Spezialtarif II und schließlich die Rohstoffe und geringwertigen Massengüter durch den niedrigsten Spezialtarif III frachtlich begünstigt.Darüber hinaus wurde durch eine Staffelung des Spezialtarifs III die Fracht für den Bezug von Rohstoffen und für Massengüter auf weite Entfernungen noch besonders verbilligt[292]. Die Frachtbelastung war also je nach der volkswirtschaftlichen Bedeutung des einzelnen Gutes als Fertigerzeugnis, Halbfabrikat oder Rohstoff von Klasse zu Klasse fallend abgestuft.

Damit war eine gemeinwirtschaftliche Komponente in das Eisenbahntarifsystem gebracht worden, das bisher von dem Erwerbsstreben der privaten Eisenbahnunternehmungen geprägt wurde. Durch die erhebliche Verbilligung des Bezugs von Halbfabrikaten und Rohstoffen, die sich besonders auf weitere Entfernungen auswirkte, wurde die Weiterverarbeitung auch in rohstoffarmen Gebieten ermöglicht. Andererseits erschwerten die höheren Frachten für Fertigerzeugnisse einen Wettbewerb der in der Nähe der Rohstoffvorkommen ansässigen Verarbeitungsbetriebe auf größere Entfernungen. Die unterschiedliche Frachtbelastung der Rohstoffe und Fertigfabrikate wirkte somit der allzu starken Zusammenballung der Industrie um die Rohstoffvorkommen entgegen und förderte die strukturschwachen Gebiete.

Neben dem Instrumentarium des Regeltarifs nach dem Reformgütertarif wurden zunehmend auch Ausnahmetarife für geringwertige Massengüter geschaffen, deren Einheitssätze sämtlich unter denen der niedrigsten Klasse (Spezialtarif III) des Regeltarifs lagen.

Um den Reformgütertarif den wechselnden Bedürfnissen der Wirtschaft anzupassen und dabei die einheitliche Fortbildung des Tarifsystems zu sichern, wurde noch 1877 auf Anregung des preußischen Handelsministeriums die Ständige Tarifkommission eingesetzt. Sie setzte sich aus Vertretern aller am öffentlichen Güterverkehr beteiligten deutschen Eisenbahnen zusammen. Auf Vorschlag des Reichskanzleramtes wurde der Ständigen Tarifkommission zur Begutachtung von Angelegenheiten des Güterverkehrs noch ein aus Vertretern von Industrie, Handel, Land- und Forstwirtschaft bestehender Ausschuß der Verkehrsinteressenten angegliedert[293].

---

292 Wyszomirski, Die Entwicklung des Deutschen Eisenbahn-Gütertarifs, S. 327.
293 Wyszomirski, Die Entwicklung des Deutschen Eisenbahn-Gütertarifs.

Dem Preußischen Landeseisenbahnrat waren gemäß § 14 des Gesetzes zur Einsetzung von Eisenbahnräten nach Ziffer 1 auch die dem Entwurf des Staatshaushalts-Etats beizufügende Übersicht der Normaltransportgebühren für Personen und Güter zur Äußerung vorzulegen[294]. Weiterhin waren dem Landeseisenbahnrat nach § 14 Nummer 2 die Allgemeinen Bestimmungen über die Anwendung der Tarife (Allgemeine Tarifvorschriften und die Güterklassifikation) zur Äußerung vorzulegen. Schließlich waren dem Landeseisenbahnrat nach § 14 Nummer 4 die Anträge auf allgemeine Änderungen der Betriebs- und Polizeireglements zur Äußerung vorzulegen, soweit sie nicht technische Bestimmungen betrafen. Die eigentliche Aufgabe des Preußischen Landeseisenbahnrates wird aber in § 14 Nummer 3 formuliert: Die Anordnungen wegen Zulassung oder Versagung von Ausnahme- und Differentialtarifen waren dem Landeseisenbahnrat ebenfalls vorzulegen.

Die Ständige Tarifkommission hatte nur die Zuständigkeit für die Regeltarife nach dem Reformtarif. Einerseits war dem Preußischen Landeseisenbahnrat damit im Bereich der Normaltarife jegliche Aufgabe abgenommen, zumal durch den Ausschuß der Verkehrsinteressenten die Belange der Wirtschaft bei der Festsetzung der Normaltarife Berücksichtigung fanden. Andererseits konnte der Preußische Landeseisenbahnrat im Bereich der Ausnahmetarife eine Lücke füllen. Die Bedeutung dieser Ausnahmetarife übertraf zeitweise die der Regelfrachtsätze, sowohl dem Verkehrsvolumen als auch dem Frachtaufkommen nach[295].

II. Die Zusammensetzung des Preußischen Landeseisenbahnrats

Die Zusammensetzung des Preußischen Landeseisenbahnrats wurde in § 10 des Gesetzes zur Einsetzung von Eisenbahnräten von 1882 detailliert geregelt[296]. Eine Verordnung, welche das Gesetz von 1882 in § 10c forderte, regelte die Verteilung der zu wählenden Vertreter aus den interessierten Wirtschaftskreisen auf die verschiedenen preußischen Provinzen[297]. Es gab drei unterschiedlich große Gruppen, aus denen sich der Preußische Landeseisenbahnrat zusammensetzte. Sie unterschieden sich zunächst nur nach der Form ihrer Berufung. An der Spitze des Landeseisenbahnrats standen der Vorsitzende und sein Stellvertreter, die der König für die Dauer von drei Jahren ernannte. Diese wurden immer aus der

294 PrGesS 1882, S. 316 f.
295 Wyszomirski, Die Entwicklung des Deutschen Eisenbahn-Gütertarifs, S. 328.
296 PrGesS, 1882, S. 315 f.
297 PrGesS 1883, S. 19 f.

Staatseisenbahnverwaltung berufen und hatten kein Stimmrecht im Landeseisenbahnrat.

Die zweite Gruppe waren die von den für die Wirtschaft bzw. für die Eisenbahn zuständigen Ministern berufenen Mitglieder. Es waren insgesamt zehn Mitglieder des Landeseisenbahnrats. Der Minister für Landwirtschaft, Domänen und Forsten, sowie der Minister für Handel und Gewerbe benannten jeweils drei Mitglieder. Der Minister der Finanzen und der Minister der öffentliche Arbeiten beriefen je zwei Mitglieder des Landeseisenbahnrats. Diese von den Ministern entsandten Mitglieder wurden ebenfalls für die Dauer von drei Jahren benannt. Außerdem mußten die Minister noch zehn Stellvertreter benennen. Keines von diesen Mitgliedern des Preußischen Landeseisenbahnrats durfte ein unmittelbarer Staatsbeamter sein.

Die mit dreißig Mitgliedern größte Gruppe bestand aus den von den Bezirkseisenbahnräten zu wählenden Mitgliedern aus der Land- und Forstwirtschaft, der Industrie und dem Handel. Dabei entfielen auf die Regierungsbezirke Kassel und Wiesbaden sowie die Städte Berlin und Frankfurt am Main je ein Vertreter. Die Provinzen Ostpreußen, Westpreußen, Pommern, Brandenburg, Posen, Schleswig-Holstein und Hannover stellten jeweils zwei Vertreter. Drei Mitglieder jeweils für jede Provinz entsandten die Provinzen Schlesien, Sachsen, Westfalen und die Rheinprovinz[298]. Auch in dieser Gruppe war eine entsprechende Zahl von Stellvertretern zu bestimmen. Nach dem Verteilungsplan für die drei Wirtschaftssektoren innerhalb der oben genannten Verwaltungseinheiten kamen zwölf der Mitglieder der dritten Gruppe aus der Land- und Forstwirtschaft. Diesen standen jeweils nur neun Mitglieder aus der Industrie beziehungsweise dem Handel gegenüber. Bemerkenswert ist, daß dieses Verhältnis immer gewahrt wurde. Auch die Königliche Verordnung von 1894 zur Neuregelung des Verteilungsplans veränderte nichts an diesen Zahlen[299].

Industrie und Handel stellten also sechzig Prozent der von den Bezirkseisenbahnräten zu wählenden Mitglieder; die Landwirtschaft hingegen vierzig Prozent.

III. Organisation und Geschäftsordnung

Die Organisation und Geschäftsordnung wurde von dem Preußischen Landeseisenbahnrat in dem "Geschäfts-Regulativ für die Beratungen des Landeseisenbahnrats" geregelt, das der Landeseisenbahnrat in seiner ersten Sitzung am 16.

298 PrGesS 1883, S. 19 f.
299 PrGesS 1895, S. 1.

November 1883 beraten und beschlossen hat[300]. Grundsätzlich mußten alle Vorlagen, die der Minister der öffentlichen Arbeiten dem Landeseisenbahnrat zuleitete, zuerst im Ausschuß vorberaten werden, bis sie dann in einer ordentlichen Sitzung des Landeseisenbahnrats beraten wurden (§ 1 S. 1). Dies galt auch für die Anträge von Mitgliedern, die nur zur Beratung in den Landeseisenbahnrat eingebracht werden konnten, wenn sie die Unterstützung von mindestens drei Mitgliedern des Landeseisenbahnrats hatten (§ 1 S. 2). Beratungsgegenstände, die nicht durch den Ausschuß vorbereitet waren, konnten nur dann im Landeseisenbahnrat beraten werden, wenn sie vom Minister der öffentlichen Arbeiten oder von der Mehrheit des Landeseisenbahnrats als dringlich bezeichnet wurden (§ 2). Die Verhandlungen des Landeseisenbahnrats wurden von dem Vorsitzenden eröffnet, geleitet und geschlossen. Wenn er verhindert war, hatte diese Aufgabe sein Stellvertreter (§ 6 S. 1). Zu den einzelnen Beratungsgegenständen wurde zuerst ein Berichterstatter gehört, der von dem Vorsitzenden oder dessen Stellvertreter oder dem Ausschuß benannt wurde (§ 6 S. 2). Der Vorsitzende sollte nach § 6 S. 3 das Wort nach der Reihenfolge der Meldungen erteilen. Er hatte dabei aber zu beachten, daß die verschieden Standpunkte zum Ausdruck kamen. Anträgen zur Geschäftsordnung und Anträge auf Vertagung oder Schluß der Verhandlung konnten jederzeit gestellt werden (§ 6 S. 4).

Nach dem Schluß der Diskussion konnte der Vorsitzende in der Regel zur Sache nur noch dem Antragstellern und dem Berichterstatter, zur Geschäftsordnung, zu persönlichen Bemerkungen, zur Fragestellung und zur Abstimmung auch den übrigen Mitgliedern das Wort erteilen (§ 6 S. 5). Diese Regel galt aber nicht für den Minister der öffentlichen Arbeiten und die zur Teilnahme an den Verhandlungen bestellten Kommissarien des Ministers, denen zu jeder Zeit das Wort erteilt werden mußte (§ 6 S. 6). Nach Abschluß der Verhandlungen erfolgte die Abstimmung, welche in der Regel namentlich zu erfolgen hatte (§ 6 S. 7).

Über die Verhandlungen des Landeseisenbahnrats wurde gemäß § 7 S. 1 ein Protokoll aufgenommen. Die Protokolle über die Sitzungen mußten dem Minister der öffentlichen Arbeiten vorgelegt und von diesem den Mitgliedern des Landeseisenbahnrats und deren Stellvertretern in mindestens zwei Exemplaren zugestellt werden (§ 8).

Die Mitglieder des ständigen Ausschusses wurden durch die anwesenden Mitglieder des Landeseisenbahnrats mit absoluter Stimmenmehrheit gewählt (§ 9 S. 1). Bei Stimmengleichheit entschied das Los (§ 9 S. 2). Von den vier Mitgliedern des Ausschusses mußten drei aus den von den Bezirkseisenbahnräten entsandten Mitgliedern des Landeseisenbahnrats gewählt werden (§ 9 S. 3). Es waren je eins aus den Kreisen der Land- oder Forstwirtschaft, des Handels und der

300 Denkschrift, Preußischer Landeseisenbahnrat, Anlage 6, S. 104 ff.

Industrie zu wählen (§ 9 S. 3). Das vierte Mitglied des Ausschusses war aus den von den Ministerien berufenen Mitgliedern zu wählen (§ 9 S. 3).

Die Organisation und Geschäftsordnung für den ständigen Ausschuß wurde von dem Preußischen Landeseisenbahnrat in der "Geschäftsordnung für den Ausschuß des Landeseisenbahnrats"[301] geregelt, die der Landeseisenbahnrat in seiner ersten Sitzung am 16. November 1883 beraten und beschlossen hat. Nach § 1 S. 1 trat der Ausschuß auf Einladung des Vorsitzenden des Landeseisenbahnrats nach Bedarf zu Sitzungen zusammen. Die zur Beratung vorgesehenen Gegenstände sollten den Mitgliedern des Ausschusses und deren Stellvertretern mit der Einladung zugestellt werden (§ 2 S. 1). Der Vorsitzende hatte dabei die Möglichkeit, für die einzelnen Beratungsgegenstände einen Berichterstatter und einen Nebenberichterstatter zu bestellen (§ 2 S. 2). Der Ausschuß ernannte nach § 4 die Berichterstatter für die Verhandlungen des Landeseisenbahnrat und bestimmte, ob diese schriftlich oder mündlich zu berichten hatten. Der Vorsitzende leitete die Verhandlungen des Ausschusses (§ 3 S.1). Über die Beratungen bestimmte § 3 S. 2, daß ein Protokoll aufgenommen wurde, welches die Namen der Teilnehmer, den Verlauf der Verhandlungen und den Wortlaut der gestellten Anträge und gefaßten Beschlüsse enthielt. Die Vorlagen für den Ausschuß, die Protokolle, sowie etwaige schriftliche Berichte des Ausschusses waren durch den Vorsitzenden dem Minister der öffentlichen Arbeiten, sowie sämtlichen Mitgliedern und Stellvertretern des Landeseisenbahnrats zuzustellen (§ 5).

IV. Tätigkeit

Der Preußische Landeseisenbahnrat hat in der Zeit vom 22. September 1883 bis zum 10. Dezember 1913 71 Sitzungen abgehalten[302]. Die Beratungen haben sich auf fast alle in § 14 des Gesetzes vom 1. Juni 1882 aufgeführten, seiner beirätlichen Zuständigkeit überwiesenen Gegenstände erstreckt.

Hier soll ein Überblick über die wichtigsten Beratungsgegenstände und die Stellungnahmen des Landeseisenbahnrats hierzu gegeben werden.

Das am 1. Januar 1893 in Geltung getretene internationale Übereinkommen über den Eisenbahnfrachtverkehr vom 14. Oktober 1890 hat den Landeseisenbahnrat in der Sitzung vom 24. Mai 1884 beschäftigt. Der Landeseisenbahnrat hat den Abschluß des Übereinkommens im allgemeinen Verkehrsinteresse für

301 Denkschrift, Preußischer Landeseisenbahnrat, Anlage 7, S. 107.

302 Denkschrift, Der Preußische Landeseisenbahnrat, S. 7 ff; Landeseisenbahnrat, Verzeichnis der Beratungsgegenstände, S. 3 ff. Die Anzahl der Sitzungen bis zur Auflösung 1922 kann nicht ermittelt werden, weil die Protokolle der Sitzungen nach dem Krieg nicht mehr als Anlagen der Parlamentaria veröffentlicht wurden.

dringend erwünscht erklärt und Änderungsvorschläge nicht gemacht. Er hat aber den Wunsch ausgesprochen, daß der in Artikel 11 des Entwurfs für den internationalen Verkehr ausgesprochene Grundsatz der Öffentlichkeit und gleichmäßigen Anwendung der Tarife auf den inneren Verkehr der vertragschließenden Staaten ausgedehnt werden sollte[303].

Der Landeseisenbahnrat hat sich über Entwurf der Verkehrsordnung für die Eisenbahnen Deutschlands gutachterlich geäußert und in Übereinstimmung mit dem Ausschuß erklärt, daß vom Standpunkt der Verkehrsinteressen Bedenken gegen die Einführung des Entwurfs nicht vorlägen[304].

Am 5. Dezember 1905 hat der Landeseisenbahnrat über die Reform der Personen- und Gepäcktarife der deutschen staatlichen Eisenbahnen beraten und sich mit der Reform einverstanden erklärt.

Er empfahl für Gepäck bis zum Gewicht von 25 kg eine geringe Gebühr festzusetzen. Diesem Wunsch wurde seitens der Staatseisenbahnverwaltung entsprochen. Es wurde eine Vorstufe für Gepäckstücke bis zu 25 kg mit Sätzen von 20 Pfg, 50 Pfg und 1 Mark je nach der Entfernung festgesetzt, die auch mehreren zusammenreisenden Personen gewährt wurden[305].

In den Achtziger und Neunziger Jahren hatte sich der Landeseisenbahnrat auch mit der Fortentwicklung des Gütertarifschemas zu befassen. Bei den hier in Frage stehenden Tarifermäßigungen durch Einführung neuer Spezialtarife gab es zunächst unüberbrückbare Gegensätze im Landeseisenbahnrat zwischen den landwirtschaftlichen Vertretern aus den östlichen und den westlichen Provinzen. Die Vertreter aus den westlichen Provinzen sprachen sich für eine Herabsetzung der Tarifsätze auf allen Entfernungen aus, während die Vertreter aus den östlichen Provinzen ein Staffelsystem befürworteten. Nachdem aus wirtschaftlichen und finanziellen Gründen eine allgemeine Herabsetzung unmöglich war, wurde das Staffelsystem von allen Mitgliedern akzeptiert und mit dem Stückgutstaffeltarif vom 1. Oktober 1898 von der Staatseisenbahnverwaltung umgesetzt[306].

Der Landeseisenbahnrat setzte sich in den Achtziger Jahren des 19. Jahrhunderts für die Gleichstellung der Abfertigungsgebühren auf den westlichen und östlichen preußischen Staatsbahnen ein, was die Staatseisenbahnverwaltung 1890 dazu veranlaßte, diesem Begehren trotz finanzieller Bedenken zu entsprechen[307].

Bei den Tarifvorschriften für den Transport lebender Tiere kam es im Landeseisenbahnrat bei der Frage der Einführung von Staffeltarifen zur Auseinandersetzung zwischen den Vertretern aus dem Osten und dem Westen. Die Mitglieder

303 Denkschrift, Der Preußische Landeseisenbahnrat, S. 13.
304 Denkschrift, Der Preußische Landeseisenbahnrat, S. 14.
305 Denkschrift, Der Preußische Landeseisenbahnrat, S. 14 ff.
306 Denkschrift, Der Preußische Landeseisenbahnrat, S. 18 ff.
307 Denkschrift, Der Preußische Landeseisenbahnrat, S. 23 f.

aus dem Osten wollten, daß der im Osten geltende Entfernungsstaffeltarif auch auf die westlichen Provinzen ausgedehnt werden sollte. Die Mitglieder aus den westlichen und mittleren Provinzen konnten sich mit ihren Argumenten gegen den Entfernungsstaffeltarif im Landeseisenbahnrat durchsetzen. Sie befürchteten, daß der mit diesem Tarif von Osten nach Westen verstärkte Tiergroßhandel den bestehenden Kleinhandel der westlichen Landwirte bedrohen könnte. Die Staatseisenbahn-verwaltung setzte sich aber über diese Bedenken der Mehrheit im Landeseisenbahnrat hinweg und führte den Entfernungsstaffeltarif 1895 ein[308].

Süddeutsche landwirtschaftliche Verkehrsinteressenten hatten 1899 den Antrag bei der Staatseisenbahnverwaltung gestellt, Mehl vom Spezialtarif I in die höhere allgemeine Wagenladungsklasse zu versetzen. Nachdem die Ständige Tarifkommission und die Bezirkseisenbahnräte mit Mehrheit dieses Begehren abgelehnt hatten, sprach sich der Landeseisenbahnrat in seiner Sitzung am 10. November 1899 ebenfalls gegen die Tarifmaßnahme aus, weil sie zu einer Verteuerung des Brotes für die ärmeren Schichten führen würde[309]. Die Generalkonferenz der deutschen Eisenbahnen folgte diesen Voten.

Für Saatgut wurde 1905 eine Frachtermäßigung nach der Empfehlung des Landeseisenbahnrats zunächst als Ausnahmetarif gewährt, weil dies für die kleinen Landwirte von Vorteil war. Dieser neue Tarif wurde 1907 in einen Normaltarif überführt[310].

Die Tarifierung von Futtermitteln beschäftigte den Landeseisenbahnrat mehrmals bis zur Jahrhundertwende vom Neunzehnten zum Zwanzigsten Jahrhundert, wobei Tarifermäßigungen regelmäßig abgelehnt wurden, worin die Staatseisenbahnverwaltung dem Landeseisenbahnrat folgte[311].

Bei der Frage der Tarifierung von Holz ging es zumeist darum zu klären, welche Sorten unter welche Tarife fallen sollten. Hierkam es zu unterschiedlichen Voten des Landeseisenbahnrats. Je nach dem Verarbeitungszustand des Holzes wurden Tarifermäßigungen seitens der Staatseisenbahnverwaltung in Übereinstimmung mit dem Landeseisenbahnrat gewährt[312].

Für Felle und Häute wurden Tarifermäßigungen nach den übereinstimmenden Voten der Ständigen Taifkommission und des Landeseisenbahnrats durch Versetzung innerhalb des Normaltarifschemas gewährt[313].

---

308 Denkschrift, Der Preußische Landeseisenbahnrat, S. 27 f.
309 Denkschrift, Der Preußische Landeseisenbahnrat, S. 28
310 Denkschrift, Der Preußische Landeseisenbahnrat, S. 29 f.
311 Denkschrift, Der Preußische Landeseisenbahnrat, S. 30 ff.
312 Denkschrift, Der Preußische Landeseisenbahnrat, S. 33 ff.
313 Denkschrift, Der Preußische Landeseisenbahnrat, S. 35 f.

Auch für Papier wurden vereinzelt Tarifermäßigungen durch Versetzung innerhalb des Normaltarifsystems vom Landeseisenbahnrat beschlossen, denen die Staatseisenbahnverwaltung folgte[314].

Bei der Tarifierung von Eisen und Stahl wurde von dem Landeseisenbahnrat eine neue Klassifikation innerhalb des Gütertarifschemas entsprechend dem Vorschlag der Ständigen Tarifkommission befürwortet und von der Staatseisenbahnverwaltung umgesetzt[315].

Zu der Hauptaufgabe des Landeseisenbahnrats, der Begutachtung von Ausnahmetarifen, werden die Entscheidungen zu den wichtigsten Gütern hier aufgeführt.

Entsprechend dem Gutachten des Landeseisenbahnrats in seinen Sitzungen am 7. und 8. Dezember 1888 wurden für Düngemittel am 1. März 1889 bzw. am 15. Januar 1894 für folgende Güter Ausnahmetarife eingeführt: für rohe Kalisalze vom Magdeburger Bezirk, für Mergel und Staubkalk zum Düngen, für rohe Kalisalze, Düngesalz und konzentrierten Kalidünger, für Kalk gebrannt oder gemahlen und für Kalkschlamm zu Düngezwecken[316]. Der Landeseisenbahnrat hat wiederholt über die Einführung von Staffelausnahmetarifen für Getreide und Mühlenfabrikate verhandelt. Den auf der Ostbahn geltenden Staffeltarif auf die Bahnen der westlichen Provinzen auszudehnen wurde in Übereinstimmung mit der Mehrheit der Bezirkseisenbahnräte, die auch mit dieser Frage vom Minister der öffentlichen Arbeiten befaßt worden waren, in der Sitzung vom 25./26. Juni 1886 abgelehnt[317]. Dem gleichen Widerspruch begegnete ein in der Sitzung am 10. und 11. Dezember 1886 verhandelter Antrag auf Einführung ermäßigter Ausnahmetarife für Getreide und Mühlenfabrikate von den Provinzen Ost- und Westpreußen, Posen und Schlesien nach Sachsen und Thüringen[318].

Ein ermäßigter Staffeltarif für Getreide und Mühlenfabrikate wurde aber dann doch von der Staatseisenbahnverwaltung 1891 eingeführt, weil witterungsbedingte ungünstige Ernteaussichten dies ratsam erschienen ließen. Der Landeseisenbahnrat empfahl in seiner Sitzung am 4. und 5. Dezember 1891, den Tarif wieder aufzuheben, sobald die Voraussetzungen für seine Einführung entfallen seien, was auch 1894 erfolgte[319].

---

314 Denkschrift, Der Preußische Landeseisenbahnrat, S. 36 f.
315 Denkschrift, Der Preußische Landeseisenbahnrat S. 38.
316 Denkschrift, Der Preußische Landeseisenbahnrat, S. 43 ff.
317 Denkschrift, Der Preußische Landeseisenbahnrat, S. 47.
318 Denkschrift, Der Preußische Landeseisenbahnrat, S. 47.
319 Denkschrift, Der Preußische Landeseisenbahnrat, S. 47 f.

Für Stärke und andere Kartoffelfabrikate wurden in den Neunziger Jahren des 19. Jahrhunderts verschiedene Ausnahmetarife nach den Vorschlägen des Landeseisenbahnrats von der Staatseisenbahnverwaltung gewährt[320].

Der Landeseisenbahnrat sprach sich in seiner Sitzung vom 16. November 1883 dafür aus, den Ausfuhrtarif für Torfstreu auf den oldenburgischen Staatsbahnen auf die Bahnen in der Provinz Hannover zu übertragen. Die Staatseisenbahnverwaltung führte den Ausnahmetarif am 1. Februar 1884 ein[321]. Die Einführung eines Ausnahmetarifs für Torfstreu von allen preußischen Stationen nach Stationen im Rheinland und nach Süddeutschland zur Erschließung der nordwestdeutschen Hochmoore befürwortete der Landeseisenbahnrat in seiner Sitzung am 6. Dezember . Die Staatseisenbahnverwaltung führte den Ausnahmetarif am 1. Mai 1907 ein[322].

1883 wurde ein Ausfuhrtarif für Spiritus und Sprit nach den deutschen Seehäfen auf der Grundlage des Spezialtarifs I eingeführt.

Seine Anwendung war an die Bedingung geknüpft, daß der Spiritus und Sprit ohne Verarbeitung in den Seehäfen in unveränderter Beschaffenheit mit dem Schiff nach dem Ausland transportiert wurde.

Verschiedene wirtschaftliche und politische Interessenvertreter verlangten daraufhin, diesen Ausnahmetarif auch auf den inländischen Verkehr auszudehnen. Der Landeseisenbahnrat lehnte dieses Begehren 1884 mit der Begründung ab, daß eine Unterscheidung nach dem Verarbeitungszustand des Spiritus technisch nicht möglich sei[323].

1895 beantragten schlesische Zuckerfabriken eine Herabsetzung der Zuckerausfuhrtarife über die Seehäfen, weil sie infolge ihres großen Überschusses auf den Absatz nach dem Ausland angewiesen seien. Dieser vom Bezirkseisenbahnrat Breslau befürwortete Antrag wurde vom Landeseisenbahnrat noch im gleichen Jahr abgelehnt, weil ein inländisches Produktionsgebiet nicht vor einem anderen durch besondere Tarifmaßnahmen bevorzugt werden dürfe[324]. Am 1. April 1901 wurde dann aber wegen der Zuckerüberproduktion und der starken ausländischen Konkurrenz ein Ausnahmetarif für den Zuckertransport auf den preußischen Eisenbahnen eingeführt. Die Ständige Tarifkommission und der Ausschuß der Verkehrsinteressenten hatten sich gegen die Tarifmaßnahme ausgesprochen, während der Preußische Landeseisenbahnrat mit Mehrheit 1900 für

320 Denkschrift, Der Preußische Landeseisenbahnrat, S. 49 f.
321 Denkschrift, Der Preußische Landeseisenbahnrat, S. 53.
322 Denkschrift, Der Preußische Landeseisenbahnrat, S. 54 f.
323 Denkschrift, Der Preußische Landeseisenbahnrat, S. 55 f.
324 Denkschrift, Der Preußische Landeseisenbahnrat, S. 57.

die Tarifmaßnahme stimmte, weil die Zuckerproduzenten auf die Ausfuhr angewiesen seien[325].

Der Landeseisenbahnrat hat sich mehrfach für Tarifermäßigung für Wegebaustoffe Ende der Achtziger und Anfang der Neunziger Jahre des 19. Jahrhunderts ausgesprochen, wobei die Staatseisenbahnverwaltung diesen Vorschlägen folgte[326].

Der Landeseisenbahnrat hatte sich oftmals mit der Frage zu beschäftigen, ob Ausnahmetarife für die Kohlenproduktion in bestimmten Gebieten eingeführt werden sollten. In den allermeisten Fällen lehnte er dies ab. So stimmte der Landeseisenbahnrat gegen Ausnahmetarife für Steinkohlen zur Drahtfabrikation im Lennebezirk (16.11.1883), für Kohlen und Koks vom Ruhrbezirk nach dem Siegerland (2.6.1885), für Steinkohlen von Rheinland-Westfalen zur Georgsmarienhütte in Haßbergen, für Koks vom Ruhrbezirk nach Frankreich (10./11.12.1886), für schlesische Kohlen nach Stettin zum Ortsverbrauch (11.10.1889), für Gaskohlen nach Berlin (12./13.6.1906)[327]. Hierbei war in fast allen Fällen die Erwägung maßgebend, daß der wirtschaftlich gewünschte Erfolg eines erhöhten Transports nach Meinung des Landeseisenbahnrats durch die Ausnahmetarife nicht eintreten würde. Die im Winter 1899/1900 hervorgetretenen, mit Preiserhöhungen verbundenen Schwierigkeiten in der Deckung des inländischen Kohlenbedarfs hatten in der Öffentlichkeit zu der Forderung geführt, die Ausnahmetarife zur Kohlenausfuhr nach dem Ausland aufzuheben. Der Landeseisenbahnrat sprach sich in seiner Sitzung am 6. April 1900 gegen die Aufhebung der Ausfuhrtarife aus. Die Kohleknappheit sei nur vorübergehend und einmal unterbrochene Handelsbeziehungen würden sich später nur noch schwer wieder anknüpfen lassen[328]. Die Staatseisenbahnverwaltung folgte dem Votum des Landeseisenbahnrats.

Der Landeseisenbahnrat stimmte aber für Kohlenausnahmetarife, wenn die Anträge darauf gerichtet waren, die inländische Wirtschaft im Wettbewerb gegen die ausländische Konkurrenz wirkungsvoll zu fördern.

Von einem Braunkohlenwerk in der Provinz Sachsen wurde 1888 der Antrag gestellt, für Braunkohlenbriketts aus dem sächsisch-thüringischen Braunkohlengebiet nach den norddeutschen Hafenstationen denselben Ausnahmetarif zu gewähren, den schon die rheinisch-westfälischen Steinkohleproduzenten nach den Seehäfen in Anspruch nehmen konnten[329]. Der Landeseisenbahnrat erkannte in seiner Sitzung vom 11. Oktober 1889 ein öffentliches Verkehrsbedürfnis für dic-

---

325 Denkschrift, Der Preußische Landeseisenbahnrat, S. 57 f.
326 Denkschrift, Der Preußische Landeseisenbahnrat, S. 58 ff.
327 Denkschrift, Der Preußische Landeseisenbahnrat, S. 61 ff.
328 Denkschrift, Der Preußische Landeseisenbahnrat, S. 71.
329 Denkschrift, Der Preußische Landeseisenbahnrat, S. 67 f.

sen Antrag an, weil die mitteldeutsche Braunkohle sich mit dem Ausnahmetarif an den Hafenplätzen gegen die englische Steinkohle und die böhmische Braunkohle behaupten könne[330].

Für Eisen befürwortete der Landeseisenbahnrat Ausnahmetarife, weil hier die besondere Notlage einzelner Gebiete dies erforderte oder dies notwendig war, um die ausländische Konkurrenz abzuwehren. Veranlaßt durch technische und wirtschaftliche Änderungen in der Herstellung von Roheisen und Stahl (Entphosphorung des Roheisens im Konverter, Preissturz für ausländische Eisenerze) geriet die Eisenerzproduktion an Lahn, Dill und Sieg unter wirtschaftlichen Druck. Der Landeseisenbahnrat befürwortete deshalb in seiner Sitzung am 25./26. Juni 1886 eine auf die Dauer des Notstandes zu beschränkende Frachtermäßigung für Eisenerz im Verkehr innerhalb des Lahn-Dill-Sieggebiets und aus diesem Gebiet nach der Ruhr. Die Staatseisenbahnverwaltung folgte diesem Beschluß des Landeseisenbahnrats[331].

Mitglieder des Bezirkseisenbahnrats Köln beantragten im dortigen Bezirkseisenbahnrat eine Frachtermäßigung für Gießereiroheisen von den westlichen Hochofenbezirken in der Richtung nach Berlin, Hamburg und Schleswig-Holstein, weil dort beträchtliche Mengen ausländischen Gießereiroheisens eingeführt wurden, die bei Gewährung der beantragten Frachtermäßigung durch das inländische Erzeugnis ersetzt werden könnten. Der Landeseisenbahnrat befürwortete in der Sitzung vom 7./8. Dezember 1888 den Ausnahmetarif. Denn vom volkswirtschaftlichen Standpunkt aus müsse versucht werden, das ausländische Gießereiroheisen auf dem deutschen Markt durch inländisches zu ersetzen. Die Staatseisenbahnverwaltung führte den Ausnahmetarif zum 1. April 1891 ein[332].

Im Interesse der weiteren Entwicklung des Baumwollgeschäfts in Bremen, und um die deutschen Spinnereien bei ihrer Versorgung mit Baumwolle von den englischen Märkten unabhängiger zu machen, beantragte 1888 der Verein Bremer Baumwollenbörse die Gleichstellung der beim Baumwollbezug über Bremen sich ergebenden höheren Eisenbahnfrachtkosten mit den Frachten der belgischen und holländischen Hafenplätze auf dem Bahnweg. In der Sitzung vom 7. Dezember 1888 befürwortete der Landeseisenbahnrat diesen Vorschlag. Die Staatseisenbahnverwaltung führte den Ausnahmetarif 1889 ein[333].

Vor dem Ersten Weltkrieg hatte der Landeseisenbahnrat über Ausnahmetarife für verschiedene Nahrungsmittel zu beraten.

---

330 Denkschrift, Der Preußische Landeseisenbahnrat, S. 67 f.
331 Denkschrift, Der Preußische Landeseisenbahnrat, S. 74 f.
332 Denkschrift, Der Preußische Landeseisenbahnrat, S. 84.
333 Denkschrift, Der Preußische Landeseisenbahnrat, S. 85 f.

In seiner Sitzung am 23. Juni 1909 befürwortete der Landeseisenbahnrat eine Frachtvergünstigung für Milch in Flaschen[334]. In seiner Sitzung am 30. Juni 1910 votierte der Landeseisenbahnrat für eine Verlängerung des Ausnahmetarifs für Fleisch von frisch geschlachtetem Vieh und frisch geschlachteten Pferden für zwei weitere Jahre[335]. In der Sitzung am 20. Juni 1911 sprach sich der Landeseisenbahnrat für eine Frachtermäßigung für den Transport frischer Seefische von den deutschen Seehäfen aus[336]. In der Sitzung am 17. Dezember 1912 befürwortete der Landeseisenbahnrat eine Frachtermäßigung für den Transport von Wanderschafherden[337]. In seiner Sitzung am 20.Juni 1913 stimmte der Landeseisenbahnrat für eine Frachtermäßigung für den Transport von Bananen[338].

V. Juristische Qualifizierung

Eine präzise juristische Definition liegt heute nicht vor. Im allgemeinen werden Beiräte als "Organe", "Organteile" oder "Hilfsorgane" der jeweiligen Verwaltungsbehörden, bei denen sie eingerichtet sind, aufgefaßt oder dem Aussschußwesen zugerechnet. Heinrich Kipp beschrieb die Stellung der Beiräte zusammen mit anderen Einrichtungen, die keine Beiräte waren, als "Hilfseinrichtungen, die in mitentscheidender, mitberatender, ratender oder sonstiger Mitwirkung Einfluß auf die Entscheidungen von Regierung und Parlament nehmen, ohne doch diesen funktionell zuzugehören"[339]. Eine Begriffsbestimmung der Beiräte von ihrer Funktion her gibt Ernst-Wolfgang Böckenförde:" Funktionell gesehen stellen sie eine Plattform dar, von der aus allgemeiner Sachverstand, spezialisiertes Fachwissen und gesellschaftliche Interessen einerseits von sich aus auf die Erfüllung der staatlichen Aufgaben Einfluß nehmen, andererseits vom Staat zur Beratung und Mitarbeit herangezogen werden". Die grundlegende juristische These über das Recht, Beiräte zu errichten, ist nach Böckenförde die Annahme einer ministeriellen Organisationsgewalt. Für die Rechtsstellung der Beiräte folgt hieraus, daß sie als Teile der inneren Organisation eines Ministeriums als Behörde angesehen

334 Landeseisenbahnrat, Verzeichnis der Beratungsgegenstände der Hauptsitzungen in den Jahren 1883 bis 1913, S. 73.
335 Landeseisenbahnrat, Verzeichnis der Beratungsgegenstände der Hauptsitzungen in den Jahren 1883 bis 1913, S. 74.
336 Landeseisenbahnrat, Verzeichnis der Beratungsgegenstände der Hauptsitzungen in den Jahren 1883 bis 1913, S. 76.
337 Landeseisenbahnrat, Verzeichnis der Beratungsgegenstände der Hauptsitzungen in den Jahren 1883 bis 1913, S. 78.
338 Landeseisenbahnrat, Verzeichnis der Beratungsgegenstände der Hauptsitzungen in den Jahren 1883 bis 1913, S. 79.
339 Loviscach, Beiräte bei Verwaltungsbehörden, S. 45.

werden[340]. Bachof vertritt demgegenüber die Theorie, daß die Funktion der Beiräte, soziologisch betrachtet, nicht Teil einer Behördenfunktion sei, sondern sich als eine Art Partnerschaft darstellt. Dieser entspräche eine Zuordnung, aber keine Einordnung[341].

An diesen Beispielen zeigt sich, daß auch heute die juristische Erfassung des Phänomens der Beiräte Schwierigkeiten bereitet. Ende des 19. Jahrhunderts gab es bereits ebenfalls Versuche, besonders die Eisenbahnräte juristisch einzuordnen. Eger formulierte folgende juristische Einordnung der Eisenbahnräte in Preußen: "Der rechtliche Charakter beider Institutionen ist nicht der von Behörden, sondern von politischen Körperschaften zur beirätlichen Mitwirkung bei den administrativen Funktionen der Staatseisenbahnbehörden, also mit Ausschluß aller exekutiven Kompetenzen....Sie sind politische Körperschaften, d.h. kollektive Einheiten, welche, ohne Organe der Staatsverwaltung zu sein, in einer vom Staat anerkannten Weise für Staatszwecke tätig sind"[342]. Eine mit Eger übereinstimmende Definition gab von der Leyen: "Eisenbahnbeiräte sind durch Gesetz oder im Verwaltungswege errichtete, aus frei gewählten oder von der Staatsregierung berufenen Vertretern von Handel, Gewerbe, Land- und Forstwirtschaft, sowie des Eisenbahngewerbes zusammengesetzte Körperschaften, deren Aufgabe es ist, in regelmäßig wiederkehrenden Zusammenkünften den Eisenbahnverwaltungen bei Bearbeitung aller wichtigeren Verkehrs- - insbesondere Tarif- und Fahrplan- - Angelegenheiten behufs sachgemäßer Berücksichtigung der Interessen des Verkehrs beirätliche Mitwirkung zu leisten"[343].

Während also die Eisenbahnräte in der juristischen Literatur der Zeit als Körperschaften verstanden wurden und ein Behördencharakter der Eisenbahnräte ausdrücklich ausgeschlossen wurde, war die juristische Einordnung bei der parlamentarischen Debatte im Preußischen Abgeordnetenhaus noch weitgehend ungeklärt. Der Minister Maybach bezeichnete die Eisenbahnräte als "permanente Enquête": "Wir haben in dieser permanenten Enquête, wenn ich sie so nennen soll, uns Organe geschafft, die für die Verwaltung und die Interessen des Landes die größte Bedeutung haben"[344].

Der konservative Abgeordnete von Minnigerode bezeichnete den Preußischen Landeseisenbahnrat als Behörde:"Die ganze Institution des Landeseisenbahnrats

---

340 Loviscach, Beiräte bei Verwaltungsbehörden, S. 46.

341 Loviscach, Beiräte bei Verwaltungsbehörden, S. 46.

342 Eger, Handbuch des Preußischen Eisenbahnrechts, Erster Band, S. 164.

343 von der Leyen, Eisenbahnbeiräte, in: von Stengel, Wörterbuch des deutschen Verwaltungsrechts, Erster Band S. 331; derselbe, Eisenbahnbeiräte, in: von Bitter, Handwörterbuch der Preußischen Verwaltung, Erster Band, S. 419.

344 Stenographische Berichte, Haus der Abgeordneten, 14. Legislaturperiode, 3. Session, S. 1535.

aber ihrer Zusammensetzung nach, wie sie in der Resolution gedacht ist, geht doch darauf hinaus, daß wir es in der Hauptsache mit einer Behörde zu tun haben, die einen Enquêtecharakter trägt, ich möchte sagen, es ist eine stehende Enquêtekommission"[345]. Allerdings charakterisierte von Minnigerode den Preußischen Landeseisenbahnrat zwei Zeilen weiter als "Körperschaft, die auf die Exekutive einen berechtigten Einfluß ausüben wird"[346]. Wieder andere sahen in den Eisenbahnräten "kleine Tarifparlamente" oder betrachteten den Preußischen Landeseisenbahnrat als "Tarifermäßigungsrat"[347].

345 Stenographische Berichte, Haus der Abgeordneten, 14. Legislaturperiode, 1. Session, 1879, S. 601.
346 Stenographische Berichte, Haus der Abgeordneten, 14. Legislaturperiode, 1. Session, S.601.
347 Stenographische Berichte, Haus der Abgeordneten, 14. Legislaturperiode, 1. Session, S. 606 und S. 608.

Vierter Teil. Ziele und Leistungen - Fallstudien zur Tätigkeit

I. Allgemeine Aufgaben

Trotz des gescheiterten Reichsbahnprojekts sicherte die Verstaatlichung der preußischen Eisenbahnen den staatlichen Einfluß auf die Preispolitik der preußischen Eisenbahnen. Die Eisenbahntarife galten daher bei der herausragenden Bedeutung der Eisenbahn für die gesamte Volkswirtschaft als wichtigstes wirtschaftspolitisches Instrument neben der Zollpolitik.

Vier Ziele verfolgte die preußische Staatsregierung mit der Eisenbahntarifpolitik, die sich unter die folgenden Stichworte zusammenfassen lassen: Raumordnung, Förderung einzelner Wirtschaftszweige oder Unternehmen, Sozialpolitik und schließlich das Absichern der Schutzzollpolitik. Alle diese Stichworte sind selbstverständlich nicht im gegenwärtigen Sprachgebrauch, sondern nur nach Inhalt und Bedeutung in der Zeit zu verstehen.

Die raumordnungspolitischen Vorstellungen sollten mit Hilfe der Eisenbahntarife verwirklicht werden. Bereits Friedrich List hatte den Zusammenhang zwischen Raumordnungs- und Eisenbahnpolitik erkannt. Grundvoraussetzung für die Entwicklung von Handel und Industrie war für ihn, daß die nebeneinander bestehenden deutschen Wirtschaftsräume erst durch ein nationales Transportsystem miteinander verbunden und letztendlich integriert werden konnten[348]. Die Begründung dieser wirtschaftspolitischen Forderung zeigt, wie genial und vorausschauend List schon am Anfang der Industrialisierung die wichtigsten Probleme der deutschen Hochindustrialisierungszeit im letzten Drittel des 19. Jahrhunderts voraussah. List erkannte, daß Deutschland auf ein künstliches Transportsystem im Vergleich zu den anderen europäischen Ländern besonders angewiesen war, weil natürliche Transportwege wie die Flußschiffahrt und der Transport über Seehäfen durch die geographischen Gegebenheiten und hier vor allem die kontinentale Lage nur begrenzt vorhanden waren[349]. List war zudem der Ansicht, ein deutscher Inlandsmarkt könne sich erst entwickeln, wenn durch die Eisenbahn die industriellen und landwirtschaftlichen Güter nicht nur in der Nähe der Produkti-

348 List, Das deutsche National-Transport-System, S. 32 f.
349 List, Das deutsche National-Transport-System, S. 32.

onsstätten vertrieben werden konnten, sondern den ganzen deutschen Wirtschaftsraum beliefern konnten[350]

England war in der Hochindustrialisierung bis zum Ersten Weltkrieg der schärfste Konkurrent der Deutschen auf den Weltmärkten. Einer seiner Vorteile waren das hervorragende Kanalsystem und die natürlichen Fluß- und Seewege infolge der Insellage. Die Eisenbahn erschloß den Inlandsmarkt auch für Gebiete, die weit entfernt von den Herstellungsorten lagen, wie die einzelnen Fälle aus der Arbeit des Preußischen Landeseisenbahnrats zeigen. Lists Vorhersagen erfüllten sich. Einzig die Bedeutung der Eisenbahn für den Welthandel konnte List nicht voraussehen, da er als radikaler Schutzzollbefürworter glaubte, die deutsche Industrie werde hinter einer Schutzzollmauer abgeschirmt von ausländischen Konkurrenten einzig Handel mit den landwirtschaftlichen Gebieten betreiben und von dort im Austausch mit Nahrungsmitteln versorgt werden[351]

Diesen Überlegungen zu einem nationalen Transportsystem folgend sahen daher zu Beginn der Achtziger Jahre die Befürworter eines Staatsbahnsystems, deren prominentester Vertreter der Reichskanzler selbst war, die Möglichkeit, die innere Reichsgründung mit der Verstaatlichung der Eisenbahn in wirtschaftlicher Hinsicht voranzutreiben.

Die Förderung von strukturschwachen Gebieten hatte in diesem Konzept eine Schlüsselstellung. Einmal sollten der Eisenbahnbau und die Eisenbahntarifpolitik als verlängerter Arm der Sozialpolitik Notstände vermeiden helfen, um letztlich politische Unruhen zu vermeiden.

Die Staatsbahnbefürworter wollten so ein wirtschaftliches Gefälle zwischen den einzelnen Regionen im Reich abmildern, denn nur so konnte auch verhindert werden, daß sich in den großen Wirtschaftszentren das Industrieproletariat zusammenballt. Diese Konzentration der Arbeiterschaft hätte schließlich den sozialistischen Kräften ein großes Reservoir und Machtpotential geboten[352].In Preußen verfolgte die Staatsregierung diese Ziele mit dem verstärkten Ausbau der Nebenbahnen und einer Eisenbahntarifpolitik, welche die östlichen Gebiete gegenüber den westlichen Provinzen bevorzugte[353]. Diese Infrastrukturpolitik zur Regionalförderung sollte im Ergebnis also die Rückständigkeit des Ostens gegenüber dem Westen beseitigen, um so die Kernlande der Monarchie auch zum wirtschaftlichen Mittelpunkt Preußens werden zu lassen, wenigstens aber zu verhindern, daß sie nicht völlig ins Hintertreffen gegenüber dem Westen gerieten. Diese Absichten sind nur zu verständlich. Für die konservative Staatsregierung

350 List, Das deutsche National-Transport-System, S. 33.
351 List, Das Deutsche National-Transport-System, S. 33.
352 Ambrosius, Der Staat als Unternehmer, S. 29ff.
353 Wehler, Deutsche Gesellschaftsgeschichte, Dritter Band, S. 678.

mit Bismarck an der Spitze mußte der wirtschaftliche Vorsprung des Westens als große Gefahr für die politische Identität Preußens als Adels- und Bauernstaat erscheinen. Hier zeigt sich aber auch, wie modern Bismarck und seine wechselnden konservativen politischen Mitstreiter bereits gedacht haben. Denn mit der Industrialisierung definierte sich die Macht eines Staates nicht mehr vorwiegend durch die militärische Macht, sondern wurde entscheidend durch seine wirtschaftliche Kraft bestimmt, die letztlich auch durch die Produktion moderner Waffen zu entsprechender militärischer Stärke führte.

Die Eisenbahnpolitik war nur ein Mittel der Intervention. Die preußische Regierung entwickelte eine Interventionspolitik zu allen Bereichen der Infrastruktur, die staatlichem Einfluß offenstanden. Preußen baute bis 1914 das Kanalsystem gezielt aus und senkte auch hier die Frachtraten. Die Provinzial- und Landeswasserstraßenbeiräte erfüllten bei dieser Preispolitik eine den Eisenbahnräten vergleichbare Aufgabe[354]. Ein innerer Finanzausgleich zwischen den westlichen und den östlichen Provinzen ergänzte diese Politik. Ostelbien flossen dabei staatliche Infrastrukturhilfen zu, womit wiederum der Osten bevorzugt war[355].

Die Festsetzung der Eisenbahntarife war aber zudem das wichtigste Mittel, um von staatlicher Seite auf die Branchenstruktur und den Wettbewerb einwirken zu können. Dies war die ideale Ergänzung zur Schutzzollpolitik. In Preußen war die Branchen- und Wettbewerbspolitik durch die Eisenbahntarife so wirkungsvoll, daß der Führer der Konservativen im Preußischen Abgeordnetenhaus, Graf von Kanitz, begeistert feststellen konnte, "die sorgende pflegende Hand" des Eisenbahnministers sei bei fast jedem "vaterländischen Industriezweige" erkennbar[356]. In der Arbeit der Eisenbahnräte und der Ständigen Tarifkommission standen die folgenden Formen von Branchen- und Wettbewerbspolitik im Mittelpunkt. Ausnahmetarife wurden gewährt, wenn ein Gewerbezweig in einer sonst strukturschwachen Region seine Produkte nur in einem weit entfernten Gebiet absetzen konnte und die hohen Transportkosten auf der Eisenbahn seine Konkurrenzfähigkeit bedrohten. Dabei war gleichgültig, ob es sich um ein inländisches oder ausländisches Absatzgebiet handelte.

Außerdem gewährte der Eisebahnminister Ausnahmetarife, falls ein inländischer Wirtschaftsraum von ausländischen Konkurrenten beherrscht wurde. Die Tarifermäßigung sollte bewirken, daß die deutschen bzw. preußischen Wirtschaftsinteressenten in ihrer Preispolitik mit den ausländischen Anbietern konkurrieren konnten. Ein weiterer typischer Fall zeigt besonders gut den Kampf um Marktanteile zwischen den Wettbewerbern aus Ostelbien und den westlichen

354 Wehler, Deutsche Gesellschaftsgeschichte, Dritter Band, S. 676.
355 Wehler, Deutsche Gesellschaftsgeschichte, Dritter Band, S. 679.
356 Alberty, Der Übergang zum Staatsbahnsystem, S. 297.

preußischen Gebieten. Anträge zur Tarifermäßigung stellten zum Beispiel Rohstofflieferanten und weiterverarbeitende Betriebe aus einer Region und einem Wirtschaftszweig, weil sie im Regelfall gemeinsame Interessen verfolgten. Dies veranlaßte die entsprechenden Interessenten aus anderen Landesteilen, ebenfalls eine Tarifherabsetzung zu fordern.

In Preußen waren es regelmäßig Interessenten aus dem Westen, die ermäßigten Tarifen für die östliche Wirtschaft im Landeseisenbahnrat widersprachen.

Die Eisenbahntarifpolitik erlangte so einen Stellenwert für die betriebswirtschaftlichen Überlegungen der Unternehmen, der bei der heutigen geringen Bedeutung der Eisenbahn für den Gütertransport kaum noch nachzuvollziehen ist. Die Unternehmen orientierten sich in einem solchen Tarifsystem bereits bei der Markteinführung eines Produkts in ihrer Kalkulation an den ermäßigten Tarifen der Konkurrenzprodukte. Die Warenkunde hatte dabei eine besondere Bedeutung. Die Unternehmen verlangten dieselben herabgesetzten Frachtsätze, die vergleichbaren Produkten gewährt worden waren.

Diese herausragende Bedeutung der Eisenbahntarife für die Binnenwirtschaft ging einher mit der besonderen Tragweite der Eisenbahntarifpolitik neben der Schutzzollpolitik als wichtigster Teil der Außenhandelspolitik. Auch das ist für die heutige Wirtschaftspolitik kaum vorstellbar.

Dazu nun einige Beispiele auf hoher politischer Ebene. Ein Handelsvertrag mit Schweden, der dem Deutschen Reich die Zufuhr von schwedischem Eisenerz sichern sollte, kam nur unter der Bedingung zustande, daß die deutsche Seite zusicherte, die schwedische Pflastersteinzufuhr nach Deutschland von jeglichem Zoll zu befreien[357]. Der preußische Eisenbahnminister mußte nun seine "pflegende Hand" (von Kanitz) aussstrecken und der deutschen Pflastersteinindustrie mit einem Ausnahmetarif die Wettbewerbsfähigkeit sichern. Im umgekehrten Fall mußte der Eisenbahnminister der Wirtschaft mit Tarifermäßigungen helfen, eine neu errichtete Zollmauer vor einem ausländischen Absatzgebiet zu überwinden.

Schließlich zeigt das Schicksal der sogenannten Paritätsklauseln in den Handelsverträgen, wie sich der wirtschaftspolitische Kurswechsel Bismarcks in der Eisenbahntarifpolitik niederschlug. Vor diesem Kurswechsel enthielten die Handelsverträge entsprechend der liberalen Außenhandelspolitik Klauseln, nach denen jede Vertragspartei der anderen garantierte, daß die Eisenbahntarife für die aus dem Partnerland eingeführten Waren nicht höher festgesetzt würden als die Tarife für vergleichbare einheimische, aber auch die sonstigen eingeführten ausländischen Erzeugnisse. Diese Paritätsklauseln verhinderten damit, daß die Eisenbahntarife dazu mißbraucht werden konnten, die in den Verträgen gegenseitig gewährten Handelserleichterungen protektionistisch zu unterlaufen. Solche Be-

357 Rosenthal, Die Gütertarifpolitik, S. 9.

stimmungen enthielten teilweise auch noch die Verträge nach 1880. Parität und Meistbegünstigung wurden aber im Zuge der aufkommenden Schutzzollpolitik immer unschärfer bestimmt, weil nun die Paritätsklauseln diese Politik behinderten. Die deutsche Seite versuchte jetzt, in den neuen Abschlüssen einseitig die Tarifautonomie ihrer Vertragspartner zu beschränken.

Der Handels- und Schiffahrtsvertrag zwischen Deutschland und Rußland von 1894 ist dafür ein sehr gutes Beispiel[358]. Deutschland wurde im Laufe des 19. Jahrhunderts zum größten Getreideimporteur der Welt und Rußland blieb bis zur Jahrhundertwende sein Hauptlieferant, bis es dann von den Vereinigten Staaten aufgrund der ständig sinkenden Eisenbahn- und Dampfschiffahrtsfrachtraten verdrängt wurde[359] Die deutsche Seite mußte nun zwei wirtschaftspolitische Ziele in den Eisenbahntarifbestimmungen des Handelsvertrags erreichen. Einerseits mußte für Rußland der Getreideexport nach Deutschland durch geringe Transportkosten weiterhin ermöglicht werden, weil Deutschland diesen Import brauchte. Andererseits durfte die deutsche Landwirtschaft durch die Eisenbahntarifbestimmungen nicht geschädigt werden. So behielten sich die Vertragsparteien in Artikel 19 Satz 1 des Handelsvertrags das Recht vor, ihre Eisenbahntransporttarife nach eigenem Ermessen zu bestimmen. Die dann im zweiten Satz folgende Paritätsklausel war als Sollbestimmung formuliert. Die Parität bezüglich der Beförderungspreise und der Abfertigung auf den Eisenbahnen des jeweils anderen Landes galt nur für gleichartige einheimische oder ausländische Erzeugnisse in derselben Richtung und auf derselben Strecke[360]. Damit waren die Vertragsparteien in ihrer Eisenbahntarifpolitik frei, durch andere Regelungen doch noch eine besondere Förderung für einheimische Waren zu verwirklichen. Denn eine Tarifermäßigung beispielsweise für den Export konnte somit dem Import von dort vorenthalten werden.

Das Schlußprotokoll des deutsch-russischen Handelsvertrags 1894 bestimmte in Artikel 19, daß die Frachtsätze für Getreide, Flachs und Hanf von Rußland nach den west- und ostpreußischen Seehäfen genauso wie die Tarife der Transporte auf den russischen Eisenbahnen nach Libau und Riga gebildet werden mußten[361].

Dies hing damit zusammen, daß nach einem regelrechten Zollkrieg mit Rußland und nach erbitterten Debatten im Reichstag der Handelsvertrag von 1894 zu niedrigeren Getreidezöllen für russisches Getreide führte. Der Absatz der ostelbischen Getreideproduktion war gefährdet. So mußte der preußische Eisenbahnmi-

358 RGBl 1894, S. 153 ff.
359 Wehler, Deutsche Gesellschaftsgeschichte, Dritter Band, S. 688 f.
360 RGBl. 1894, S. 166 f.
361 RGBl. 1894, S. 234 f.

nister abermals seine "pflegende und fürsorgliche Hand" ausstrecken und gewährte nach der Beratung in einer außerordentlichen Sitzung des Preußischen Landeseisenbahnrats einen Ausnahmetarif für diesen Zweig der Landwirtschaft. Die Eisenbahntarife von Rußland nach den deutschen Ostseehäfen waren mit dem Schlußprotokoll für die Zukunft an die Eisenbahntarife von Rußland an seine Ostseehäfen gebunden. Damit war gewährleistet, daß die deutschen Häfen die russische Fracht nicht dadurch verlieren konnten, daß die russische Seite die Strecken zu ihren Häfen durch eine Ausnahmetarifpolitik begünstigten.

Auf der anderen Seite konnten die Deutschen die Interessen ihrer Landwirtschaft bedienen. Am 1. Oktober 1895 wurde ein allgemeiner Ausnahmetarif auch für Getreide nach den deutschen Seehäfen zur Ausfuhr nach außerdeutschen Ländern auf Entfernungen über 101 km eingeführt[362].

Die Eisenbahnverwaltung konnte aber diese "fürsorgliche Tarifpolitik" nur betreiben, weil die Eisenbahn als Verkehrsmittel auf dem Landweg besonders auf langen Strecken nahezu ein Monopol hatte. Betriebsintern konnte die Eisenbahnverwaltung Verluste auf Strecken, die an sich nur mit Zuschuß betrieben werden konnten oder geringere Einnahmen infolge von Tarifermäßigungen erbrachten, durch andere gewinnbringende Strecken so gut verkraften, daß die Einnahmen insgesamt dennoch gewaltig anstiegen. Dieser betriebsinterne Ausgleich ist historisch einmalig. Seit dem ersten Drittel des 20. Jahrhunderts wurde der Kraftverkehr ein so großer Konkurrent im Gütertransport auf langen Transportwegen, daß die Deutsche Bundesbahn schließlich 1950 erstmalig mit einer negativen Bilanz abschließen mußte. Die deutschen Eisenbahnen hatten noch um die Jahrhundertwende zwei Drittel der Haushaltseinnahmen in Preußen erbracht, was die Regierung dazu veranlaßte, diese durch eine übergroße Abhängigkeit des Staates von dem Geschäftserfolg der Eisenbahnen verursachte "Notlage" zu erörtern.

Die tarifpolitischen Vorschläge des Preußischen Landeseisenbahnrates hingen zum einen mit den Entscheidungen der anderen tarifpolitischen Organe zusammen bzw. waren von deren Kompetenz in Gütertarifsachen abzugrenzen.

Im Deutschland des ausgehenden 19. Jahrhunderts muß man zwischen den einzelstaatlichen und den gemeinsamen Organen der Tarifpolitik unterscheiden[363]. Die gemeinsamen Organe waren föderalistischer, nicht unitarischer Natur. Sie beruhten auf freier Vereinbarung der einzelstaatlichen Regierungen oder Eisenbahnverwaltungen. Das wichtigste Beispiel für eine solche Einrichtung war die bereits oft genannte Ständige Tarifkommission mit dem ihr angeschlossenen Ausschuß der Verkehrsinteressenten.

---

362 Denkschrift, S. 48.
363 Rosenthal, Die Gütertarifpolitik der Eisenbahnen, S. 54 ff.

Die Ständige Tarifkommission war als Kind des Reformgütertarifs von 1877 ein Instrument der Tarifvereinheitlichung - und damit stand sie in der Traditionslinie des Vereins Deutscher Eisenbahnverwaltungen, der in den Vierziger Jahren des 19. Jahrhunderts gegründet worden war.

Der Preußische Landeseisenbahnrat war als Resultat der Verstaatlichung des größten Eisenbahnverkehrsnetzes in Deutschland das tarifpolitische Mittel, die privatwirtschaftlichen Interessen in die Tarifbildung einzubringen. Diese Aufgabe des Preußischen Landeseisenbahnrates stand in Zusammenhang mit den neuen Erfordernissen der Eisenbahntarifpolitik durch die Verstaatlichung. Unter der Herrschaft des Privatbahn- und des gemischten Systems war das preußische Handelsministerium auch gegenüber den Staatsbahndirektionen vornehmlich Aufsichtsbehörde, da für eine Zentralverwaltung bei dem Mangel eines zusammenhängenden Staatsbahnnetzes nur ein geringes Bedürfnis vorhanden war. In juristischer Hinsicht fehlte eine scharfe Abgrenzung der Befugnisse von Zentralinstanz und Direktionen; die Selbständigkeit der Direktionen hing somit vom Spielraum ab, der ihnen seitens des Ministeriums gelassen wurde[364].

Als nun durch die Verstaatlichungen ein stark zusammenhängendes Eisenbahnnetz geschaffen wurde und damit zugleich die Vereinheitlichung des Eisenbahntarifwesens, wurde das zuständige Ministerium der öffentlichen Arbeiten mehr als bisher auch tatsächlich Zentralorgan der Staatsbahnverwaltung und damit der Tarifsetzung[365]. Jetzt konnten die von Fleck - dem führenden Tarifexperten im Ministerium Maybach - im "Wörterbuch des deutschen Verwaltungsrechts" dargelegten Grundsätze staatlicher Eisenbahntarifpolitik umgesetzt werden: eine Tarifpolitik im Interesse des Gemeinwohls, zur Verhütung übermäßiger und willkürlicher Belastung des Verkehrs sowie zur Sicherung einer einheitlichen Verkehrpolitik[366].

Mit diesen Grundsätzen gingen die Befürworter des Staatseisenbahnnetzes von einer "öffentlichen Natur" der Eisenbahn aus[367]. Unter das Gemeinwohl fielen dabei im Verständnis der Preußischen Regierung sehr wohl auch die Interessen der privaten Wirtschaft. Die bereitstehenden Instrumentarien für die Umsetzung der zollpolitischen und sonstigen wirtschaftspolitischen Ziele mittels der Eisenbahngütertarifpolitik waren die Ausnahme- und Spezialtarife. Während letztere eigentlich nur herabgesetzte Normaltarife waren, die auf allen Strecken galten, war das Merkmal der Ausnahmetarife die Beschränkung des Geltungsbereichs auf bestimmte Strecken[368]. Die Gütertarife wurden immer nach dem zu transpor-

364 Rosenthal, Die Gütertarifpolitik der Eisenbahnen, S. 56.
365 Rosenthal, Die Gütertarifpolitik der Eisenbahnen, S. 57.
366 Fleck, Eisenbahntarife, in: Wörterbuch der deutschen Verwaltung, S. 341.
367 Fleck, Die Eisenbahntarife, in: Wörterbuch der deutschen Verwaltung, S. 341.
368 Rosenthal, Die Gütertarifpolitik, S. 105.

tierenden Gut festgelegt. Dabei konnte es durchaus eine gewichtige Rolle spielen, in welchem Verarbeitungszustand das Gut transportiert wurde, wie am Beispiel des Rohspiritus und Sprit zu zeigen sein wird.

Die Grundsätze für die Gewährung von Ausnahmetarifen teilte der Minister der öffentlichen Arbeiten dem Landeseisenbahnrat in einem Schreiben vom 30. Oktober 1884 mit[369]. Danach waren die Ausnahmetarife zu einem großen Teil zur Schonung bestehender Verhältnisse von besonderer wirtschaftlicher Bedeutung aus älteren Tarifen übernommen oder durch die abweichende Tarifbildung konkurrierender Bahnen oder Wasserstraßen veranlaßt worden. Außerdem waren neue Ausnahmetarife in solchen Fällen bewilligt worden, in denen wichtige wirtschaftliche Interessen des Reichs, des Landes oder einzelner Landesteile eine Ausnahme von der regelmäßigen Tarifbildung erforderlich machten.

Der Minister stellte hierfür in seinem Schreiben vom 30. Oktober 1884 folgende Ziele auf: "Dies ist insbesondere geschehen:

1. zur Förderung der gewerblichen oder landwirtschaftlichen Produktion durch erleichterte Zufuhr notwendiger Roh- oder Hilfsstoffe;
2. zur Förderung des Absatzes einheimischer Erzeugnisse in den durch fremde Konkurrenz bedrohten Bezirken des Inlandes, sowie - in besonders bemerkenswertem Grade - zur Erleichterung der Ausfuhr deutscher Erzeugnisse in das Ausland;
3. zur Unterstützung des Handels deutscher Handelsplätze - namentlich der deutschen Seehäfen - gegen die Konkurrenz fremder Plätze;
4. zur Unterstützung einheimischer Verkehrsanstalten - insbesondere der Staatseisenbahnen - gegen die Konkurrenz fremder Eisenbahnen und Wasserstraßen.

Was insonderheit den Verkehr mit dem Ausland anlangt, so ist durch die Erlasse vom 21. Februar und 23. April 1878 die Genehmigung des Ministers zur Einführung von Differentialtarifen für fremde Erzeugnisse ausdrücklich und grundsätzlich an die Voraussetzung geknüpft, daß - entweder eine Benachteiligung inländischer wirtschaftlicher Interessen überhaupt nicht zu besorgen ist, oder doch überwiegende Interessen anderer Zweige der inländischen Volkswirtschaft für die beantragte Ermäßigung der Tarife sprechen".

Diese Grundsätze lesen sich wie eine Abschrift der wichtigsten Grundsätze des Merkantilismus.

Nach Angaben der Denkschrift:"Der Preußische Landeseisenbahnrat" hatte sich der Landeseisenbahnrat wiederholt dahin ausgesprochen, daß er diese Grundsätze für richtig hielt[370]. Der Arbeit des Preußischen Landeseisenbahnrats

---

369 Denkschrift, S. 39 f.
370 Denkschrift, S. 40.

lagen also diese vom Minister der öffentlichen Arbeiten aufgestellten Prinzipien zugrunde.

II. Raumordnungspolitik - Die Förderung eines Notstandsgebiets am Beispiel des Lahn-Dill-Sieggebiets

Das Lahn-Dill-Sieggebiet war der klassische Fall der Förderung eines Notstandsgebiets nicht nur in Preußen, sondern für das ganze Kaiserreich. 1886 hatte der Preußische Landeseisenbahnrat die Frage zu behandeln, wie diesem Krisengebiet aus seiner wirtschaftlichen Notlage durch Eisenbahntarifermäßigungen geholfen werden konnte[371].

Für Eisen und Kohle waren seit 1880 in einer Fülle von Anträgen Tarifermäßigungen für verschiedene deutsche Gebiete gestellt worden[372]. Dies war durch eine technische Revolution anfangs der Achtziger Jahre des 19. Jahrhunderts bedingt. Die Erfindung des Entphosphorisierungsverfahrens ermöglichte die Verwendung von bisher minderwertigen und wegen ihres Phosphorgehalts früher nicht brauchbaren Eisenerzen. Besonders bevorzugt war nach dieser Erfindung das in großen Mengen und mit geringen Kosten gewonnene phosphorreiche Eisenerz aus dem Gebiet Luxemburg-Lothringen, die sogenannte Minette[373]. Die Siegerländer Eisensteine verloren in Folge der Erfindung des genannten Verfahrens ihre Stellung im Wettbewerb trotz ihrer Eigenschaft als Qualitätserze ersten Rangs[374]. Den Eisensteingruben an der Lahn und Dill lag der rheinisch-westfälische Eisenindustriebezirk am nächsten. Er war der natürliche Abnehmer dieser Erze und verdankte ihnen hauptsächlich seine frühere Entwicklung. Die hohen Preise der Lahn- und Dillerze, bedingt durch deren schwierige Gewinnung und die hohen Bahnfrachten verteuerten jedoch das Eisenfabrikat der rheinisch-westfälischen Werke bald derart, daß es dem ausländischen Eisenfabrikat auf dem inländischen Markt weichen mußte[375].

Die Werke an Rhein und Ruhr wurden genötigt, sich nach billigeren Erzen umzusehen und gingen zur Verhüttung der reineren und eisenreicheren spani-

---

371 Anträge auf Frachtermäßigung für Eisenerze, Kalksteine, Steinkohlen und Koks von der Sieg, Dill und Lahn nach der Ruhr und für Kokes in umgekehrter Richtung.
Ausschuß, 8. Juni 1886 S. 698 - 699.
Landeseisenbahnrat, Sitzung, 25/26. Juni 1886 S. 707 - 712.
Drucksachen Abgeordnetenhaus Nr. 12, 1886, S. 375 ff.

372 Anlagen, Abgeordnetenhaus 1887, Erster Band, S. 375.

373 Anlagen, Abgeordnetenhaus 1887, Erster Band, S. 375.

374 Anlagen, Abgeordnetenhaus 1887, Erster Band, S. 392.

375 Anlagen, Abgeordnetenhaus 1887, Erster Band, S. 398.

schen Erze über. Dieser Schritt war verhängnisvoll für die Lahn- und Dillreviere. Zunächst standen die Erze von Lahn und Dill noch in scharfer Konkurrenz zu dem spanischen Erz. Als aber die Schiffsfrachten Ende der Siebziger Jahre zwischen Bilbao und Rotterdam und von Rotterdam bis an die Ruhr sanken, fiel der Preis für das spanische Eisenerz so stark, daß das Erz aus den Lahn- und Dillrevieren von dem rheinisch-westfälischen Markt fast ganz verdrängt wurde[376]. Eine Lösung der Probleme der Reviere an Lahn, Dill und Sieg ergab sich aber daraus, daß das Eisenerz seit Beginn der Achtziger Jahre des 19. Jahrhunderts nicht mehr ausschließlich zur Herstellung von Bessemereisen verwandt wurde, sondern in großen Mengen zu Gießereiroheisen verarbeitet wurde. Für die Gießereiroheisenproduktion war die Frage des Phosporgehalts unerheblich[377]. Vor allem die Eisenindustrie an der Lahn ging daher zur Erzeugung von Gießereiroheisen aus den Eisensteinen der Lahn und Dill über[378]. Sie mußte sich dabei aber der Konkurrenz des englischen Gießereiroheisens erwehren, das auf dem Wasserweg auf den englischen Kanälen und den deutschen Flüssen Elbe und Rhein auf den deutschen Markt gelangte[379].

Als Mitglied des Landeseisenbahnrats Ludwig Roth, Georg Fürst zu Solms-Braunfels, der Verein für die bergbaulichen und Hütteninteressen zu Siegen, die Handelskammern Limburg, Siegen und Dillenburg, sowie der Berg- und Hüttenmännische Verein für die Lahn-, Dill- und benachbarte Reviere stellten übereinstimmend 1885 und 1886 bei dem Minister der öffentlichen Arbeiten Maybach und dem Reichskanzler Bismarck die Anträge, die Eisenbahnfracht für den Transport von Koks von den Ruhrrevieren nach dem Lahn-Dill-Sieggebiet und die Eisenbahnfracht für Eisenstein aus diesem Gebiet nach den Ruhrrevieren durch Ausnahmetarife zu senken[380]. Der Ausnahmetarif für Koks (Kohlen) wurde gefordert, um hierdurch die Herstellungskosten bei der Gewinnung von Gießereiroheisen zu senken[381]. Zur Unterstützung wurde von den Antragstellern vor einer Veramung des Lahn-Dill-Sieggebiets gewarnt, wenn die Eisengewinnung und Eisenproduktion zum Erliegen käme[382], denn die Landwirtschaft sei zu schwach in diesen Gebieten, so daß den dann Arbeitslosen nichts übrig bleibe, als im Ruhrgebiet oder in Amerika eine neue Existenz zu suchen[383]. Zudem sei zu befürchten, daß sich bei der gegenwärtigen Notlage an Lahn, Dill und Sieg unter den

376 Anlagen, Abgeordnetenhaus 1887, Erster Band, S. 398.
377 Anlagen, Abgeordnetenhaus 1887, Erster Band, S. 393 f.
378 Anlagen, Abgeordnetenhaus 1887, Erster Band, S. 392.
379 Anlagen, Abgeordnetenhaus 1887, Erster Band, S. 392 und 394.
380 Anlagen, Abgeordnetenhaus 1887, Erster Band, S. 392 ff.
381 Anlagen, Abgeordnetenhaus 1887, Erster Band, S. 394.
382 Anlagen, Abgeordnetenhaus 1887, Erster Band, S. 398.
383 Anlagen, Abgeordnetenhaus 1887, Erster Band, S. 398.

dortigen Industriearbeitern sozialistische Gedanken ausbreiten könnten[384]. Schließlich würden die Gemeinden steuerliche Einnahmeausfälle erleiden, wenn es zu Einschränkungen oder gar Einstellungen des Gruben- und Hüttenbetriebs an Lahn, Dill und Sieg kommen würde[385].

Der Ausschuß des Landeseisenbahnrats beriet in seiner Sitzung am 8. Juni 1886 über die Anträge auf Ausnahmetarife zugunsten des Lahn-Dill-Sieggebiets.

Der Ausschuß beschloß einstimmig, dem Landeseisenbahnrat zu empfehlen, eine ausnahmsweise der Zeit nach auf die Dauer des Notstands beschränkte Frachtermäßigung für den Transport von Erzen aus dem Lahn-Dill-Sieggebiet nach der Ruhr und für Koks in der umgekehrten Richtung zu befürworten[386]. Es bestanden im Ausschuß keine Meinungsverschiedenheiten darüber, daß der Eisensteinbergbau an Lahn, Dill und Sieg sich in einer Lage befand, welche die schlimmsten Befürchtungen erwecke. Man war sich einig, daß der Eisensteinbergbau in den genannten Gebieten zum Erliegen käme, wenn nicht durch die verlangten Ausnahmetarife Abhilfe geschaffen würde[387]. Angesichts dieser Einschätzung der wirtschaftlichen Lage an Lahn, Dill und Sieg sprach gegen die Ausnahmetarife nach Meinung des Ausschusses auch nicht, daß damit dem Grundsatz der Staatseisenbahnverwaltung zuwider gehandelt würde, einzelne Landesteile zum Nachteil Dritter zu begünstigen. Als Dritte kamen hier der Eisenbergbau an der Ruhr und der Mosel in Frage[388].

Der Landeseisenbahnrat folgte dem Beschluß des Ausschusses in seiner Sitzung am 25. und 26. Juni 1886. Im Interesse der Eisenhüttenindustrie an Lahn, Dill und Sieg empfahl der Landeseisenbahnrat der Staatseisenbahnverwaltung, den Ausnahmetarif für Eisenerz auch auf den Eisenbahnverkehr innerhalb der genannten Gebiete auszudehnen[389]. In Übereinstimmung mit dem Gutachten des Landeseisenbahnrats anerkannte auch die Staatseisenbahnverwaltung eine außergewöhnliche Notlage des Eisengewerbes im Lahn-, Dill- und Sieggebiet und bewilligte einen Notstandstarif mit weitgehenden Frachtermäßigungen[390].

---

384 Anlagen, Abgeordnetenhaus 1887, Erster Band, S. 397.
385 Anlagen, Abgeordnetenhaus 1887, Erster Band, S. 397.
386 Anlagen, Abgeordnetenhaus 1887, Erster Band, S. 698.
387 Anlagen, Abgeordnetenhaus 1887, Erster Band, S. 698.
388 Anlagen, Abgeordnetenhaus 1887, Erster Band, S. 698.
389 Anlagen, Abgeordnetenhaus 1887, Erster Band, S. 709 und 712.
390 Denkschrift, Der Preußische Landeseisenbahnrat, S. 75.

III. Branchenstrukturpolitik

1. Kohleausfuhr

Die Zeit zwischen 1895 und 1900 brachte Deutschland einen Wirtschaftsboom, der mit dem explosiven Wachstum der Gründerjahre verglichen werden kann. Die Produktivität der Wirtschaft wuchs um 30 Prozent. Die Investitionsquote stieg auf 18 Prozent. Durch die Dynamik neuer Leitsektoren wie der Elektrotechnik, der Großchemie und des Maschinenbaus, und die Impulse, die von den alten Leitsektoren der Schwerindustrie, nicht zuletzt von der Belebung des Wohnungsbaus, ausgingen, wurde die Konjunktur jedes Jahr neu vorangetrieben[391]. Dieser Boom brachte eine Überproduktion, die mit Beginn der Depression um die Jahrhundertwende zu einem Sinken der Preise führte.Von der Krise waren vor allem die Großunternehmen betroffen. Diese Depression dauerte aber nur zwei Jahre. Es folgte eine neue Hochkonjunktur, die wieder zu einem Preisanstieg führte[392]. 1907 kam es zu einer erneuten Wirtschaftsflaute, die durch die ökonomische Krise in den Vereinigten Staaten und deren Auswirkungen auf den deutschen Kapitalmarkt hervorgerufen wurde. Die erneute Depression traf dieses Mal zahlreiche mittelgroße und kleine, vielfältig abhängige Betriebe. Dennoch reagierte die Wirtschaft insgesamt mit Produktionseinschränkungen, Kurzarbeit, Entlassung von Arbeitskräften und dem Herabsetzen der Preise[393]. Diese Krise dauerte wieder nur kurze Zeit. Die deutsche Wirtschaft erlebte ab 1908 schließlich ihre letzte Hochkonjunktur vor dem Ersten Weltkrieg.

Während die von der Rezession besonders betroffene weiterverarbeitende Industrie schon während der ersten Krise 1900 Absatz- und Preisrückgänge zu beklagen hatten, mußten die Industriellen dieser Wirtschaftsbereiche feststellen, daß die Preise ihres wichtigsten Rohstoffs, der Kohle, in dieser Krisenzeit beträchtlich angestiegen waren und trotz der negativen konjunkturellen Entwicklung die 1900 erreichte Höhe halten konnten[394]. Die Industrie konnte aber trotz der hohen Preise nicht immer die für die Produktion benötigte Menge an Kohlen erhalten. Kohlenverteuerung und Kohlenmangel führten zu einer heftigen Reaktion in der Öffentlichkeit, da auch die privaten Endverbraucher von diesen Problemen betroffen waren. Die betroffenen Unternehmer trugen ihre Sorgen bezüglich der Kohle über die Industrie- und Handelskammern und die Presse in die Öffentlichkeit[395]. Das Augenmerk der Kritik richtete sich auf die Kartellierung in

---

391 Wehler, Deutsche Gesellschaftsgeschichte Band 3, S. 607.
392 Wehler, Deutsche Gesellschaftsgeschichte Band 3, S. 608.
393 Wehler, Deutsche Gesellschaftsgeschichte Band 3, S. 609.
394 Blaich, Kartell und Monopolpolitik im kaiserlichen Deutschland, S. 93.
395 Blaich, Kartell- und Monopolpolitik, S. 94.

der Kohlewirtschaft, die diese Absatz- und Preispolitik erst ermöglichte. Die Handelskammer zu Lenne in Westfalen wandte sich 1900 wegen der Kohlenkrise an den preußischen Minister für Handel und Gewerbe. Diese Eingabe beleuchtet besonders gut die damalige Verkaufspolitik in der Kohlewirtschaft.

Die Handelskammer beklagte zunächst die bereits geschilderte Lage beim Kohleabsatz. Die Nachfrage nach Kohle werde nicht befriedigt, weil die Förderung der Kohlenzechen nicht mit dem Bedarf Schritt halten könne. Daraus erklärte sich die Handelskammer den Preisanstieg. Die Hauptverantwortung hierfür lag in den Augen der Kammer bei den Zechen, die im Rheinisch-Westfälischen Kohlesyndikat vereinigt waren[396]. Das Syndikat habe diese Marktverzerrung durch seine Lieferungsverträge mit ausländischen Abnehmern hervorgerufen. Dadurch sei ein erheblicher Teil der Produktion aus den Zechen des Syndikats dem Inlandsmarkt entzogen[397]. Die Handelskammer erhob deshalb die Forderung nach einer Aufhebung der Kohlenausfuhreisenbahntarife nur unter dem Vorbehalt einer Untersuchung der Frage, ob die Ausfuhr wirklich der Grund für den Kohlennotstand war[398]. Die Eingabe zielte in der Hauptsache auf den Kohlenhandel, mit dem die Mitglieder die unmittelbare Erfahrung beim Kauf der Kohle gesammelt hatten. Die monopolartige Verflechtung auf der Seite der Kohlenhersteller hatte schließlich zu einem vergleichbaren Zusammenschluß auf der Händlerseite geführt, der aber auch vom Rheinisch-Westfälischen Kohlensyndikat kontrolliert wurde[399]. Dies führte zu betrügerischen Praktiken gegenüber den Endverbrauchern. Die Händler konnten sich so nicht nur erhebliche Preissteigerungen in kurzer Zeit leisten, sondern maßen die zu verkaufenden Kohlen in Scheffeln mit unbestimmter Gewichtsangabe ab[400]. Diese unangenehmen Erfahrungen führten zu der Forderung der Handelskammer, das Rheinisch-Westfälische Kohlensyndikat zu verpflichten, Kohlenbestellungen von 50 Doppelwagen und mehr direkt von den Zechen aus zu verkaufen.

Das Rheinisch-Westfälische Kohlensyndikat war aus der Gründerkrise entstanden und hatte sich zur Aufgabe gemacht, die Interessen des Ruhrbergbaus zu fördern. Dabei war angesichts der Erfahrungen mit der Gründerkrise gerade die wichtigste Funktion des Kartells, eine Überproduktion zu verhindern. Dies sollte durch eine Ausdehnung des Absatzgebiets und damit einhergehend einer Verbesserung der Exportfähigkeit erreicht werden[401]. So verteidigte das Rheinisch-Westfälische Kohlensyndikat in einer Denkschrift über die Kohlenfrage 1901 die

396 Steitz, Quellen zur deutschen Wirtschafts- und Sozialgeschichte, S. 230.
397 Steitz, Quellen zur deutschen Wirtschafts- und Sozialgeschichte, S. 230.
398 Steitz, Quellen zur deutschen Wirtschafts- und Sozialgeschichte, S. 230.
399 Barnikel, Kartelle in Deutschland, S. 7.
400 Steitz, Quellen zur deutschen Wirtschafts- und Sozialgeschichte, S. 231.
401 Barnikel, Kartelle in Deutschland, S. 6.

Ausfuhreisenbahntarife an erster Stelle damit, daß die Gruben ihre Leistungsfähigkeit nur hätten steigern können, weil sie ihre Überproduktion im Ausland absetzen konnten[402]. Der Vertreter der agrarischen Interessen und zu dieser Zeit Führer der Konservativen im Preußischen Abgeordnetenhaus[403], Graf zu Limburg-Stirum, forderte, daß die Kohlenindustrie ihre Tätigkeit mehr auf den Inlandsmarkt konzentrieren sollte. Wenn er auch als Schutzzollbefürworter, der wegen seiner Haltung aus dem Staatsdienst entlassen wurde, grundsätzlich eine Eisenbahnpolitik befürwortete, die mit den Eisenbahntarifen den Export unterstützen sollte, so verriet doch seine Argumentation gegen die Kohlenausfuhrtarife ganz das Mißtrauen des Großagrariers gegen die dynamische Entwicklung der Industrie, der gegenüber die Landwirtschaft immer mehr an Bedeutung verlor. Er befürchtete angesichts der sich ständig ausweitenden Industrieproduktion einen schweren konjunkturellen Rückschlag, falls der Bedarf an Kohle im In- und Ausland gleichzeitig abnehmen würde.

Der Mitbegründer des Bundes der Landwirte übertrug nun seine betriebswirtschaftlichen Erfahrungen aus dem Agrarsektor auf die Kohlenindustrie. Wenigstens einzelne Exporttarife für Kohlen sollten überprüft werden, um die Überhitzung der Konjunktur zu verhindern. Limburg-Stirum meinte, daß diese Exporttarife bei der gegenwärtigen wirtschaftlichen Entwicklung die Kohlenindustrie unnötigerweise einen Vorteil verschaffen würden, was er polemisch als ein "unnötiges Geschenk" bezeichnete.

Die Staatseisenbahnverwaltung sah in der Sitzung des Landeseisenbahnrats am 6. April 1900 ein Bedürfnis für die Kohleausfuhrtarife, weil bereits die Privateisenbahnen diese Tarife als Differentialtarife geschaffen hatten. Dieses Bedürfnis bei den Kunden aus der Wirtschaft habe weiterhin Bestand[404]. Diese Differentialtarife waren aber unter anderen wirtschaftlichen Voraussetzungen entstanden. Die Eisenbahn als privater Anbieter hatte den Großkunden eine Vergünstigung eingeräumt, um daraus wieder bei höherem Umsatz einen gesteigerten Gewinn zu erzielen oder überhaupt diesen Kundenkreis an sich zu binden. Die nunmehr als Ausnahmetarife weiterhin gewährten ehemaligen Differentialtarife wurden nun jedoch nicht nur im betriebswirtschaftlichen Interesse der Eisenbahn gewährt. Die Verstaatlichung der Eisenbahnen war schließlich unter dem Vorzeichen einer Verwaltung im gesamten volkswirtschaftlichen Interesse erfolgt.

Die Vertreter der Staatseisenbahnverwaltung bezweckten mit ihrer Argumentation vielmehr, die eigenen Absichten und Ziele in der Sitzung des Lande-

402 Steitz, Quellen zur deutschen Wirtschafts- und Sozialgeschichte, S. 246.

403 Landeseisenbahnrat, Sitzung 6.4.1900, Anlagen Abgeordnetenhaus 1901, Bd. 1, S. 209.

404 Anlagen Abgeordnetenhaus 1901, Bd. 1, S. 209 f.

seisenbahnrats zu verdecken. Die Aufhebung der Kohlenausnahmetarife hätte nämlich zu einer empfindlichen Beeinträchtigung der finanziellen und betrieblichen Interessen der preußischen Staatseisenbahnen führen können. Die staatlichen Vertreter erklärten in der Sitzung des Ausschusses des Landeseisenbahnrats am 5. April 1900, daß beispielsweise ein Wegfall der Kohlenausfuhr in Sonderzügen nach Holland und Belgien dazu führen mußte, daß dieser Export über die Wasserstraße erfolgen würde, was von der Eisenbahn nicht bewältigt werden könne, weil die bestehenden Eisenbahnanlagen in den Rheinumschlagshäfen nicht die hierzu notwendige Kapazität haben würden[405]. Der Kohlenexport konnte nämlich für diese Strecken zu vergleichbar günstigen Frachtraten auf dem Wasserweg erfolgen, was auch passiert wäre, da die Verträge mit den ausländischen Abnehmern zum Teil langfristig abgeschlossen waren[406]. Ein Teil der Kohleausfuhr wäre danach bei den geringen Preisunterschieden zwischen englischer, belgischer und deutscher Kohle weiter auf der Schiene transportiert worden. Der andere Teil fiele dann der Rheinschiffahrt zu mit den damit einhergehenden zusätzlichen Verkehrsaufkommen in den Häfen an Rhein und Ruhr, das die Staatseisenbahnverwaltung als Belastung empfand[407]. Nach dieser Prognose entging den preußischen Eisenbahnen noch zusätzlich der Transport der überseeischen Eisenerze, die bisher von den leer zurückfahrenden Kohlenwagen von den niederländischen Häfen ins Ruhrgebiet transportiert wurden[408]. In der Konsequenz dieses Szenarios wären diese Eisenerze nun ebenfalls auf dem Rhein zu den Bestimmungsorten an Rhein und Ruhr gelangt und hätten damit dort den Hafenverkehr in den Augen der Staatsbahnvertreter vollends überlastet[409].

Von den eigenen betrieblichen Interessen schlugen die Staatseisenbahnvertreter in der Sitzung des Ausschusses des Landeseisenbahnrats einen Bogen zu gesamtwirtschaftlichen und einzelnen Interessen. Wenn also die Kohlenausfuhr bestehen bleibe und nur auf andere Verkehrswege ausweichen müsse und könne, sei damit nichts für die Inlandsnachfrage gewonnen. Wenn aber durch die Aufhebung der Ausnahmetarife die Kohlenausfuhr nach den niederländischen Häfen doch ausbliebe, so war zu befürchten, daß die deutschen Schiffe nicht mehr die für ihre Dampfkessel benötigte deutsche Bunkerkohle in den genannten Häfen erwerben konnten[410]. Die Ausnahmetarife waren in dieser Hinsicht also eine Unterstützung der deutschen Reedereien. Zusätzlich würde danach auch noch die einheimische Kohlenindustrie geschädigt, weil bestimmte Kohlesorten von

405 Anlagen Abgeordnetenhaus 1901, Bd. 1, S. 202 f.
406 Anlagen Abgeordnetenhaus 1901, Bd. 1, S. 203.
407 Anlagen Abgeordnetenhaus 1901, Bd. 1, S. 203.
408 Anlagen Abgeordnetenhaus 1901, Bd. 1, S. 203.
409 Anlagen Abgeordnetenhaus 1901, Bd. 1, S. 203.
410 Anlagen Abgeordnetenhaus 1901, Bd. 1, S. 203.

schlechter Qualität, für die im Inland kein Markt vorhanden war, nur im Ausland abgesetzt werden konnten[411]. Hierzu sei die Kohlenindustrie auf die Kohlenausfuhrtarife angewiesen.

Diese wirtschaftspolitische Argumentation muß bei einem Liberalen, der Anhänger der klassischen Schule der Nationalökonomie ist, den Eindruck erwecken, daß die Trennung von Staat und Wirtschaft im Kaiserreich auf dem so wichtigen Eisenbahnsektor verwischt, wenn nicht sogar aufgehoben war. Hatte der Staat in der Privateisenbahnzeit noch in einen grundsätzlich freien Wirtschaftsablauf stark reglementierend eingegriffen, so traf jetzt die Staatseisenbahn ihre betrieblichen Entscheidungen anhand einer Gemengelage von mikro- und makroökonomischen Voraussetzungen. Diese Vorgehensweise war genau das Gegenteil dessen, was die englischen Klassiker der Nationalökonomie als unverzichtbar für ein richtiges Wirtschaften ansahen. Der Staat sollte sich gerade der unmittelbaren Lenkung besonders durch Staatseigentum enthalten, weil die einzelnen Bürger als Privateigentümer an den Produktionsmitteln diese am besten einsetzen können, denn die hierbei verfolgten Individualinteressen führten am Markt gleichsam wie eine unsichtbare Hand zu einem optimalen Ausgleich von Angebot und Nachfrage. Gegen Staatseigentum sprach deshalb vor allem, daß der Staat die gesamtwirtschaftlichen Folgen seiner wirtschaftlichen Betätigung nur schlechter voraussehen würde und damit den beschriebenen Mechanismus der unsichtbaren Hand gefährden mußte[412].

Der Marxist hingegen muß sich in seiner Meinung bestätigt fühlen, daß verstaatlichte Großunternehmen nicht im Interesse der Arbeiter geführt werden, sondern der Staat die Interessen der herrschenden Klassen bedient, die nicht mehr in der Lage waren, diese Unternehmen so zu führen, daß die Kapitalinteressen dieser Klasse effizient bedient wurden.

Der Ausschuß des Landeseisenbahnrats lehnte in seiner Sitzung am 5. April 1900 eine Aufhebung der Ausnahmetarife für die Kohlenausfuhr ab[413]. Der Landeseisenbahnrat schloß sich diesem Votum in seiner Sitzung am 6. April 1900 an[414]. Die Mehrheit der Mitglieder in der Ausschußsitzung und der Sitzung des Landeseisenbahnrats schloß sich der Argumentation der Staatseisenbahnverwaltung mit der Begründung an, daß einmal unterbrochene Handelsbeziehungen zum Ausland nur schwer wiederherzustellen seien und nach einer Aufhebung der Kohlenausfuhrtarife ein großer Teil der Ausfuhr von der Eisenbahn auf den Was-

411 Anlagen Abgeordnetenhaus 1901, Bd. 1, S. 203.
412 Starbatty, Die englischen Klassiker der Nationalökonomie, S. 33 ff.
413 Anlagen, Abgeordnetenhaus 1901, Bd. 1, S. 204.
414 Anlagen, Abgeordnetenhaus 1901, Bd. 1, S. 212 ff.

serweg übergehen würde[415]. Die Staatseisenbahnverwaltung folgte der Empfehlung des Landeseisenbahnrats. Die Kohleausfuhrtarife blieben bestehen[416].

2. *Spiritus*

An dem Problem des Tarifs für Spiritus und Sprit läßt sich zeigen, wie die verschiedenen Einrichtungen der Tarifpolitik zusammenwirkten. Zudem spielte die Frage des Branntweins in der preußischen und deutschen Wirtschaftspolitik eine erhebliche Rolle. Dies zeigte sich auch in dem Versuch von 1886, ein Branntweinmonopol herzustellen, nicht zuletzt, um die Interessen der landwirtschaftlichen Kartoffelbrennereien der ostelbischen Gutsbetriebe zu schützen[417]. Bei der Branntweinfrage war aber auch die soziale Problematik des Branntweinkonsums von Bedeutung.

Im Zeitalter der Industriellen Revolution vollzog sich in Europa auch ein erheblicher Wandel der Trinkgewohnheiten[418]. Dies beweist nicht zuletzt der Erfolg der neuen Getränke Kaffee, Tee und Schokolade, welche den Alkohol aus seiner Rolle als Universalgetränk verdrängten.

Allerdings wirkte sich diese Verdrängung nur auf die Trinksitten der bürgerlichen Schichten aus. Der Alkohol wurde bei diesen nicht ganz gemieden, aber nun nur in Maßen getrunken.

Ganz anders war es jedoch bei den Unterschichten der Bevölkerung. Der Alkohol nahm in der Arbeiterklasse einen viel größeren Raum ein als im Bürgertum.

Neben dem Motiv des Trinkens als Symbol der sozialen Zusammengehörigkeit diente das Trinken der Flucht vor dem sozialen Elend[419]. Besonders im 19. Jahrhundert brachte die Industrialisierung für die Arbeiter eine solche Steigerung des Elends, daß das Fluchtmotiv ungleich stärker wurde als zu früheren Zeiten.Der Branntwein erfüllte hierbei seine Funktion. Branntwein enthält wesentlich mehr Alkohol als Bier. Der Rauschzustand kann schneller und billiger erreicht werden[420]. Der Branntwein wird damit zum Massenkonsummittel. Der Rohspiritus ist die Grundlage für die verschiedenen Branntweine.

---

415 Anlagen Abgeordnetenhaus 1901, Bd. 1, S. 197 ff und S.205 ff.
416 Denkschrift, Der Preußische Landeseisenbahnrat, S. 71.
417 Huber, Deutsche Verfassungsgeschichte, Band IV, S. 1071 ff.
418 Schivelbusch, Das Paradies, S. 160.
419 Schivelbusch, Das Paradies, S. 160.
420 Schivelbusch, Das Paradies, S. 165.

Der Minister der öffentlichen Arbeiten ließ im Dezember 1883 dem Preußischen Landeseisenbahnrat mehrere auf die Einführung ermäßigter Ausnahmetarife für Spiritus im internen Verkehr gerichtete Anträge zugehen[421].

Zuvor war ein Ausfuhrtarif für Spiritus und Sprit nach den deutschen Seehäfen auf der Grundlage des Spezialtarifs I eingeführt worden. Allerdings war seine Anwendung an die Bedingung geknüpft, daß Spiritus und Sprit ohne Verarbeitung in den Seehäfen in unveränderter Beschaffenheit per Schiff in das Ausland weitergehen mußten.

Nach der Einführung dieses Eisenbahntarifs wurden Anträge gestellt, welche sich gegen die beschriebene per mare-Klausel richteten.

Gegen die Beschränkung nach der per-mare Klausel wandten sich in Eingaben die Versammlung von Spiritusinteressenten aus Posen, die Posener Handelskammer, der Senat der Freien und Hansestadt Hamburg und die Hamburger Handelskammer sowie auch einzelne Kaufleute und Fabrikanten.

Alle diese Eingaben richteten sich darauf, die für den Export auf See bewilligten Ausnahmetarife auch auf den internen Verkehr der Hafenstädte auszudehnen, mindestens aber auch für den in den Hafenstädten zur Rektifikation gelangten und dann ausgeführten Rohspiritus zu gewähren[422].

Das entscheidende Motiv für diese Eingaben war, die Benachteiligung der in den Hafenorten gelegenen Spritfabriken gegenüber den Spritfabriken in den östlichen Provinzen abzumildern. Diese hatten durch die neuen Exporttarife nach der per mare-Klausel profitiert. Die Posener Interessenvertreter unterstützten das Begehr aus Hamburg, weil sie sich nur gegen eine Durchbrechung der per mare-Klausel zugunsten der mitteldeutschen Spritfabrikanten wandten, die geographisch nahe gelegen ihre schärfsten Konkurrenten waren[423].

Von der Handelskammer in Halle und dem Vorstand der mitteldeutschen Spritinteressenten wurde im Interesse der mitteldeutschen Spritindustrie der Antrag an den Minister der öffentlichen Arbeiten in Preußen gestellt, die Exporttarife für Rohspiritus nicht einzuführen, wenn nicht zugleich für den Rohspiritus im inländischen Bereich ebenfalls Ausnahmetarife eingeführt würden, die den mitteldeutschen Spritfabrikanten ermöglichten, ihren Bedarf an Rohspiritus aus den östlichen Provinzen zu decken[424]. Bei ihrem Anliegen konnten sich die mitteldeutschen Spiritusinteressenten auf die Verhandlungen einer Spiritus-Enquête stützen, welche am 22. Mai 1883 nach Halle (Saale) berufen worden war[425].

---

421 Anlagen, Haus der Abgeordneten 1885, 2. Band, S.615.
422 Anlagen, Haus der Abgeordneten 1885, 2. Band, S.615.
423 Anlagen, Haus der Abgeordneten 1885, 2. Band, S. 672 ff.
424 Anlagen, Haus der Abgeordneten 1885, 2. Band, S.615.
425 Anlagen, Haus der Abgeordneten 1885, 2. Band, S. 616 ff.

Diese Versammlung behandelte anhand eines Fragenkatalogs die wirtschaftliche Lage der Spritfabrikation in Mitteldeutschland bezüglich des Exports. Es ging darum, welche Bedeutung der Export in die wichtigsten ausländischen Abnehmerländer für Sprit für den mitteldeutschen Raum hatte. Dabei stellte sich heraus, daß der mitteldeutsche Export nach der Schweiz, Italien, Frankreich und Spanien durch die Zollpolitik dieser Länder gelitten hatte. Allerdings erhofften sich die mitteldeutschen Spritfabrikanten von der Einführung eines Exportausnahmetarifs wenig. Nach ihrer Meinung führten Exporttarife nur zu einer Begünstigung der Konkurrenten der mitteldeutschen Spritfabriken im Osten. Denn die Spritfabrikanten im Osten würden von den Exporttarifen einen größeren Vorteil haben, da sie eine längere Wegstrecke zu den Spritmärkten zurückzulegen hätten; aber gleichzeitig den Vorteil der Nähe zum Rohspiritus hätten. Eine Förderung der Landwirtschaft im Osten könne vielmehr auch erreicht werden, wenn man den mitteldeutschen Spritfabriken den Bezug des Rohspiritus aus dem Osten erleichtere, denn den mitteldeutschen Spritfabriken fehlten seit dem Zusammenbruch der Melasseindustrie in Mitteldeutschland große Mengen Spiritus für die Verarbeitung zu Sprit[426].

Die Anträge der Spritfabrikanten aus Hamburg und Mitteldeutschland richteten sich nicht mehr auf einen besonderen Ausnahmetarif für den Rohspiritus auf bestimmten Strecken im Inlandsverkehr, sondern auf eine generelle Deklassifikation von Sprit und Rohspiritus in den allgemeinen Spezialtarif I.

So rückte diese Frage ganz in den Mittelpunkt der Erörterungen im Preußischen Landeseisenbahnrat zu dem Problem der ermäßigten Frachtsätze für Spiritus.

Dabei ergab sich ein Zusammenspiel zwischen der Ständigen Tarifkommission und dem Preußischen Landeseisenbahnrat, da die Ständige Tarifkommission für die Deklassifikation in einen Spezialtarif im Tarifschema des für ganz Deutschland gültigen Reformtarifs zuständig war, während der Preußische Landeseisenbahnrat ausschließlich für die preußischen Staatsbahnen ein Votum abgab.

Grundsätzlich war die Verwertung der Kartoffel zur Spiritusherstellung der einzige nennenswerte Absatzerfolge im Export erzielende Produktionszweig der deutschen Landwirtschaft. Es gelang den deutschen Spiritusraffinerien, bis zu 25 % der Jahresproduktion im Ausland abzusetzen.

1882 erlitt die deutsche Spritindustrie mit der Einführung von Eingangszöllen besonders in Frankreich und der Schweiz einen schweren Schlag. Neben der Zollpolitik gefährdeten die billigere Konkurrenz aus Amerika und Rußland und

426 Anlagen, Haus der Abgeordneten 1885, 2. Band, S. 629.

der Aufbau eigener Spritindustrien in Frankreich und Italien den deutschen Spritexport[427].

Diese Krise des Spritexports gehörte zu der von Wehler so bezeichneten strukturellen Agrarkrise in Deutschland in den Jahren von 1873 bis 1895. Kennzeichnend für die Agrarkrise war die verstärkte Konkurrenz seitens der Vereinigten Staaten, die ihre Agrarprodukte durch einen Trend anhaltender Senkung der Personal- und Transportkosten verstärkt auf dem europäischen Markt absetzen konnten, sowie der gesteigerte Import aus Rußland[428].

Auf den inländischen Markt für Sprit hatte eine Detarifierung aber unterschiedliche Wirkungen. Auf dem Inlandsmarkt standen die ostdeutschen Spritfabrikanten den mitteldeutschen Produzenten gegenüber. Die ostdeutsche Spritfabrikation hatte die Vorteile von billigem Rohmaterial und billigeren Löhnen.

Die ostdeutschen Spritfabrikanten wollten daher eine Reduktion der Spritfrachten, um in die Absatzgebiete der mitteldeutschen Konkurrenten einzudringen. Die Mitteldeutschen hatten ihrerseits kein Interesse an einer Reduktion der Spritfrachten, weil ihnen die Melasse, welche sie früher zur Herstellung des Spiritus verwandten, durch die Verwendung in der Zuckerindustrie entzogen wurde. Sie waren dadurch gezwungen, den Rohspiritus im Osten zu beziehen[429].

Für beide Interessentengruppen vorteilhaft war hingegen eine Detarifierung bezüglich des Rohspiritus. Die mitteldeutschen Spritfabrikanten konnten ihr Rohmaterial für die Produktion des Sprits billiger aus dem Osten beziehen. Die Ostdeutschen hingegen hatten die Chance, ihre Absatzmärkte zu erweitern. Außerdem konnte eine Detarifierung des Rohspiritus den Spritexport unterstützen, weil der Spiritus vor der Rektifikation in den Spritfabriken oftmals weite Strekken auf der Eisenbahn zurücklegen mußte[430]. Allerdings gab es in der Frage der Detarifierung von Spiritus bzw. Sprit noch andere Interessenten im preußischen Gebiet.

Die Spiritusbrenner des Westens befürchteten durch die Detarifierung zugleich ein Absinken der Preise durch die billigere Produktion aus dem Osten.

Allerdings stellten die ostdeutschen Spritfabrikanten fast ausschließlich hochgradigen Spiritus aus der Kartoffel her, welcher als Rohmaterial für die Branntweinbereitung und zu technischen Zwecken diente. Im Westen gab es hingegen überwiegend kleine landwirtschaftliche Brennereien, welche einen unmittelbar zum Konsum bestimmten Branntwein aus Getreide herstellten. Die größeren gewerblichen Brennereien am Rhein benutzten dagegen zur Spiritusgewinnung fast

427 Anlagen, Haus der Abgeordneten 1885, 2. Band, S. 895.
428 Wehler, Das Deutsche Kaiserreich, S. 45.
429 Anlagen, Haus der Abgeordneten 1885, 2. Band, S. 896.
430 Anlagen, Haus der Abgeordneten 1885, 2. Band, S. 896.

ausschließlich importierten Mais. Folglich hatten die Spiritusfabrikanten im Westen ein weitaus geringeres Interesse an der Detarifierung des Rohspiritus als die Hersteller im Osten. Die Landwirtschaft im Osten hatte schließlich wegen der besonderen Abhängigkeit vom Kartoffelanbau ein überragendes Interesse an der Erhaltung und Förderung der Spritindustrie[431].

Die Gefahren, welche von der Einfuhr von polnischem bzw. russischem Spiritus ausgingen, wären durch die Detarifierung des Rohspiritustransports nicht gesteigert worden, weil die osteuropäischen Hersteller aus den genannten Ländern ihre Ware auf dem billigeren Seeweg nach Deutschland transportieren ließen[432]. Schließlich muß auch noch die Interessenlage der Eisenbahnverwaltung gewürdigt werden. Die preußischen Eisenbahnen hatten durch die Detarifierung Einnahmeausfälle in Höhe von einer Million Mark zu erwarten. Indessen hofften die Eisenbahnen, daß die Detarifierung für Rohspiritus eine erhöhte Spiritusproduktion zur Folge haben würde. Daneben war zu erwarten, daß vermehrt Rohspiritus nach dem Westen transportiert werden würde.

Ferner spielte bei den finanziellen Überlegungen der Eisenbahnverwaltungen die Konkurrenz mit anderen Verkehrsmitteln eine Rolle. In der Frage der Detarifierung des Spiritus war der direkte Konkurrent der Schiffstransport. Für den internen deutschen Verkehr erwarteten die Eisenbahnen keinen Wettbewerbsvorteil gegenüber der Wasserstraße, weil die Schiffahrt ungleich günstigere Transportpreise anbieten konnte. Nur im Exportgeschäft konnte die Eisenbahn mit der Wasserstraße konkurrieren, da für den Export die Schnelligkeit der Beförderung eine erhebliche Rolle spielte[433].

Die Frage der Detarifierung des Spiritus kam 1884 in der dritten Sitzung im Ausschuß des Preußischen Landeseisenbahnrats zur Vorberatung[434]. Bei der Ausschußsitzung waren die vier vom Preußischen Landeseisenbahnrat aus seiner Mitte gewählten Vertreter anwesend, welche entsprechend § 13 des Gesetzes vom 1. Juni 1882 neben dem Vorsitzenden des Preußischen Landeseisenbahnrats und dessen Stellvertreter den Ausschuß bildeten. Daneben nahmen als Kommissarien des Ministers der öffentlichen Arbeiten der Geheime Oberregierungsrat Fleck, einer der führenden Eisenbahntarifexperten der Zeit, und ein weiterer Beamter des Ministeriums teil.

Die Beratungen des Ausschusses zu einem Tagesordnungspunkt eröffnete ein Referent, dem ein Nebenreferent folgte. Als Referenten konnten nur die aus dem Preußischen Landeseisenbahnrat gewählten Mitglieder auftreten. In dieser Eigen-

431 Anlagen, Haus der Abgeordneten 1885, 2. Band, S. 897.
432 Anlagen, Haus der Abgeordneten 1885, 2. Band, S. 898.
433 Anlagen, Haus der Abgeordneten 1885, 2. Band, S. 898.
434 Anlagen, Haus der Abgeordneten 1885, 2. Band, S. 1040 ff

schaft trug zur Frage der Detarifierung des Spiritus der Ritterschaftsdirektor von Wedell-Malchow vor.

Er nahm unmittelbar Bezug auf die innerhalb der Ständigen Tarifkommission und des Verkehrsausschusses geführten Verhandlungen. Dabei sprach von Wedell-Malchow sich für eine Detarifierung des Rohspiritus aus. Diese Preisermäßigung lag schließlich im Interesse der östlichen Provinzen Preußens, als deren Interessenvertreter von Wedell-Malchow gelten konnte. Die Ständige Tarifkommission der deutschen Eisenbahnen hatte sich mit einem Antrag des Berliner Bezirkseisenbahnrats auseinandergesetzt, der durch den in Folge der zollpolitischen Maßnahmen des Auslands eingetretenen Rückgang des deutschen Spiritusexports motiviert worden war[435].

Die Einstufung des Spiritus in den Spezialtarif I sollte nach dem Antrag des Berliner Bezirkseisenbahnrats neben die Bewilligung von Ausnahmetarifen für Spiritus zum Export treten.

Andererseits beantragten einige preußische landwirtschaftliche Vereine im Interesse der mittel- und westdeutschen Spiritusfabrikanten, eine allgemeine Deklassifikation des Spiritus (Spezialtarif I) zu gewähren und gleichzeitig von dem Ausnahmetarif für Spiritus zum Export Abstand zu nehmen, weil diese Industrien eine Verschiebung der Absatzverhältnisse zugunsten der ostelbischen Spiritusfabrikanten befürchteten[436]. Die Spiritusbrenner des Westens befürchteten, daß sie einem erheblichen Preisdruck durch die Überschußproduktion der ostdeutschen Konkurrenz ausgesetzt sein würden, falls es zu einer allgemeinen Detarifierung des Spiritus kommen würde[437].

Die zentrale Frage bei der Gewährung von besonderen Tarifen für Spiritus war aber die Unterscheidung von Rohspiritus und Sprit. In einem "Gutachten betreffend die Unterscheidung von Spiritus und Sprit"[438], welches der Ständigen Tarifkommission vorlag, wurde der Rohspiritus als die in den Brennereien direkt aus der Maische mittels eines Brennapparates gewonnene Ware bezeichnet. Als Sprit wurde dagegen die in den Spritfabriken durch Rektifikation (wiederholte Destillation) hergestellte Ware bezeichnet. Wesentliches Unterscheidungsmerkmal war hierbei der Alkoholgehalt.

Der Alkoholgehalt des Rohspiritus lag danach zwischen 80 % und 90 %, während der Alkoholgehalt von Sprit etwas höher, nämlich bei 95 bis 96 %, war[439]. In der Ausschußsitzung des Preußischen Landeseisenbahnrats umging der Referent von Wedell-Malchow dieses Problem mit dem Hinweis auf sachver-

---

435 Anlagen, Haus der Abgeordneten 1885, 2. Band, S. 893
436 Anlagen, Haus der Abgeordneten 1885, 2. Band, S. 893.
437 Anlagen, Haus der Abgeordneten 1885, 2. Band, S. 897.
438 Anlagen, Haus der Abgeordneten 1885, 2. Band, S. 926.
439 Anlagen, Haus der Abgeordneten 1885, 2. Band, S. 926.

ständige Auskünfte, nach denen eine Unterscheidung von Sprit und Rohspiritus möglich sein sollte[440]. Tatsächlich war aber die sogenannte Warenkunde ein ganz entscheidender Punkt bei der Frage der Tarifierung unter dem Aspekt der im Tarifsystem vorgesehenen Wertklassifikation. Der Ausschuß empfahl dem Landeseisenbahnrat, die Versetzung von Rohspiritus in den Spezialtarif I zu befürworten[441].

Der Landeseisenbahnrat entschied sich in seiner vierten Sitzung am 28. und 29. November 1884 gegen die generelle Versetzung von Rohspiritus und Sprit in den Spezialtarif I, weil der Mehrheit der Mitglieder die Unterscheidung zwischen Rohspiritus und Sprit technisch nicht möglich erschien[442]. Die Staatseisenbahnverwaltung folgte der Empfehlung des Landeseisenbahnrats[443].

3. *Schlesische Steinkohle*

Der Vorstand des Oberschlesischen Berg- und Hüttenmännischen Vereins beantragte mit Schreiben vom 28. Januar 1895 an den Minister der öffentlichen Arbeiten, daß die Frachtsätze für Kohlesendungen aus Oberschlesien nach Stettin und Swinemünde für den Ortsverkehr (die Warensendung ist für den Zielort bestimmt) den Tarifen der Kohlesendungen für den Transitverkehr (die Warensendungen gelangen an den Zielort, um von dort aus mit dem Schiff weiterversandt zu werden) an die genannten Orte angeglichen werden sollten, was einer Tarifermäßigung gleichkam[444].

Der Minister für öffentliche Arbeiten legte den Antrag auf Ermäßigung der Ausnahmetarife für schlesische Steinkohle nach Stettin dem Preußischen Landeseisenbahnrat am 13. Juni 1895 vor.

Der Oberschlesische Berg- und Hüttenmännische Verein begründete seinen Antrag auf Ermäßigung des Ausnahmetarifs für den Transport oberschlesischer Steinkohle nach Stettin mit Hinweisen auf eine Benachteiligung gegenüber der in- und ausländischen Konkurrenz[445].

Während für die rund 700 km von Oberschlesien entfernten Städte Danzig und Königsberg Ausnahmefrachtsätze in Höhe von 1,46 Pfennig pro Tonnenkilometer für oberschlesische Kohle Geltung hatten, lag der Ausnahmetarif für die Beförderung nach Stettin mit 1,88 Pfennig pro Tonnenkilometer deutlich dar-

---

440 Anlagen, Haus der Abgeordneten 1885, 2. Band, S. 1040 ff.
441 Anlagen, Haus der Abgeordneten 1885, 2. Band, S.1040 ff.
442 Anlagen, Haus der Abgeordneten 1885, 2. Band, S. 1040 ff.
443 Denkschrift, Der Preußische Landeseisenbahnrat, S. 56.
444 Anlagen, Haus der Abgeordneten 1896, Erster Band, S. 162.
445 Anlagen, Haus der Abgeordneten 1896, Erster Band, S. 161 f.

über, was in den Augen des Oberschlesischen Berg- und Hüttenmännischen Vereins im Stettiner Absatzgebiet die englische Konkurrenz bevorteilte. In Danzig und Königsberg hatte nach Ansicht des Vereins der günstige Eisenbahntarif zur Folge, daß dort die Einfuhr englischer Kohle nur geringfügige Steigerungsraten zu verzeichnen hatte. In Stettin hingegen war die Einfuhr englischer Kohlen in den letzten zehn Jahren von 1883 bis 1893 um etwas über fünfzig Prozent gestiegen.

Zudem untermauerte der Oberschlesische Berg- und Hüttenmännische Verein sein Begehren damit, daß dem Kohlebergbau im Ruhrgebiet bereits ähnlich gute Konditionen bei den Eisenbahntarifen im Verkehr mit den wichtigen Hafenstädten gewährt worden waren. Für die rund 300 km vom Ruhrrevier entfernten Nordseehäfen Bremerhaven und Emden bestanden demnach zwar unterschiedliche Tarife für den Orts- bzw. Transitverkehr. Die Tarife lagen aber deutlich unter den Frachtsätzen, welche den Oberschlesiern für den Transport ihrer Kohle nach Stettin gewährt wurden. Für die rund 450 km entfernten Häfen Hamburg und Cuxhaven bestanden nach Angaben des Oberschlesischen Berg- und Hüttenmännischen Vereins gleiche Tarife für den Orts- und Transitverkehr.

Auf der Grundlage dieser Argumente forderte der Oberschlesische Berg- und Hüttenmännische Verein, den Ortsverkehrssatz für Kohletransporte nach Stettin auf den Transitverkehrssatz von 1,34 Pfennig pro Tonnenkilometer herabzusetzen[446]. Ergänzend hob der Vorstand des Berg- und Hüttenmännischen Vereins hervor, daß die preußischen Staatsfinanzen nicht beeinträchtigt würden, weil der Ertragsausfall durch die mit der Tarifermäßigung einhergehende Verkehrssteigerung ausgeglichen würde[447]. Auch eine Schädigung der Interessen der deutschen Ostseereederei sei ausgeschlossen, da die gesamte Kohleeinfuhr der Ostseehäfen aus England mit eigens dafür gebauten englischen Schiffen erfolge. Dieser Hinweis bezog sich auf die 1887 erfolgte Ablehnung einer Tarifermäßigung für die oberschlesische Kohle seitens des Preußischen Landeseisenbahnrats, die dieser damit begründet hatte, die Interessen der Reedereien und des Holzhandels in Stettin und Swinemünde berücksichtigen zu müssen[448].

Der Antrag des Oberschlesischen Berg- und Hüttenmännischen Vereins erfolgte an den Minister der öffentlichen Arbeiten, nachdem bereits zuvor der Vorsitzende des Vereins, Bergrat Bernhardi, einen gleichlautenden Antrag im Breslauer Bezirkseisenbahnrat gestellt hatte[449]. Dieser Antrag war dort zwar einstimmig angenommen und von der Königlichen Eisenbahndirektion dem Minister der

446 Anlagen, Haus der Abgeordneten 1896, Erster Band, S. 161.
447 Anlagen, Haus der Abgeordneten 1896, S. 161.
448 Anlagen, Haus der Abgeordneten 1896, 1. Band, S. 159.
449 Anlagen, Haus der Abgeordneten 1896, Erster Band, S. 158 ff und S. 161.

öffentlichen Arbeiten zur Entscheidung weitergegeben worden. Zu einer Entscheidung war es aber acht Monate lang nicht gekommen, was den Oberschlesischen Berg- und Hüttenmännischen Verein dazu bewegte, direkt beim Ministerium vorstellig zu werden[450].

Die Hauptkritik an einer Tarifermäßigung für die schlesische Kohle kam von Magistrat und Handelskammer aus Swinemünde. Diese schilderten Swinemündes Lage in ökonomischer Hinsicht, um den Schaden für die gesamte dort ansässige Bevölkerung zu veranschaulichen. Danach würde durch eine Tarifermäßigung für die schlesische Steinkohle die Existenz des größten Teils der Bevölkerung fraglich, denn schon rein geographisch war die einzige Erwerbsquelle der Swinemünder die Verbindung mit dem Meer[451]. Der Handel und die Existenz Swinemündes beruhten demnach fast ausschließlich auf dem Import englischer Kohle. Falls die preußische Staatsregierung den Wünschen der schlesischen Kohleinteressenten nachgeben würde, wäre den Kaufleuten in Swinemünde der Import der englischen Kohle unmöglich gemacht. Die Swinemünder Handelsfirmen, welche den Kohleimport betrieben, würden ihre Geschäfte aufgeben. 400 bei diesen Firmen beschäftigte Arbeiter verlören ihre Arbeitsplätze. Außerdem würde die Küsten- und Binnenschifffahrt, welche hauptsächlich durch den Wintertransport der Kohle ihren Erwerb habe, keinen Bestand mehr haben. Die in Swinemünde wohnenden Schiffer würden ebenfalls arbeitslos werden[452]. Diese Zahlen müßten zudem - so der Magistrat von Swinemünde - vor dem Hintergrund der Einwohnerzahl von 10000 gesehen werden[453].

In Stettin hatten den Angaben der Interessenten des Stettiner Kohlenhandels zufolge Tausende von Arbeitern direkt ihren Verdienst durch die Beschäftigung mit dem Löschen und Expedieren der englischen Kohle[454].

Auch die Binnenschifffahrt würde durch eine Ermäßigung des Eisenbahntarifs für den Transport der schlesischen Kohle schwer geschädigt. Denn Tausende seien damit beschäftigt, die schlesische Kohle, die auf dem Wasserweg von Breslau nach Stettin gelangte, per Schiff zu transportieren und die Verteilung der seewärts ankommenden Kohle nach den Verbrauchsstellen zu bewerkstelligen[455].

Entscheidend war aber nach Ansicht der Stettiner Kohlenhandelsinteressenten, daß der Kohlepreis nicht maßgebend war für den Bezug der englischen oder schlesischen Kohle. Vielmehr ging es demnach um die Qualität und Eignung der Kohle für bestimmte Zwecke. Nach den Angaben der Stettiner Kohlenhandelsin-

---

450 Anlagen, Haus der Abgeordneten 1896, S. 161.
451 Anlagen, Haus der Abgeordneten 1896, Erster Band, S. 199.
452 Anlagen, Haus der Abgeordneten 1896, Erster Band, S. 201.
453 Anlagen, Haus der Abgeordneten 1896, Erster Band, S. 201.
454 Anlagen, Haus der Abgeordneten 1896, Erster Band, S. 202.
455 Anlagen, Haus der Abgeordneten 1896, Erster Band, S. 202.

teressenten wurden aus England Kohlesorten bezogen, die im oberschlesischen Revier gar nicht zu bekommen waren. Beispielsweise gebe es in Oberschlesien gar keine für die Verhüttung notwendige Kokskohle[456]. Außerdem lägen die Absatzstellen der englischen Kohle (Fabriken) hauptsächlich am Wasser, während die Verbrauchsstellen der schlesischen Kohlen sich an den Bahnlinien befänden[457].

Mit der Kritik des Deutschen Braunkohlen-Industrievereins kam noch eine Stimme aus dem Bereich der inländischen Konkurrenten der schlesischen Kohleindustrie zu Wort.

Der Deutsche Braunkohlen-Industrieverein machte geltend, daß für die Braunkohlenwerke in Frankfurt und Freienwalde an der Oder die Frachtermäßigung für die oberschlesische Kohle einen deutlichen Absatzverlust für den Handel mit Stettin bedeuten würde, zumal sich der Absatz der Braunkohle nach Mecklenburg, Pommern und Westpreußen bedeutend entwickelt hatte [458].

Ferner verwiesen die Braunkohleinteressenten darauf, daß sie unter dem Konkurrenzdruck der böhmischen Kohle stünden[459]. Außerdem nutzten sie die Gelegenheit, die Forderung aufzustellen, die Braunkohletransporttarife denen der Steinkohle anzugleichen[460].

Zunächst wurde der Antrag auf Ermäßigung des Ausnahmetarifs für schlesische Steinkohle in der 29. Sitzung des Preußischen Landeseisenbahnrats am 1. Juli 1895 trotz der Forderung der Preußischen Staatsregierung, die Vorlage als dringlich zu betrachten, in den Ausschuß zur Vorberatung überwiesen[461]. Der Ausschuß des Preußischen Landeseisenbahnrats kam in der 25. Sitzung am 22. und 23. November 1895 einstimmig zu der Ansicht, die beantragte Frachtermäßigung für schlesische Kohle nach Stettin im Ortsverkehr zu befürworten[462].

Die Mitglieder des Ausschusses hielten eine Zurückdrängung der englischen Kohle für notwendig. Daneben würden aber auch noch sozialpolitische Überlegungen eine wichtige Rolle spielen, weil durch die Hebung des Absatzes der schlesischen Steinkohle eine vermehrte Erwerbsmöglichkeit für die schlesischen Arbeiter entstünde. Diesen wichtigen Interessen gegenüber seien die gegen den Antrag erhobenen Einwendungen nicht von ausschlaggebender Bedeutung.

Eine Vernichtung der wirtschaftlichen Existenz der Kohlehändler in Swinemünde und Stettin sei nicht zu befürchten, da die schlesische Kohle nur einen

456 Anlagen, Haus der Abgeordneten 1896, Erster Band, S. 202.
457 Anlagen, Haus der Abgeordneten 1896, Erster Band, S. 203.
458 Anlagen, Haus der Abgeordneten 1896, Erster Band, S. 250.
459 Anlagen, Haus der Abgeordneten 1896, Erster Band, S. 250.
460 Anlagen, Haus der Abgeordneten 1896, Erster Band, S. 251.
461 Anlagen, Haus der Abgeordneten 1896, Erster Band, S. 464 f.
462 Anlagen, Haus der Abgeordneten 1896, Erster Band, S. 483.

kleineren Teil der Einfuhr von englischer Kohle verdrängen könnte. Der Einspruch der Braunkohlenindustrie erscheine nicht begründet, da die Braunkohle als Stuben- und Küchenbrand nicht von der Steinkohle verdrängt werde. Der Ausschuß schränkte allerdings sein positives Votum für die schlesischen Steinkohleinteressenten insofern ein, als die Festsetzung des Betrages der Ermäßigung der Eisenbahnverwaltung überlassen werden sollte.

In der 30. Sitzung des Landeseisenbahnrats am 13. und 14. Dezember 1895 wird dann die Ausschußempfehlung mehrheitlich angenommen[463]. Dabei hatten sich mehrere Mitglieder des Preußischen Landeseisenbahnrats für eine Ausdehnung der den oberschlesischen Interessenten nach der Ausschußempfehlung zu gewährenden Ermäßigung auf den Transport der Braunkohle aus dem Oberbergamtsbezirk Halle nach Stettin eingesetzt. Dies wiesen aber die Vertreter der Staatseisenbahnverwaltung zurück, weil für dieses Gebiet bereits Ausnahmetarife bestünden. Die Staatseisenbahnverwaltung entschied entsprechend dem Votum des Landeseisenbahnrats. Der Ausnahmetarif trat am 1. März 1896 in Kraft[464]. Aus zwei Energiequellen ist das Wachstum der deutschen Wirtschaft bis in die Mitte des 20. Jahrhunderts im wesentlichen gespeist worden, nämlich den Steinkohleschätzen des Ruhrgebiets und den nicht minder bedeutsamen Steinkohlevorräten Schlesiens. Zwischen diesen beiden Energiequellen, die zeitlich fast parallel erschlossen und ausgebeutet wurden, lagen die wichtigsten Standorte der deutschen Industrie[465].

Schon in der Mitte des 19. Jahrhunderts stand die Quote der Ruhrgebietsförderung zu der schlesischen Kohleförderung wie 2 : 1. Trotz immer leistungsfähigerer Eisenbahnlinien und stetiger Verbesserung des Wasserstraßennetzes zogen die relativ hohen Frachtkosten dem Absatz der Steinkohle enge Grenzen. Dies war insbesondere für die Standorte derjenigen Grundstoffindustrien der Fall, die einen hohen Kostenanteil für Energieaufwand hatten und aus technischen Gründen nicht auf die Verwendung von Braunkohle ausweichen konnten. Sie wurden maßgeblich von den Standorten ihrer frachtgünstigsten Kohlelieferanten, also der Steinkohlezechen, bestimmt[466].

Das gesamte östliche deutsche Reichsgebiet wurde marktbeherrschend durch die schlesische Steinkohle versorgt. Sie war im Osten frachtgünstiger als die von der Ruhr östlich einer Nord-Süd-Linie, die ungefähr von Stralsund über Berlin nach Chemnitz verlief. Aber im nordöstlichen Teil dieses Marktgebiets erwies

463 Anlagen, Haus der Abgeordneten 1896, Erster Band, S. 511 ff.

464 Denkschrift, Der Preußische Landeseisenbahnrat, S. 66.

465 Gleitze, Die wirtschaftliche Entwicklung Ostdeutschlands im Industriezeitalter, S. 675.

466 Gleitze, Die wirtschaftliche Entwicklung Ostdeutschlands im Industriezeitalter, S. 677.

sich die englische Importkohle als wettbewerbsfähig, soweit sie ebenso wie in Norddeutschland über die Nordseehäfen hier über die Ostseehäfen die Vorteile der Wasserwege zu nutzen vermochte. Berlin lag im Schnittpunkt der Wettbewerbsfähigkeit der schlesischen Steinkohle, der Ruhrkohle und auch der englischen Importkohle[467]. Die schlesische Kohle konnte in diesem Wettbewerb vor allem wegen günstigerer Förderungsbedingungen und der Frachtbegünstigungen durch die Eisenbahnverwaltungen bestehen[468].

4. Ergebnisse

Wie die Übersicht über die Tätigkeit und die einzelnen Fallbeispiele zeigen, hat der Preußische Landeseisenbahnrat seine Aufgaben nach dem Gesetz von 1882 erfüllt.

Die Mitglieder haben sowohl als Sachverständige als auch als Interessenvertreter die Tarifentschlüsse der Staatseisenbahnverwaltung entscheidend beeinflußt. In den meisten Fällen folgte die Staatseisenbahnverwaltung den Voten des Landeseisenbahnrats.

Am Beispiel der Frage der Abschaffung der Kohlenausfuhrtarife zeigt sich, wie sehr die finanziellen Interessen der preußischen Eisenbahnen mit den wirtschaftlichen Interessen der Verkehrsinteressenten verbunden waren. Bei einer Schlüsselindustrie wie dem Kohlengewerbe wurde die Branche durch die Staatseisenbahnverwaltung hinsichtlich des Exports einerseits aus volkswirtschaftlichen Erwägungen mit den Ausnahmetarifen unterstützt. Andererseits hatte aber die Staatseisenbahnverwaltung eigene betriebswirtschaftliche Interessen an den Ausnahmetarifen. Man wollte nämlich bezüglich der Kohlenausfuhr konkurrenzfähig gegenüber dem Wasserweg bleiben.

In der Frage des Spiritus zeigt sich, daß den Tarifdifferenzierungen Grenzen gesetzt waren, wenn die Verarbeitungszustände der zu transportierenden Waren nicht eindeutig technisch unterschieden werden konnten. Die Mitglieder hatten bei der Spiritusfrage die Aufgabe von wirtschaftlichen Sachverständigen, die abwägen mußten, ob die wirtschaftlichen Interessen an der Tarifermäßigung die technischen Probleme überwogen.

Die Frage eines Ausnahmetarifs für die Schlesische Steinkohle zeigt schließlich, daß der Landeseisenbahnrat eine Branche unterstützte, wenn sie Marktan-

---

467 Gleitze, Die wirtschaftliche Entwicklung Ostdeutschlands im Industriezeitalter, S. 677.

468 Gleitze, Die wirtschaftliche Entwicklung Ostdeutschlands im Industriezeitalter, S. 677 und S. 679.

teile ausländischer Konkurrenten für die deutsche Industrie zurückgewinnen konnte. Der Landeseisenbahnrat achtete dabei darauf, nicht andere einheimische Industrien durch die Tarifmaßnahme zu benachteiligen. In dem vorliegenden Beispiel waren das die wirtschaftlichen Interessen der deutschen Reedereien und der Braunkohlenindustrie. Diese Haltung entsprach den wirtschaftspolitischen Grundsätzen der Preußischen Staatsregierung.

Von dem Prinzip, eine Branche oder einen Landesteil nicht durch Ausnahmetarife zu fördern, falls andere Branchen oder Landesteile dadurch Nachteile erlitten, wich der Landeseisenbahnrat im Fall des Lahn-Dill-Sieggebiets ab. In Übereinstimmung mit der allgemeinen Wirtschaftspolitik schätzten die Mitglieder des Landeseisenbahnrats das Lahn-Dill-Sieggebiet als ein Notstandsgebiet ein, in dem die Industrie zusammenbrechen würde, wenn nicht mit Ausnahmetarifen geholfen würde.

Im Ergebnis hat der Landeseisenbahnrat die wirtschaftspolitischen Ziele der Preußischen Staatsregierung unterstützt, ohne aber die Wettbewerbsverhältnisse in der einheimischen Wirtschaft entscheidend zu verschieben.

Fünfter Teil. Die Bezirkseisenbahnräte

I. Aufgaben und Organisation

Die Bezirkseisenbahnräte waren gemäß § 6 des Gesetzes von 1882[469] von den Statseisenbahndirektionen in allen die Verkehsinteressen der Bezirke oder einzelner Distrikten berührenden wichtigen Fragen zu hören. Dies galt besonders zu wichtigen Maßnahmen bei der Feststellung oder Abänderung der Fahrpläne und der Tarife. Die Bezirkseisenbahnräte konnten in diesen Angelegenheiten auch selbständig Anträge an die Staatseisenbahndirektionen richten und von diesen Auskunft verlangen.

Gemäß § 2 des Gesetzes zur Einsetzung von Eisenbahnräten in Preußen sollte für jeden Staatseisenbahndirektionsbezirk ein Bezirkseisenbahnrat errichtet werden. Allerdings bestand ausnahmsweise auch die Möglichkeit, einen Bezirkseisenbahnrat für mehrere Direktionsbezirke einzurichten. Die Staatseisenbahndirektionen verwalteteten sämtliche Staatsbahnen, sowie dem Staat unterstellten Privateisenbahnen in dem ihnen zugewiesenen Bezirk. Als Behörden waren sie dem Ministerium der öffentlichen Arbeiten unmittelbar unterstellt und hatten dieselben Rechte und Pflichten wie die Provinzialbehörden[470].

II. Zusammensetzung

Das Gesetz von 1882 bestimmte in § 3[471], daß sich die Bezirkseisenbahnräte aus Vertretern des Handels, der Industrie und der Land- und Forstwirtschaft zusammensetzten. Die Mitglieder und deren Stellvertreter sollten von den Handelskammern, den kaufmännischen Korporationen und den landwirtschaftlichen Provinzialvereinen für drei Jahre gewählt werden. Die Minister der öffentlichen Arbeiten, für Handel und Gewerbe und für Landwirtschaft, Domänen und Forsten hatten weitere Korporationen und Vereine zu benennen. Diesen Ministerien oblag es auch, die Anordnung darüber zu treffen, ob ein Bezirkseisenbahnrat für mehrere Direktonsbezirke gebildet wurde. Die wichtigste Aufgabe der drei betei-

469 PrGesS 1882, S. 314 f.
470 Handwörterbuch der Preußischen Verwaltung, Erster Band, S. 421.
471 PrGesS 1882, S. 314.

ligten Ministerien war aber, die Zahl der Mitglieder und Stellvertreter der Bezirkseisenbahnräte und ferner die Verteilung auf die verschiedenen Interessentenkreise zu bestimmen.

Dies geschah durch einen ministeriellen Erlaß vom 20. Dezember 1882[472]. Die Minister überließen es demnach den Korporationen und Vereinen, welche ein oder mehrere Mitglieder in den zuständigen Bezirkseisenbahnrat entsandten, auf welche Art und Weise sie die Mitglieder und Stellvertreter für die Bezirkseisenbahnräte wählten. Nach dem ministeriellen Erlaß sollten Bezirkseisenbahnräte in Bromberg, Berlin, Magdeburg, Hannover, Frankfurt am Main, Erfurt und Köln errichtet werden.

III. Die Geschäftsordnung am Beispiel des Bezirkseisenbahnrats in Frankfurt am Main

Der Bezirkseisenbahnrat in Frankfurt am Main, der die Bezirke der Königlichen Eisenbahndirektionen in Frankfurt am Main und Kassel sowie der Königlich Preußischen und Großherzoglich Hessischen Eisenbahndirektion in Mainz umfaßte, wurde von der geschäftsführenden Eisenbahndirektion in Frankfurt am Main zweimal jährlich zu ordentlichen Sitzungen nach Frankfurt am Main berufen. Die Geschäftsordnung bestimmte in § 1 weiter, daß diese Sitzungen regelmäßig am vierten Donnerstag im Mai und am vierten Mittwoch im November stattfinden sollten[473].

Für die außerordentlichen Sitzungen fand sich die Regelung in § 1 der Geschäftsordnung, diese nach Bedürfnis auf Verlangen einer der beteiligten Eisenbahndirektionen oder auf Beschluß des Bezirkseisenbahnrats einzuberufen. Letzterer mußte dies in einer ordentlichen Sitzung beschließen. Als dritte Möglichkeit zur Einberufung einer außerordentlichen Sitzung blieb noch der gemeinschaftliche Antrag von mindestens einem Viertel der Mitglieder des Bezirkseisenbahnrats, welche jedoch verschiedenen Körperschaften angehören mußten. Als vierte Möglichkeit kam der Antrag des Ausschusses hinzu.

An den Sitzungen des Bezirkseisenbahnrats in Frankfurt nahmen die Mitglieder des Bezirkseisenbahnrats, die Vertreter der drei beteiligten Eisenbahndirektionen und die Vertreter anderer Eisenbahnverwaltungen oder Staatsbehörden teil, welche gemäß § 8 des Gesetzes vom 1. Juni 1882 von dem Präsidenten der

---

472 Erlaß vom 20. Dezember 1882, Ministerialblatt für die gesamte innere Verwaltung in den Königlich Preußischen Staaten (1883), S. 14 ff.

473 Geschäftsordnung für den Bezirkseisenbahnrat Frankfurt a.M. nebst den einschlägigen gesetzlichen Bestimmungen, sowie einem Verzeichnisse der Mitglieder, Frankfurt a. M. 1907, S.3 ff.

geschäftsführenden Frankfurter Eisenbahndirektion eingeladen wurden, (§ 2 der Geschäftsordnung für den Bezirkseisenbahnrat Frankfurt a. M.).

Die Verhandlungen des Bezirkseisenbahnrats wurden geleitet von einem Vorsitzenden und dessen Stellvertreter. Diese wählte der Bezirkseisenbahnrat für die Dauer der Wahlperiode (§ 5 der Geschäftsordnung).

Die geschäftsführende Eisenbahndirektion in Frankfurt am Main stellte für jede Sitzung des Bezirkseisenbahnrats eine Tagesordnung auf. In die Tagesordnung waren die Vorlagen der Eisenbahndirektionen und die Anträge aus den Reihen der Mitglieder des Bezirkseisenbahnrats aufzunehmen (§ 3 der Geschäftsordnung).

Zur Vorbereitung seiner Beratungen bestellte der Bezirkseisenbahnrat gemäß § 5 des Gesetzes zur Einrichtung von Eisenbahnräten vom 1. Juni 1882 aus seiner Mitte einen ständigen Ausschuß. Handel, Industrie und Landwirtschaft entsandten jeweils vier Mitglieder, die der Bezirkseisenbahnrat für die Dauer der Wahlperiode wählte (§ 10 der Geschäftsordnung).

Wie aus § 11 der Geschäftsordnung hervorgeht, hatte der ständige Ausschuß die Aufgabe, die in der Zeit zwischen den Sitzungen des Bezirkseisenbahnrats anfallenden Verkehrsangelegenheiten zu beraten.

IV. Die Erörterung von Eisenbahnfragen in nur einem Bezirkseisenbahnrat am Beispiel des Kölner Bezirkseisenbahnrats

Der Bezirkseisenbahnrat in Köln konstituierte sich entsprechend dem Gesetz über die Einsetzung von Eisenbahnräten 1882. Der Bezirkseisenbahnrat führte damit die Arbeit eines bereits bestehenden Gremiums fort, das die Handelskammern der Region zu regelmäßigen Konferenzen mit der Eisenbahnverwaltung in Köln bereits zuvor seit 1878 zusammengeführt hatte.

Die Handelskammern insbesondere des Ruhrgebiets hatten natürlicherweise ein großes Interesse an diesen Konferenzen mit der Eisenbahnverwaltung an dem wichtigsten Verkehrsknotenpunkt im westlichsten und wirtschaftlich mächtigsten Teil des preußischen Staatsgebiets. So traten gegenüber den bereits bestehenden Wahlbestimmungen zum Bezirkseisenbahnrat nur geringfügige Änderungen ein. Den Handelskammern in Lennep, Solingen und Siegen wurde je ein besonderes Wahlrecht verliehen[474]. Das besondere Wahlrecht der Handelskammer in Limburg wurde mit dem der Handelskammer in Dillenburg verbunden[475].

474 Wirtschaftsarchiv Köln, Bezirkseisenbahnrat Köln, Abt.1, Nr. 48, Bl. 5.
475 Wirtschaftsarchiv Köln, Bezirkseisenbahnrat Köln, Abt.1, Nr. 48, Bl. 5.

Durch die besondere geographische Lage in unmittelbarer Nähe zur Grenze mit den westlichen Nachbarn Preußens konnte der Bezirkseisenbahnrat bei Verhandlungen der Preußischen Eisenbahnverwaltung mit den ausländischen Eisenbahnverwaltungen eine gutachterliche Tätigkeit entfalten.

Der Bezirkseisenbahnrat hatte sich zum Beispiel in seiner Sitzung am 27. März 1889 mit der Frage der Transporttarife für Kohle im Verkehr mit Belgien zu befassen[476]. Die beteiligten belgischen Eisenbahnen hatten zunächst schon 1887 zustimmend auf einen Vorstoß der Königlich-Preußischen Eisenbahndirektion in Köln reagiert, die Kohletarife für die Ausfuhr nach Belgien und zu den belgischen Grenzstationen mit Frankreich dem reformierten deutschen Tarifgefüge anzupassen.

Die an sich miteinander konkurrierenden belgischen Bahnen, die Belgische Staatsbahn und die Große Belgische Centralbahn schlossen daraufhin eine Konkurrenzkonvention und erhoben auf dieser Grundlage die Forderung, daß die deutschen Einheitssätze auch für belgische Kohlen im Verkehr nach linksrheinischen Stationen bis Köln Geltung erlangen müßten.

Auf Anordnung des Preußischen Ministers der öffentlichen Arbeiten erstellte der Bezirkseisenbahnrat in Köln für das Ministerium ein Gutachten mit der Empfehlung, auf die Forderungen der belgischen Bahnen einzugehen. Dieses Gutachten wurde genauso wie im Landeseisenbahnrat aufgrund einer Anhörung der betroffenen Interessenverbände ausgeführt. Der Verein für die bergbaulichen Interessen im Oberbergamtsbezirk Dortmund und der Verein für die berg- und hüttenmännischen Interessen des Aachener Reviers waren selbst gutachterlich tätig geworden und hatten dabei ermittelt, daß ein Eingehen auf die Forderungen der belgischen Bahnen Nachteile mit sich bringen würde, die aber durch die verbesserten Absatzchancen der rheinischen Kohle infolge der ermäßigten Frachtsätze für den Kohleverkehr nach Belgien mehr als ausgeglichen würden. So kam es auf der Grundlage des Gutachtens des Bezirkseisenbahnrats zu einer Übereinkunft mit den belgischen Bahnen.

Der Bezirkseisenbahnrat befasste sich zwar in der Sitzung am 27. März 1889 auch mit den Fragen des Fahrplans[477]. Hierbei hatten die Interessenvertreter im Bezirkseisenbahnrat aber nur die Möglichkeit, durch ihre Anträge eine ihren Interessen entsprechende Fahrplangestaltung bei der Eisenbahnverwaltung zu bewirken. Aus der Berichterstattung zu Beginn der Sitzung wird deutlich, daß eine Diskussion der Fahrpläne nicht nur wegen der eindeutigen Befugnisse der Eisenbahnverwaltung zur Fahrplangestaltung nicht möglich war. Die Interessenten im Bezirkseisenbahnrat erfuhren erst durch die Berichterstattung, welche techni-

---

476 Wirtschaftsarchiv Köln, Bezirkseisenbahnrat Köln, Abt.1, Nr. 48, Bl. 14 ff.
477 Wirtschaftsarchiv Köln, Bezirkseisenbahnrat Köln, Abt.1, Nr. 48, Bl. 20 ff.

schen und öffentlichen Erfordernisse der Fahrplangestaltung zugrunde lagen. So erfuhren die Interessenvertreter dabei im Detail, welche Fahrzeiten in nächster Zeit auf welcher Strecke geändert werden würden. Dies war das Informative an dieser Berichterstattung für die Interessenten.

Sie wurden aber seitens der Eisenbahnverwaltung informiert, daß ihre Anträge schon deshalb keinen Erfolg haben könnten, weil Verbindungen, die den Anträgen zugrunde lagen, gar nicht existierten oder andere öffentliche Interessen wie beispielsweise der Badeverkehr des Publikums eine andere Fahrplanausgestaltung hinderten. Allerdings erhielten die Interessenten auch nützliche Informationen, wenn ihnen erläutert wurde, welche Zugverbindung den schnellstmöglichen Transport nach London anbot. Die Erörterung von Fahrplänen im Bezirkeisenbahnrat setzte die Verkehrsinteressenten also vorwiegend über einzelne Fahrplanveränderungen in Kenntnis.

V. Die Erörterung desselben Problems durch mehrere Bezirkseisenbahnräte, Fallstudie II zur Raumordnungspolitik, Einführung eines Getreidestaffeltarifs zugunsten der östlichen Provinzen

Die über ein Jahrzehnt andauernde heftige Auseinandersetzung in den Eisenbahnräten über eine Ermäßigung des Eisenbahntarifs zugunsten der östlichen Getreideproduzenten zeigt sehr gut die Aufgabe der Eisenbahnräte als Einrichtung zur Vermittlung eines Interessenausgleichs besonders zwischen den westlichen, mittleren und östlichen Provinzen in Preußen. Dieses Beispiel zeigt aber auch, in welch großem Maße die Eisenbahntarifpolitik mit der Außenhandelspolitik verzahnt war. Schließlich zeigt sich, wie die Frage der volkswirtschaftlichen Beurteilung zu einem Deckmantel wurde, unter dem man seine eigenen Interessen nur verbarg. Wie nicht anders zu erwarten, waren die Eigeninteressen immer vorrangig, was den Interessenvertretern nicht vorgeworfen werden kann, da sie unter betriebswirtschaftlichen Gesichtspunkten diese Einzelinteressen in einer Verkehrswirtschaft auch zu verfolgen haben.

Im 19. Jahrhundert veränderte sich weltweit die Landwirtschaft in Technik, Produktion und Absatz durch die Industrielle Revolution genauso dramatisch wie das Gewerbe und der Dienstleistungssektor.

Bis zur Mitte des 19. Jahrhunderts wurde in Kontinentaleuropa ein zusätzlicher Bedarf an landwirtschaftlichen Produkten in den dichter besiedelten Gebieten durch die Agrarüberschüsse aus den dünner besiedelten Gebieten gedeckt[478].

---

478 Henning, Landwirtschaft, Band 2, S. 113.

Die Ostprovinzen Preußens konnten diese Aufgabe für den norddeutschen Raum mit der Beseitigung der preußischen Binnenzölle 1818 und schließlich mit der Gründung des Deutschen Zollvereins für den gemeinsamen deutschen Wirtschaftsraum erfüllen[479]. Die Industrialisierung bewirkte seit der Mitte des 19. Jahrhunderts eine stetige Steigerung der Produktivität. Jetzt war es auch für Getreideproduzenten aus Übersee möglich, den europäischen Markt zu beliefern. Gleichzeitig erlaubte der technische Fortschritt damit der Eisenbahn und der Schiffahrt den gewinnbringenden Transport auch landwirtschaftlicher Güter über lange Strecken.

Die ostdeutschen Großgrundbesitzer hatten bei der Versorgung des deutschen Binnenmarktes mit den zum Teil erheblich preiswerteren Konkurrenten aus den Vereinigten Staaten, Indien und schließlich auch aus Rußland zu kämpfen. Dieser Binnenmarkt war seit den 80er Jahren des vorigen Jahrhunderts um so interessanter geworden, weil durch das Bevölkerungswachstum und die Wanderungsbewegung infolge der Industrialisierung Ballungszentren in den westlichen Provinzen Preußens entstanden, deren gewaltiger Nahrungsbedarf nun befriedigt werden mußte. Deutschland wurde hierdurch zum größten Nahrungsmittelimporteur der Welt. Die deutsche Landwirtschaft hatte so ungeahnte Absatzchancen für ihre Produkte. Die gesamte deutsche Landwirtschaft steigerte zudem durch den Einsatz von Industriedünger ihre Enteerträge ganz bedeutend[480]. Auf der anderen Seite war mit den Importeuren aus aller Welt eine bedrohliche Konkurrenz entstanden, bei welcher der technische Stand der Produktion, die Lohnstruktur und besonders die Transportkosten die Chancen auf den neuen Märkten bestimmten.

Während aber der ostdeutsche Großgrundbesitz überschuldet war und so keine großen Rationalisierungen umsetzen konnte, hatte die westdeutsche Landwirtschaft dabei mehr Erfolge erzielt. Die ostdeutschen Landwirte, insbesondere die Großgrundbesitzer, hatten die Veredlungswirtschaft noch nicht weit genug entwickelt. Sie kämpften daher für hohe Getreidepreise, die in ihrem Interesse lagen. Die Einführung der Getreidezölle ab 1880 war daher vor allem auf ihren Druck zurückzuführen[481]. Die westdeutschen Landwirte gerieten dennoch ebenfalls unter den Preisdruck, den der weltweite Getreidehandel auslöste. So waren es zuerst die westdeutschen Getreideproduzenten, die infolge des Preisverfalls Agrarschutzzölle forderten, diese Forderung aber wieder zurücknahmen, nachdem sie sich verstärkt der Fleischerzeugung zugewandt hatten. Die billige Einfuhr von Futtergerste und Mais lag nun in ihrem Interesse.

---

479 Gleitze, Die wirtschaftliche Entwicklung Ostdeutschlands, S. 661.
480 Schnabel, Deutsche Geschichte, Band 3, S. 208 ff.
481 Henning, Landwirtschaft, Band 2, S. 121 f.

Bereits bei den Verhandlungen im Reichstag und im Abgeordnetenhaus drehten sich seit Anfang der Achtziger Jahre Beratungen darum, den Getreideproduzenten der östlichen Provinzen Preußens ermäßigte Eisenbahngütertarife zu gewähren, um so die Konkurrenzfähigkeit dieser Region auf den Getreideabsatzmärkten in Mittel- und Westdeutschland zu gewährleisten. Eine solche Überlegung lag schon deshalb nahe, weil für die ostdeutschen Getreideproduzenten die Transportkosten zu den neuen Absatzmärkten im hochindustrialisierten Westen der herausragende Faktor für Preisbildung und damit Absatzchancen sein mußten. Königsberg war 1000 Kilometer von Köln entfernt, was fast doppelt soviel war wie die größte Entfernung in nordsüdlicher Richtung in Höhe von 600 Kilometern zwischen den sich entwickelnden Ballungszentren München und Hamburg.

Die landwirtschaftlichen Vereine des Osten versuchten daher, mit zahlreichen Petitionen die preußische Regierung zur Herabsetzung der Eisenbahntarife für Getreide zu bewegen, was ihr Recht als Korporationen gemäß Artikel 32 Satz 2 der Preußischen Verfassung war. Diese Petitionen richteten sie bezeichnenderweise nicht an den Eisenbahnminister oder die Regierung als solche, wie es Art. 32 Satz 1 vorsah, sondern an ihren "Schutzpatron", den Reichskanzler und preußischen Ministerpräsidenten Bismarck, der die Petitionen aber an den Eisenbahnminister Maybach weiterleitete, weil der von ihm selbst eingestandene Druck auf seine Minister zugunsten der Interessen der östlichen Landwirtschaft bei diesem treuen Gefolgsmann nicht notwendig war[482]. Maybach erhielt jedoch seinerseits Petitionen der west- und mitteldeutschen landwirtschaftlichen Vereine, in denen sich die west- und mitteldeutschen Interessenverbände schon dagegen zu Wehr setzten, daß überhaupt ermittelt werden sollte, ob eine Eisenbahntarifermäßigung zugunsten der östlichen Getreideproduktion wirtschaftlich sinnvoll war[483]. Die westlichen Interessenten konnten wenigstens darauf hoffen, daß Maybach sich daran erinnern würde, daß sein Wahlkreis als Abgeordneter des Preußischen Abgeordnetenhauses in Köln und damit im Westen lag[484].

Folglich wurden von ihm die Königlichen Eisenbahndirektionen in Bromberg, Breslau, Erfurt, Magdeburg, Hannover, Frankfurt am Main, Elberfeld und Köln links- und rechtsrheinisch durch einen Erlaß angewiesen, das statistische Material zur Getreidetariffrage zu erstellen[485]. Der für wenige Getreidesorten bestehende Ausnahmetarif auf der Ostbahn als der wichtigsten gebauten Nebenbahn im Interesse der östlichen Provinzen sollte aber unberührt bleiben[486].

---

482 Bismarck, Gedanken und Erinnerungen, S. 549.
483 Anlagen Abgeordnetenhaus 1887, Band 1, S. 83.
484 Mann, Handbuch für das Preußische Abgeordnetenhaus, S. 265.
485 Anlagen, Abgeordnetenhaus 1887, Band 1, S. 83.
486 Anlagen, Abgeordnetenhaus 1887, Band 1, S. 83.

Die statistischen Untersuchungen der Zweckmäßigkeit eines Staffeltarifs über Entfernungen von mindestens 400 Kilometern für Getreide vom Osten nach Westen wurden durch die Gutachten der Bezirkseisenbahnräte im Verwaltungsbereich der jeweiligen Direktionen ergänzt[487].

Zunächst war zu klären, ob die vorgeschlagene Eisenbahntarifermäßigung überhaupt die Absatzchancen der ostdeutschen Getreideproduktion auf den mittel- und westdeutschen Märkten erhöhen konnte[488]. Die Antwort zur nächsten Frage mußte entscheiden, ob durch die angestrebte eisenbahntarifpolitische Maßnahme zugunsten des Ostens nicht zugleich wichtige wirtschaftliche Interessen in den sonstigen Landesteilen berührt wurden[489].

Diese Frage lag nur zu nahe, da auch in den anderen Teilen Preußens, insbesondere im Westen, die Landwirtschaft unter dem ausländischen Import- und Preisdruck stand und diese Interessenten als vollwertige Teile Preußens schon nach den eisenbahnpolitischen Zielen, die zu Beginn der Arbeit des Preußischen Landeseisenbahnrats formuliert worden waren, ein Recht darauf hatten, von der preußischen Eisenbahnverwaltung berücksichtigt zu werden. Dies waren natürlich besonders die Landwirte im Westen Preußens, weil die Frachtermäßigung zugunsten des Ostens die Zufuhr gerade in diese Teile Preußens fördern sollte und damit deren Konkurrenzdruck zunahm. Drittens schließlich war fraglich, ob die Begünstigung der ausländischen Konkurrenz aus Böhmen und Rußland durch die Eisenbahntarifermäßigung, die in der praktischen Durchführung der Tarifmaßnahme nicht verhindert werden konnte, auf Bedenken bei den Wirtschaftsinteressenten in allen Landesteilen stoßen mußte, da keiner der Landwirte ein Interesse an einer Steigerung des Imports hatte[490].

Bei den geschilderten widerstreitenden Interessen schlug der Eisenbahnminister vor, zu überlegen, den Staffeltarif auf alle Getreidetransporte auf den preußischen Staatseisenbahnen auszudehnen. Die Untersuchung ergab nämlich eine Reihe von unstreitigen Feststellungen bezüglich des wirtschaftlichen Tatbestandes. Der Getreideanbau in den Provinzen Ost- und Westpreußen und Posen lieferte bei normalen Ernten einen ausfuhrfähigen Überschuß mindestens für die Getreidesorten Weizen und Roggen[491]. Unbestritten war aber auch, daß schon die gültigen Eisenbahngütertarife unter den zur Zeit der Untersuchung erhobenen Marktpreisen den Getreidehandel von Osten zu einem Teil der mitteldeutschen Märkte ermöglichte. Diese Möglichkeit wurde aber von den ostdeutschen Getreideproduzenten nicht oder kaum genutzt, weil die Schiffsfracht erheblich unter

487 Anlagen Abgeordnetenhaus 1887, Band 1, S. 83.
488 Anlagen Abgeordnetenhaus 1887, Band 1, S. 83.
489 Anlagen Abgeordnetenhaus 1887, Band 1, S. 84.
490 Anlagen Abgeordnetenhaus 1887, Band 1, S. 84.
491 Anlagen Abgeordnetenhaus 1887, Band 1, S. 84.

den Eisenbahntransportkosten lag. Dieses Verhältnis blieb allerdings auch nach der Ermäßigung durch den Staffeltarif bestehen. Die Eisenbahn konnte als Konkurrent der Schiffahrt nur in den Jahreszeiten auftreten, in denen die Schiffahrt zum Erliegen kam, also nahezu ausschließlich nur in den Wintermonaten.

1. Der Bromberger Bezirkseisenbahnrat

Der Bezirkseisenbahnrat in Bromberg war der gemeinsame Bezirkseisenbahnrat für Ost- und Westpreußen. Die Staatseisenbahndirektion in Bromberg war die bestimmende Eisenbahndirektion in Westpreußen. In diesem von der Landwirtschaft geprägten Bezirk, in dem es nur in Danzig sowie Elbing und Umgebung nennenswerte Industrieansiedlung gab[492], setzte sich der Bezirkseisenbahnrat dementsprechend hauptsächlich aus den Interessenten der Landwirtschaft zusammen. Ostpreußen war die nordöstlichste Provinz des preußischen Staates (gebildet am 1. April 1878 durch Gesetz vom 19. März 1877).

In Ostpreußen wurde ebenfalls in ausgedehntem Maße Landwirtschaft betrieben[493]. An land- und forstwirtschaftlichen Vereinen waren beispielsweise der Zentralverein für westpreußische Landwirte in Danzig und der landwirtschaftliche Provinzialverein für Posen in Posen vertreten. Hierzu traten auch Interessenverbände aus benachbarten Regionen. Hierzu zählten der Verband Deutscher Müller in Berlin, der Verein für Rübenzuckerindustrie in Berlin, der Verband Deutscher Spiritusfabrikanten in Berlin und der preußische Forstverein in Königsberg als Vertretung für Ostpreußen.

Es waren also bezüglich Getreide die Rohstofflieferanten ebenso vertreten wie die Zweige des weiterverarbeitenden Gewerbes und das auch noch aus unterschiedlichen Regionen, da die Berliner Vertreter schon als mitteldeutsche Interessenten zu betrachten sind. Dies führte zu den eigentlichen Auseinandersetzungen im Bromberger Bezirkseisenbahnrat.

In der Ausschußsitzung des Bezirkseisenbahnrats am 14. Oktober 1885, der fast nur die Interessenten der Landwirtschaft aus den wichtigsten für die Ermäßigung in Frage kommenden ostdeutschen Gebieten zu Mitgliedern hatte, war schnell Einverständnis darüber zu erzielen, daß ein exportfähiger Überschuß in den östlichen Provinzen erwirtschaftet wurde[494].

Die Antwort auf die erste Frage des Eisenbahnministers fiel aber nach den vier verschiedenen Getreidesorten Weizen, Roggen, Gerste und Hafer differen-

---

492 Brockhaus, 14. Auflage 1895, 16. Band, S. 671.
493 Brockhaus, 12. Band, S. 764.
494 Anlagen Abgeordnetenhaus 1887, Band 1, S. 100.

ziert aus. Denn die Eigenversorgung der östlichen Provinzen mußte bei den Verhandlungen beachtet werden, weil hier die Landwirtschaft der führende Wirtschaftszweig war. Der Vertreter der Eisenbahndirektion entnahm den statistischen Erhebungen einen erheblichen Überschuß für Roggen.

Bei Weizen ergab die Berechnung eine genaue Deckung des eigenen Bedarfs. Der in der Statistik unterstellte Durchschnittsverbrauch entsprach aber nach der Darstellung des Eisenbahnvertreters nicht dem tatsächlichen Pro-Kopf-Verbrauch der Bevölkerung[495]. Es wurde weniger verbraucht als die Statistik auswies. Für Gerste wurde ein Überschuß wegen der Erntequalität und des Verwendungszwecks verneint[496]. Bei Hafer wurde dies ebenfalls mit dem Hinweis auf die besonders in Ostpreußen bedeutende Pferdezucht negativ eingeschätzt[497].

Diese Einschätzung entsprach den wirtschaftlichen Verwertungsmöglichkeiten des Rohstoffs Getreide nach der Marktlage und den Eigeninteressen des Ostens. Roggen und Weizen sind bis heute in Nord- und Osteuropa die wichtigste Getreidesorten für die Herstellung von Mehl und Grütze und damit letztlich für Brot und Backwaren. Hier hatte folglich der bevölkerungsarme Osten einen Überschuß, der dazu dienen konnte, der Grundnahrungsmittelversorgung in Mittel- und Westdeutschland zugeführt zu werden.

Die Gerste wurde wegen der veränderten Konsumgewohnheiten infolge der Industrialisierung und der damit einhergehenden Verstädterung vorwiegend zur Tierfütterung gebraucht. Denn der Verzehr von Fleisch pro Kopf der Bevölkerung stieg ständig an, weil mit der veränderten Ernährungsweise der Bedarf an Proteinen und Fetten durch die tierische Nahrung gesichert wurde[498].

Auch bei dieser Fleischversorgung spielte die technische Revolution durch verbesserte Kühl- und Gefriertechniken in Verbindung mit dem neuen Transportmittel Eisenbahn eine herausragende Rolle. Bis zur Mitte des 19. Jahrhunderts war das Schlachtvieh direkt von den Weiden zu den Absatzmärkten getrieben worden. Die langen Strecken hatten die Tiere schwersten Anstrengungen unterworfen, was die Qualität des Fleischs erheblich verringerte. Nach 1850 konnten die gut konservierten und verkaufsfertigen Tierrümpfe mit der Eisenbahn transportiert werden[499].

Die ostdeutsche Tierhaltung mußte davon besonders profitieren. Im Osten war es 1885 deshalb bei dem sprunghaft gestiegenen Fleischverbrauch durch die seit der Reichsgründung massive Verstärkung der Verstädterung noch nicht

495 Anlagen Abgeordnetenhaus 1887, Band 1, S. 100
496 Anlagen Abgeordnetenhaus 1887, Band 1, S. 100.
497 Anlagen Abgeordnetenhaus 1887, Band 1, S. 100.
498 Kellenbenz, Deutsche Wirtschaftsgeschichte, Band II, S. 249 f; Montanari, Der Hunger und der Überfluß, S. 188 f.
499 Montanari, Der Hunger und der Überfluß, S. 186 f.

möglich, einen Überschuß an Futtergerste zu erwirtschaften, was erst durch die Verdoppelung der Ernteerträge in der Zeit bis zum Ersten Weltkrieg erreicht wurde[500].

Vergleichbar war die Bedeutung des Hafers für die Pferdezucht namentlich in Ostpreußen, das wichtigste Pferdezuchtgebiet im Kaiserreich mit Schleswig-Holstein und Hannover. Die Zahl der Pferde stieg nämlich durch die Industrialisierung um mehr als ein Drittel auf nahezu 5 Millionen. Sie wurden in der Landwirtschaft bei der intensivierten Bodennutzung benötigt. Hinzu trat der große Bedarf im Verkehr, für jeglichen Landtransport, besonders als Ergänzung zur Eisenbahn, für den Nahverkehr in den Städten bis zum Aufkommen der Straßenbahn und nicht zuletzt für das Heer[501].

Weiterhin befaßte sich die Ausschußsitzung mit der Frage, ob durch ein Preisgefälle zwischen Ost und West die möglicherweise billigeren Getreidezufuhren einen Preisherabsetzungsdruck auf die westlichen Getreideproduzenten ausüben könnten[502]. Die Ausschußmitglieder wehrten diese Argumente mit dem Hinweis auf die verschiedenen Arten der Preisermittlung in West und Ost ab. Denn der Preis für den statistischen Vergleich mit dem Osten wurde im Westen nach den Getreidesorten von mittlerer Qualität nach den Amtsblattnotierungen ermittelt. Diese Preise entsprachen aber nicht den Preisen der Getreidesorten von mittlerer Qualität an den Börsen des Westens.

Die hinzugezogenen Amtsblattnotierungen des Ostens führten jedoch weiterhin zu dem Ergebnis, daß die östlichen Preise immer noch unter den westlichen Preisen lagen. Die Ausschußmitglieder bestritten trotzdem einen Preisunterschied, weil es innerhalb der verschiedenen Wirtschaftsräume im Westen erhebliche Preisunterschiede gebe und daher ein verläßliches Kriterium fehle, nach dem die Preise verglichen werden konnten.

Noch schwieriger war es, angesichts der im Vergleich zu den Eisenbahntarifen deutlich günstigeren Wasserfrachtsätze, den Nutzen der vorgeschlagenen Eisenbahntarifermäßigung nachzuweisen[503]. Besonders heikel war in diesem Zusammenhang, daß die Eisenbahn an dieser überlegenen Konkurrenz zu ihrem Transportangebot über Land entscheidend beteiligt war. Der Transport von den östlichen Getreideplätzen zu den Ostseehäfen in Königsberg und Danzig war die Voraussetzung des Getreidetransports zur See zu den wichtigsten Abnahmeplätzen westlich von Elbe und Weser[504]. Die Eisenbahn- und Wasserfracht für diesen

500 Gleitze, Die wirtschaftliche Entwicklung Ostdeutschlands, S. 666 und S. 672.
501 Kellenbenz, Deutsche Wirtschaftsgeschichte, Band II, S. 252.
502 Anlagen Abgeordnetenhaus 1887, Band 1, S. 100 f.
503 Anlagen Abgeordnetenhaus 1887, Band 1, S. 101 f.
504 Anlagen Abgeordnetenhaus 1887, Band 1, S. 101.

Transportweg war, zusammengerechnet, auch bei der geplanten Eisenbahntarifermäßigung weiterhin sehr viel günstiger.

Der Frachtvergleich für die mitteldeutschen Absatzplätze fiel noch schlechter aus. Hier gab es nicht nur den billigeren Transport von Königsberg oder Danzig auf dem Seeweg bis Stettin und von dort den Flußweg nach Magdeburg bzw. Wallwitzhafen. Es existierte vielmehr bereits ein Fluß- und Kanalnetz nach Mitteldeutschland, das wegen der geringeren Bedeutung des Landtransports mit der Eisenbahn hierfür noch günstigere Frachtsätze anbieten konnte[505]. Dies war das Ergebnis einer breitgefächerten Infrastrukturpolitik zugunsten der östlichen Provinzen, die nun die Ziele der Eisenbahntarifpolitik bedrohen konnte.

Die Ausschußmitglieder waren dennoch einig, daß die projektierte Eisenbahntarifermäßigung einen wenn auch eingeschränkten aber trotzdem für die ostdeutsche Getreidewirtschaft wichtigen Effekt haben mußte. Im Winter war die Schiffahrt auf dem Rhein nur eingeschränkt, auf der Oder, der Elbe und der Weser witterungsbedingt gar nicht möglich[506]. Die ostdeutschen Landwirte waren so gezwungen, das Getreide über den Winter zu lagern, während in Mittel- und Westdeutschland eine Nachfrage vorhanden war[507]. Dies traf vor allem für Roggen und Weizen zu, da diese Getreidesorten im Sommer und im Herbst geerntet werden können. Die Vertreter der landwirtschaftlichen Interessen behaupteten nun, daß wegen der zu hohen Eisenbahnfracht die ostdeutsche Getreideproduktion die Nachfrage in Mittel- und Westdeutschland nicht befriedigen konnte[508]. Sie stellten die Prognose, daß die Getreidezufuhr nach dem Westen im Winter das ausländische Getreide verdrängen würde, das über den Rhein oder die Nordseehäfen zu dieser Zeit geliefert werden konnte[509]. So entstünde dann auch kein Nachteil für die westdeutschen Landwirte, die diesen Zusatzbedarf nicht abdekken konnten.

Die Lobbyisten der ostdeutschen Landwirtschaft kamen erst ganz zum Ende der Ausschußsitzung zu den Gründen, die für sie in ihren betriebswirtschaftlichen Überlegungen an erster Stelle stehen mußten. Die kombinierte Eisenbahn- und Wasserfracht auf dem Transport über die Ostseehäfen sei zwar sehr viel billiger als die Eisenbahnfrachtkosten auf dem Landweg. Es entstünden aber noch erhebliche Kosten durch den Zwischenhandel in den Ostseehäfen, was auch immer bei den Debatten zur Getreidezollfrage im Reichstag eine große Rolle gespielt hatte[510]. Diese Unabhängigkeit vom Zwischenhandel und die Möglichkeit, bei den

505 Anlagen Abgeordnetenhaus 1887, Band 1, S. 101.
506 Anlagen Abgeordnetenhaus 1887, Band 1, S. 102.
507 Anlagen Abgeordnetenhaus 1887, Band 1, S. 102.
508 Anlagen Abgeordnetenhaus 1887, Band 1, S. 102.
509 Anlagen Abgeordnetenhaus 1887, Band 1, S. 102.
510 Anlagen Abgeordnetenhaus 1887, Band 1, S. 102.

häufig schwankenden Getreidepreisen über das ganze Jahr das Getreide mit der Eisenbahn zu transportieren, sollten also der ostdeutschen Landwirtschaft eine höhere Konkurrenzfähigkeit bei den Kosten und somit dem Preis sichern.

Wie wichtig dies war, zeigt die von den Ausschußmitgliedern einstimmig beschlossenen Resolution. Wenn letztlich eine Frachtermäßigung nicht für alle Stationen in Mittel- und Westdeutschland Wirklichkeit würde, sollte der Staffeltarif wenigstens für das Hauptabsatzgebiet Sachsen gewährt werden, weil die Konkurrenz aus Österreich, Rumänien, Ungarn und Rußland wegen ihrer geographischen Nähe Sachsen zu einem schwer umkämpften Markt machte[511].

Die Erörterung in der außerordentlichen Sitzung des Bezirkseisenbahnrats Bromberg am 27. November 1885 war entschieden kontroverser als die Ausschußsitzung. Hier war die Palette der vertretenen Wirtschaftsinteressen breiter gefächert; insbesondere waren Lobbyisten aus Mitteldeutschland, den Ostseehäfen und der getreideverarbeitenden Industrie anwesend.

Der Interessenvertreter der Landwirtschaft aus Brandenburg wandte sich pauschal gegen die Ausschußresolution. Er schloß aus, daß die Frachtermäßigung auf lange Strecken den ostdeutschen Landwirten den mittel- und westdeutschen Märkt erschließen könne, weil russisches und indisches Getreide aufgrund der günstigen Wasserfrachten auf diesen Märkten jederzeit billiger angeboten werden konnte[512]. Eigentlich ging es ihm aber darum, zu verhindern, daß die ostdeutsche Landwirtschaft die brandenburgischen Landwirte von ihrem heimischen Markt verdrängte, zumal die brandenburgische Landwirtschaft zu einem Teil zwar an Ostbahnstationen lag, der in Aussicht gestellte Entfernungsstaffeltarif aber keine Bedeutung für sie hatte, weil sie nur unter 400 Kilometern Entfernung auslieferte[513].

Der neue Staffeltarif barg aber aus vergleichbaren Gründen auch das Risiko einer wirtschaftlichen Verschlechterung für ostdeutsche Getreideproduzenten in sich.

Der Vertreter der landwirtschaftlichen Interessen aus Posen verwies zu Recht darauf, daß Posen durch seine geographische Lage von der vorgeschlagenen Eisenbahntarifermäßigung keinen Gewinn haben würde[514].

Sachsen und Thüringen waren die Hauptabsatzgebiete für das Getreide aus Posen. Die wichtigsten Absatzmärkte in diesen Regionen lagen daher weniger als 400 Kilometer entfernt. Zusätzlich wäre Posen mit den deutschen Getreideherstellern aus den östlich von Posen gelegenen Gebieten auf dessen Hauptabsatz-

---

511 Anlagen Abgeordnetenhaus 1887, Band 1, S. 103.
512 Anlagen Abgeordnetenhaus 1887, Band 1, S. 106.
513 Anlagen Abgeordnetenhaus 1887, Band 1, S. 108.
514 Anlagen Abgeordnetenhaus 1887, Band 1, S. 106 f.

märkten eine weitere Konkurrenz erwachsen, denn diese Märkte waren schon durch die ost- und mitteleuropäischen Wettbewerber schwer zu halten[515]. Der Vertreter aus Posen war aber als Lobbyist aus einem ostdeutschen Gebiet grundsätzlich an einer Tarifermäßigung auf der Ostbahnstrecke interessiert, so daß er vorschlug, den Staffeltarif über 400 Kilometern nur nach dem jeweiligen wirtschaftlichen Bedürfnis des Versenders zu gewähren.

Die Beamten der Eisenbahndirektion widersetzten sich sofort diesem Vorstoß mit dem Argument, daß jeder Ausnahmetarif vor seinem Inkrafttreten nach den wirtschaftlichen Bedürfnissen der Verkehrsinteressenten geprüft werde[516]. Die Eisenbahnverwaltung hatte kein Interesse daran, das seit 1877 nur mühsam vereinheitlichte Tarifschema durch weitverzweigte neue Ausnahmetarife aufweichen zu lassen.

Ein weiteres Problem ergab sich daraus, daß der neue Staffeltarif die bereits im Ostbahnlocostaffeltarif enthaltene Gleichstellung von Getreide und Mühlfabrikaten fortführte. Frentzel, der für die Mühlendustrie aus Berlin im Bromberger Bezirkseisenbahnrat saß, lehnte die Frachtermäßigung für Getreide ab, weil sie zugleich für Mehl und Mühlenfabrikate gelten müsse, da beide Waren mit dem Rohstoff Getreide gleichbehandelt wurden[517]. Seine Befürchtung ging dahin, daß die Berliner Müller ihre Produkte zur nächsten Ostbahnstation bringen würden, um von dem ermäßigten Ostbahnstaffeltarif auf weitere Entfernungen zu profitieren. Diese Befürchtung war nur zu berechtigt.

Die Berliner Mühlenindustrie deckte bei ihrer Größe nicht nur den Bedarf des Berliner Ballungszentrums, sondern produzierte auch für den Westen und den Export[518]. Außerdem stand der Mühlenindustrie anders als dem Getreide nicht der Wasserweg mit seinen günstigen Frachten zur Verfügung[519], denn das Mehl durfte keiner Feuchtigkeit ausgesetzt werden. Wenn Berlin nicht von dem Ostbahnstaffeltarif profitieren konnte, die nächstgelegen Ostbahnstationen aber wiederum nicht weit entfernt von Berlin lagen, lag die Befürchtung nahe, daß der Berliner Standort abgewertet würde und die Mühlenindustrie entweder in die nächstgelegenen Orte mit einer Ostbahnstation abwandern oder an diesen Stationen eine neue Mühlenindustrie entstehen könnte, die leicht bei der geringen Entfernung den Berliner Markt bedienen konnte.

Der schon im Ausschuß angegriffene Zwischenhandel reihte sich aufgrund der eigenen Interessenlage mühelos in die Front der Kritiker ein. Betroffen waren nämlich die Reeder und der sonstige Zwischenhandel in den Ostseehäfen.

---

515 Anlagen Abgeordnetenhaus 1887, Band 1, S. 106 f.
516 Anlagen Abgeordnetenhaus 1887, Band 1, S. 107.
517 Anlagen Abgeordnetenhaus 1887, Band 1, S. 106.
518 Anlagen Abgeordnetenhaus 1887, Band 1, S. 106.
519 Anlagen Abgeordnetenhaus 1887, Band 1, S. 106.

Die beiden Vertreter aus den ostpreußischen Häfen Elbing und Königsberg bezogen sich in ihrer ablehnenden Haltung dann auch auf die billigeren Wasser- und Seefrachten. Diese seien so günstig, daß der Transport in Kombination von Eisenbahn und Schiffahrt konkurrenzlos bleiben werde[520]. Sie sahen im Gegenteil die Gefahr, daß nur die Wettbewerbsposition des russischen Getreides auf dem deutschen Markt durch den ermäßigen Eisenbahntarif gestärkt würde[521]. Diese Argumentation hatte zwar etwas für sich. Theoretisch konnten die russischen Getreideproduzenten nun ebenso wie die meisten ostdeutschen Landwirte zwischen dem Land- und Wasserweg bei günstigen Frachtsätzen wählen. Das russische Getreide gelangte aber zumeist über die russischen Seehäfen wie Libau nach Mittel- und Westdeutschland. Die Begründung der ostpreußischen Schiffahrtsinteressenten diente also ausschließlich dazu, die eigenen Interessen zu vernebeln, die sich aus der Konkurrenz mit der Eisenbahn ergaben.

Die Mitglieder aus der Gruppe der Land- und Forstwirtschaft, die überwiegend aus Ostpreußen kamen und Funktionäre der landwirtschaftlichen Interessenverbände waren, wehrten alle die vorgetragenen Gegenargumente ab. Die kürzere Transportdauer der Eisenbahn sei ein großer Vorteil gegenüber der Schiffahrt, denn nur so könnten kurze Zeiten einer großen Nachfrage und entsprechend höherer Preise genutzt werden[522]. Brandenburg könne den sächsischen Markt nicht für sich allein beanspruchen, eine Bedürfniskontrolle sei nicht erforderlich, weil die östlichen Provinzen keine Notstandsgebiete seien, und schließlich profitiere das russische Getreide bereits von den Transittarifen nach Königsberg und Danzig, weshalb die russischen Getreideproduzenten bereits auf dem Flußweg den innerdeutschen Markt beliefern konnten[523].

Der als Referent der Staatseisenbahnverwaltung auftretende Oberregierungsrat Lüdick sprach das wichtigste Argument aus. Die Bedeutung der Landwirtschaft für die gesamte Wirtschaft der östlichen Provinzen war so groß, daß selbst der geringere Anteil der Landwirtschaft im durch die Industrialisierung bereits 1885 zugunsten des Gewerbes verschobenen Wirtschaftsgefüge in Mittel- und Westdeutschland nicht rechtfertigen könne, diese Interessen zurücktreten zu lassen[524].

Außerdem waren die Interessen der verarbeitenden Industrie in Ostpreußen, der Mühlenindustrie, an der Gleichbehandlung von Getreide und Mühlenerzeugnissen orientiert. Der Interessenvertreter dieses ostpreußischen Wirtschaftszweigs beklagte sich zu Recht, daß die herabgesetzten Getreidetarife zu höheren Getrei-

520 Anlagen Abgeordnetenhaus 1887, Band 1, S. 102 und S. 107 f.
521 Anlagen Abgeordnetenhaus 1887, Band 1, S. 107.
522 Anlagen Abgeordnetenhaus 1887, Band 1, S. 107.
523 Anlagen Abgeordnetenhaus 1887, Band 1, S. 107 ff.
524 Anlagen Abgeordnetenhaus 1887, Band 1, S. 109.

depreisen führen konnten, vor allem aber das im Vergleich zum Roggenmehl minderwertige Weizenmehl aus den ostpreußischen Mühlen auf dem Tierfuttermarkt schon in einem schweren Wettbewerb mit der russischen Kleie stand und daher auch in den Genuß der Eisenbahntarifvergünstigung kommen mußte[525]. Trotzdem lag die Begünstigung der Getreideausfuhr von Ostpreußen nach Mittel- und Westdeutschland sicherlich im Interesse der ostpreußischen Mühlenindustrie, denn angesichts der Überschüsse, die besonders die ostpreußischen Getreideernten abwarfen, war die Versorgung mit dem benötigten Rohstoff nicht gefährdet.

Die Abstimmung zum Fragenkatalog brachte dann auch die besonders von den ostpreußischen Mitgliedern gewünschten Resultate zur Befürwortung des Staffeltarifs, weil die Gruppe der Land- und Forstwirtschaft allein die Hälfte der 18 Mitglieder des Bezirkseisenbahnrats stellte. Der Bromberger Bezirkseisenbahnrat entschied mit großer Mehrheit, daß eine Begünstigung ausländischer Produkte nicht gegen die Tarifermäßigung sprach, was der Meinung der ostpreußischen Mitglieder zum Problem der russischen Getreideeinfuhr entsprach[526].

Die Diskussion hatte aber zu Folge, daß die Frage der Eignung der Tarifermäßigung für eine erhöhte Zufuhr des östlichen Getreides nach Westen erweitert wurde. Es sollte auch über die Gleichbehandlung von Getreide und Mehl und die Berechtigung der Tarifermäßigung für alle vier Getreidesorten abgestimmt werden. Eine große Mehrheit der Mitglieder bejahte die drei Unterfragen und der Bezirkseisenbahnrat bejahte infolgedessen einstimmig die eigentliche Frage des Ministers[527]. Der Bezirkseisenbahnrat übernahm auch mit großer Mehrheit die Schlußresolution des Ausschusses bezüglich der Tarifermäßigung nach Sachsen[528].

Die Beantwortung der Frage nach den finanziellen Auswirkungen auf die lokale Staatseisenbahn wurde der Eisenbahndirektion übertragen, die unter dem Eindruck der Diskussion im Bezirkseisenbahnrat eine insgesamt für die Tarifermäßigung ungünstige Äußerung abgab. Die Bromberger Eisenbahndirektion zog nämlich aus dieser Diskussion den Schluß, daß die Tarifermäßigung zwar keine schwerwiegenden finanziellen Einbußen für die Staatseisenbahnverwaltung zur Folge haben würde, aber auch keinen finanziellen Vorteil[529]. Sie erwartete keinen höheren Verkehrsanteil der Eisenbahn, weil die Schiffsfrachten nach Einführung des neuen Entfernungsstaffeltarifs immer noch deutlich günstiger waren. Sie machte sich auch die Argumente des Posener Vertreters zu eigen und sah

525 Anlagen Abgeordnetenhaus 1887, Band 1, S. 107.
526 Anlagen Abgeordnetenhaus 1887, Band 1, S. 109.
527 Anlagen Abgeordnetenhaus 1887, Band 1, S. 108.
528 Anlagen Abgeordnetenhaus 1887, Band 1, S. 86.
529 Anlagen Abgeordnetenhaus 1887, Band 1, S. 89.

schließlich eigentlich nur in einer Ermäßigung für den Getreidetransport nach Sachsen eine mögliche Erhöhung der Getreidetransporte auf der Eisenbahn[530].

Die Stellungnahme der Bromberger Eisenbahndirektion zeigt, daß der Bezirkseisenbahnrat seine Aufgabe erfüllt hatte, die Staatseisenbahnverwaltung über die Wirkung einer geplanten Tarifermäßigung zu informieren. Wenn auch die Eisenbahndirektion das statistische Material selbst erhoben hatte, so hatte die Beratung im Bezirkseisenbahnrat die verschiedenen wirtschaftlichen Interessen im Direktionsbezirk erst deutlich gemacht.

2. *Der Breslauer Bezirkseisenbahnrat*

Im Breslauer Bezirkseisenbahnrat war eine Eisenbahntarifermäßigung schon im Sommer 1885 diskutiert worden. Die daraus sich ergebenden Anträge richteten sich vornehmlich darauf, die Tarife nach Mitteldeutschland, besonders Sachsen, dem wichtigsten Absatzmarkt der schlesischen Landwirtschaft, herabzusetzen[531].

Die Ausschußsitzung im November 1885 führte schon deshalb zu einer kontroversen Diskussion, weil in dem Direktionsbezirk industriearme Regionen nicht wie in Ost- und Westpreußen vorherrschend waren.

Das statistische Material zeigte, wie nicht anders zu erwarten, daß die ermäßigten Eisenbahntarife immer noch deutlich von den Schiffsfrachten unterboten würden, was den vortragenden Referenten der Eisenbahndirektion dazu brachte, den vorgeschlagenen Getreidestaffeltarif als wirkungslos zur Absatzsteigerung der östlichen Getreideherstellung zu bezeichnen[532].

Anhand der Statistiken zum Getreideversand auf der Eisenbahn war aber erkennbar, daß im Bereich der Breslauer Eisenbahndirektion, den Provinzen Posen und Schlesien, nur das stärker landwirtschaftlich geprägte Posen einen Überschuß erwirtschaftete, der auf den Märkten in Mittel- und Westdeutschland abgesetzt werden konnte. In Posen war dies vor allem der Roggen, gefolgt von sehr viel geringeren Mengen der Sorten Weizen und Gerste[533]. Die Regierungsbezirke Oppeln und Breslau/Liegnitz und besonders der städtisch geprägte Verkehrsbezirk Stadt Breslau empfingen an ihren Bahnhöfen mehr Getreide, als von dort versandt wurde[534].

Der Eisenbahnvertreter gab bei der Vorstellung des statistischen Materials zusätzlich den Hinweis, zu untersuchen, ob nicht dieses Bedürfnis für einen Ab-

530 Anlagen Abgeordnetenhaus 1887, Band 1, S. 87 ff.
531 Anlagen Abgeordnetenhaus 1887, Band 1, S. 111.
532 Anlagen Abgeordnetenhaus 1887, Band 1, S. 111.
533 Anlagen Abgeordnetenhaus 1887, Band 1, S. 112.
534 Anlagen Abgeordnetenhaus 1887, Band 1, S. 112.

satz nach Mittel- und Westdeutschland verfehlt sei, weil der Zwischenhandel und der Import ausländischen Getreides eigentlich bei den erzielten Ernteergebnissen in Posen und Schlesien überflüssig sei[535]. Der Eisenbahnreferent sah zu Recht in dem Entfernungsstaffeltarif keine Begünstigung der ausländischen Konkurrenten. Der aus dem russischen Hinterland über Brody und Podwolocyska auf der Eisenbahn hereinkommende russische Import nach Preußen war schon durch die russischen Eisenbahntarife so begünstigt, daß durch den neuen Ostbahnentfernungstarif kein entscheidender zusätzlicher Wettbewerbsvorteil zu befürchten war[536]. Außerdem war auch hier die konkurrenzlos günstige Schiffsfracht der Elbumschlagsplätze in Laube und Dresden-Elbquai zu beachten[537].

Auch die wichtigsten mitteleuropäischen Konkurrenten aus den mittleren und südlichen Gebieten Ungarns wurden durch die vorgeschlagene Frachtermäßigung nicht bevorteilt, denn dieser Getreidehandel wurde hauptsächlich über Sachsen abgewickelt, so daß die längere preußische Oderberger Route für die Tarifbildung nicht in Betracht kam[538]. Es bestand aber aus Sicht des Eisenbahnreferenten die Gefahr, daß die Getreidepreise in Mittel und Westdeutschland durch die erhöhte Getreidezufuhr aus den Ostprovinzen absinken könnten, während eine erhöhte Zufuhr aus Rußland oder Ungarn auf dem Absatzmarkt in Posen und Schlesien nicht durch die Tarifermäßigung hervorgerufen werden konnte, weil diese von den Grenzstationen aufgrund der geographischen Lage im Osten nach Posen und Schlesien als Entfernungstarif gar nicht gewährt werden konnte[539].

Die Ausschußsitzung hätte angesichts der gemischten wirtschaftlichen Struktur besonders in Schlesien die Zustimmung zum Entfernungsstaffeltarif gefährden können.

Entscheidend für die Zustimmung war das Auftreten des Kaufmanns und Getreidehändlers David Mugdan aus Breslau[540]. Mugdan war eine bedeutende Persönlichkeit des politischen Lebens und zwar als Stadtverordneter und Vizepräsident der Handelskammer in Breslau[541]. Mugdan konnte aufgrund seiner genauen Kenntnisse der Handelsströme einige der Einschätzungen des Eisenbahnreferenten geraderücken.

---

535 Anlagen Abgeordnetenhaus 1887, Band 1, S. 112.
536 Anlagen Abgeordnetenhaus 1887, Band 1, S. 113.
537 Anlagen Abgeordnetenhaus 1887, Band 1, S. 113.
538 Anlagen Abgeordnetenhaus 1887, Band 1, S. 113.
539 Anlagen Abgeordnetenhaus 1887, Band 1, S. 113.
540 Er stammte aus einer ursprünglich jüdischen Familie, die im 19.Jahrhundert eine Reihe von bedeutenden Persönlichkeiten hervorgebracht hat, von Otto Mugdan, dem Arzt und Sozialpolitiker bis zu Benno Mugdan, dem Herausgeber und Bearbeiter der "Gesammten Materialien zum BGB". NDB, 18. Band, S. 569 f.
541 NDB, 18. Band, S. 570.

Die Einfuhr von Mühlenfabrikaten bestand danach zum größten Teil aus Kleie, die nur zu Futterzwecken bezogen wurde. Zudem lagen den Statistiken die außergewöhnlich schlechten Ernten von 1883 und 1884 zugrunde[542]. In einem Jahr mit normaler Ernte wäre die Zufuhr von Getreide dagegen verschwindend gering gegenüber der Eigenproduktion[543].

Mugdan wandte sich ferner gegen den Vorwurf, daß der Zwischenhandel einen negativen Einfluß habe. Die Zahlen zeigten, daß der Versand von Getreide fast ausschließlich nach inländischen Märkten erfolge und die Einfuhr ausländischen Getreides nach Posen und Schlesien angesichts der eigenen Ernte ganz gering sei[544]. Mugdan war somit der Auffassung, daß der Zwischenhandel nicht, wie es in der Kritik des Eisenbahnvertreters anklang, dazu führte, unnötigerweise Getreide auszuführen, um dann ausländisches Getreide einführen zu müssen. Der Zwischenhandel erfüllte seiner Meinung nach vielmehr die Aufgabe, Absatzgebiete - angesichts seiner Interpretation der Statistiken - vor allem im Inland zu erschließen[545]. Ferner wies Mugdan darauf hin, daß der Eisenbahnverkehr gegenüber der billigen Schiffsfracht den Vorteil des sicheren Transports habe und in den Wintermonaten der Schiffahrtstransport ausgeschlossen sei[546]. Die anderen Ausschußmitglieder waren schon als landwirtschaftliche Interessenvertreter ganz auf der Linie Mugdans.

Die Eisenbahnvertreter bezweifelten die von den Ausschußmitgliedern unterstützte Darstellung der wirtschaftlichen Lage durch Mugdan. Sie waren davon überzeugt, daß die fallenden Preise auf den westlichen Getreidemärkten Preußens auf den massiven Getreideimport aus den Vereinigten Staaten zurückzuführen seien. Sie befragten daher die Ausschußmitglieder, was die Ursachen für die niedrigen Preise im Westen bzw. die Verteuerung im Osten seien[547]. Denn die Eisenbahndirektion, die sogar durch den Präsidenten der Direktion vertreten war, was die große Bedeutung dieser Tariffrage für die örtliche Eisenbahnverwaltung unterstreicht, verfolgte im Rahmen der dezentralen Organisation der Staatseisenbahn auch betriebswirtschaftliche Interessen. Wenn die Tarifermäßigung nicht zu einer erhöhten Zufuhr nach Mittel- und Westdeutschland führte, erlitt die Direktion einen Einnahmeausfall, den sie bei der ihr übertragenen Eigenverantwortlichkeit unmittelbar selbst kompensieren mußte. Zugleich erfüllten die Eisenbahnvertreter mit ihren Fragen die Aufgabe für die Staatseisenbahnverwaltung,

542 Anlagen Abgeordnetenhaus 1887, Band 1, S. 114.
543 Anlagen Abgeordnetenhaus 1887, Band 1, S. 114.
544 Anlagen Abgeordnetenhaus 1887, Band 1, S. 114.
545 Anlagen Abgeordnetenhaus 1887, Band 1, S. 114.
546 Anlagen Abgeordnetenhaus 1887, Band 1, S. 114.
547 Anlagen Abgeordnetenhaus 1887, Band 1, S. 114 f.

im Rahmen der staatsinterventionistischen Wirtschaftspolitik Preußens, die volkswirtschaftlichen Auswirkungen der Tarifänderung zu prüfen.

Die zutreffende Darstellung der Entwicklung der Getreidepreise und der hierfür verantwortliche Preisdruck besonders durch die amerikanischen Importe war genau der richtige Ansatz, um die volkswirtschaftlichen Auswirkungen der Tarifermäßigung zu beurteilen. Der Preisverfall des Getreides war nämlich vor allem auf den amerikanischen Import zurückzuführen, weil die Konkurrenzfähigkeit des amerikanischen Getreides auf dem deutschen Markt damit zusammenhing, daß der Preis des amerikanischen Getreides ständig sinken konnte, da im privatwirtschaftlichen Konkurrenzkampf die Eisenbahn- und Schiffsfrachtraten dramatisch heruntergingen. Dieses Problem wurde von den Ausschußmitgliedern mit teilweise sehr zweifelhaften Argumenten bestritten.

Dabei trat ein Bündnis zwischen dem Großgrundbesitzer Langermann und Mugdan hervor, das an die an gemeinsamen Interessen orientierte Zusammenarbeit zwischen Bismarck und seinem Bankier Bleichröder erinnert. Langermann hatte wohl schon deshalb keine Berührungsängste oder gar antisemitischen Vorurteile, weil er zu dieser Zeit Abgeordneter der Freikonservativen im Preußischen Abgeordnetenhaus war[548], einer bismarcktreuen Partei, die Nipperdey als die Seele des Parteienkartells bezeichnete, das Bismarck bis zum wirtschaftspolitischen Kurswechsel getragen hatte[549] Außerdem hatte man aber vor allem gemeinsame Interessen. Langermann war nämlich auch Vorsitzender des Landwirtschaftlichen Hauptvereins im posenschen Lissa, das direkt angebunden an das preußische Eisenbahnnetz aufgrund seiner östlichen geographischen Lage von dem Enfernungsstaffeltarif besonders profitieren mußte[550].

Langermann beantwortete die Frage der Eisenbahnvertreter, indem er ausführte, warum die Getreidepreise in den letzten Jahren in Posen so niedrig (!) gewesen seien, was sich aus von ihm nicht näher bezeichneten lokalen Ursachen der Preisbildung und der schlechten Qualität des Getreides in den letzten Jahren ergeben haben sollte[551]. Diese Ausführungen wurden entgegen der sonstigen Gewohnheit im Ausschußprotokoll ausdrücklich als Behauptungen bezeichnet, was die Zweifel der Staatseisenbahnverwaltung zum Ausdruck brachte, da die Protokollanten Eisenbahnsekretäre waren[552].

Mugdan schließlich versuchte, die Bedeutung der amerikanischen Getreideimporte und damit des Getreideimports insgesamt herunterzuspielen. In den Vereinigten Staaten führe die fortschreitende Industrialisierung dazu, daß die

---

548 Mann, Biographisches Handbuch, S. 239.
549 Nipperdey, Deutsche Geschichte 1866 -1918, Band II, S. 337.
550 Mann, Biographisches Handbuch, S. 239.
551 Anlagen Abgeordnetenhaus 1887, Band 1, S. 114.
552 Anlagen Abgeordnetenhaus 1887, Band 1, S. 110 und 114.

Landwirtschaft an Bedeutung verliere, denn man gehe dort vom Raubbau zu solideren Anbauverhältnissen über. Mugdan schloß daraus, daß somit die amerikanische Konkurrenz auf dem deutschen Getreidemarkt weniger bemerkbar war als in den vorigen Jahren und auch in Zukunft der amerikanische Import geringer ausfallen werde[553]. Damit hatte er einerseits etwas übertrieben. Andererseits zeigt diese Äußerung die weitreichenden Kenntnisse des Kaufmanns auch über die internationale Wirtschaftsentwicklung.

Der Anteil der Landwirtschaft am Volkseinkommen nahm zwar in den Vereinigten Staaten wie in allen sich zu Industriestaaten entwickelnden Ländern zugunsten des Anteils der Industrie ab. Die Anteile verschoben sich aber erst in den 90er Jahren des 19. Jahrhunderts, so daß Industrie und Landwirtschaft nahezu gleiche Anteile am Volkseinkommen hatten[554]. Denn 1885 wandte sich die amerikanische Außenwirtschaftspolitik im Zeichen einer an staatsinterventionistischen Zielen orientierten Wirtschaftpolitik, stärker einer kommerziellen Expansion auf den Außenhandelsmärkten zu[555]. Die Ära des "Corporation Capitalism" war auf einem vorläufigen Höhepunkt. Die amerikanische Regierung stand unter dem Druck der Farmer mit ihren landwirtschaftlichen Großbetrieben, der Kaufleute und Reeder und einer seit 1882 anhaltenden Krise der Industrie. Die "Frachtsatzkriege" zwischen den transkontinentalen privaten Eisenbahngesellschaften verbilligten noch zusätzlich die Transportkosten[556].

Mugdan hatte aber insofern Recht, als die Weizenanbauflächen in den Vereinigten Staaten gegenüber einer Verdopplung zwischen 1865 und 1880 danach bis 1897 nur noch um 10 Prozent anwuchsen[557]. Auch richtete sich die amerikanische außenwirtschaftliche Expansion schon in den 80er Jahren im Rahmen des neuen Panamerikanismus auf die lateinamerikanischen Märkte, vor allem zugunsten der amerikanischen Industrie, denn im Handel mit Lateinamerika importierten die Amerikaner von dort Agrar- und Naturalwaren[558]. Mugdan konnte also die von den Eisenbahnvertretern aufgeworfenen Fragen und Zweifel genauso wie Langermann eigentlich nicht befriedigend beantworten oder entkräften.

Dennoch wurde die Frage der Exportfähigkeit der östlichen Provinzen einhellig bejaht. Diese Zustimmung war angesichts der Zusammensetzung im Ausschuß des neben dem Bromberger Bezirkseisenbahnrat einzigen Bezirkseisenbahnrats der östlichen Provinzen auch nicht anders zu erwarten.

553 Anlagen Abgeordnetenhaus 1887, Band 1, S. 115.
554 Wehler, Der Aufstieg des amerikanischen Imperialismus, S. 20 f.
555 Wehler, Grundzüge der amerikanischen Außenpolitik, S. 156 f.
556 Wehler, Der Aufstieg des amerikanischen Imperialismus, S. 20 f.
557 Wehler, Der Aufstieg des amerikanischen Imperialismus, S. 20.
558 Wehler, Grundzüge der amerikanischen Außenpolitik, S. 169 und S. 172.

Bei der Frage nach der Wirkung der Frachtermäßigung auf die anderen Landesteile Preußens insistierten die Eisenbahnvertreter auch hier auf einer Debatte über den Preisdruck, den eine zusätzliche Einfuhr von Getreide aus dem Osten in Mittel- und Westdeutschland auf die westlichen und mittleren Landwirte ausüben konnte[559].

Langemann und Mugdan wehrten diese volkswirtschaftlichen Argumente sehr geschickt ab, indem sie auf die Schutzzollpolitik verwiesen, die bewirken werde, daß das ausländische Getreide nicht mehr im bisherigen Umfang auf den deutschen Markt gelangen und so der Preisdruck abnehmen werde[560]. Dem konnten Eisenbahndirektionspräsident Kranold und die übrigen Eisenbahnvertreter nicht widersprechen. Die Schutzzollpolitik war schließlich das Herzstück der damaligen Wirtschaftspolitik der preußischen Regierung, von dem man sich genau die von Mugdan und Langermann beschriebenen Wirkungen erhoffte.

Trotzdem fiel die Abstimmung im Ausschuß mit drei gegen zwei Stimmen denkbar knapp aus. Die Gegenstimmen kamen offenbar von den beiden Ausschußmitgliedern aus dem oberschlesischen bzw. niederschlesischen Kohlenrevier, die bisher geschwiegen hatten[561]. Den bisherigen Verlauf der Diskussion hatten sie aus guten Gründen stillschweigend gebilligt. In Schlesien war die Industrialisierung nicht wie überwiegend sonst von Bürgerlichen vorangetrieben worden, sondern Adlige hatten die Technisierung ermöglicht und waren dabei Großgrundbesitzer geblieben und Industriemagnaten geworden[562]. Der Fürstlich-Pleßische Generaldirektor Ritter aus dem niederschlesischen Waldenburg[563] vertrat daher im Ausschuß für seinen Arbeitgeber Fürst Pleß, der zu den zehn reichsten Männern im Kaiserreich gehörte, zugleich dessen landwirtschaftliche Interessen als Großgrundbesitzer und dessen industrielle Interessen als einem der wichtigsten Großindustriellen.

Ritter mußte somit bei der Diskussion über den Preisverfall hellhörig geworden sein. Die Wirkungen eines Preisverfalls in Westdeutschland konnten ihn dabei kaum beunruhigt haben, weil dort das unbestrittene Absatzgebiet der industriellen Konkurrenten von Rhein und Ruhr war. Mitteldeutschland war aber besonders im Süden das unbestrittene Absatzgebiet der schlesischen Steinkohle. Eine wirtschaftliche Verschlechterung der Landwirtschaft in dieser Region hätte diesen Kohleabsatz gefährden können.

---

559 Anlagen Abgeordnetenhaus 1887, Band 1, S. 115.
560 Anlagen Abgeordnetenhaus 1887, Band 1, S. 115 f.
561 Anlagen Abgeordnetenhaus 1887, Band 1, S. 115 f.
562 Tebarth, Technischer Fortschritt und sozialer Wandel in den deutschen Ostprovinzen, S. 192 f.
563 Mann, Biographisches Handbuch, S.323.

Hierbei spielte dann eine politische Verbundenheit mit Langermann in den Augen Ritters, der ebenfalls den Freikonservativen angehörte, augenscheinlich keine Rolle. Als Mitglied des Bezirkseisenbahnrats war man in erster Linie wirtschaftlicher Interessenvertreter. Bei der Frage, ob die Frachtermäßigung die ausländische Konkurrenz bevorteilen könnte, wies Mugdan wiederum auf die Wirkungen des Schutzzolls hin[564]. Die einhellige Verneinung der Frage resultierte aber wahrscheinlich eher daraus, daß bei der geographischen Lage Schlesiens, das viel näher an dem wichtigen mitteldeutschen Absatzmarkt lag als Ostpreußen, besonders die osteuropäische Konkurrenz keinen Wettbewerbsvorteil aus der Frachtermäßigung ziehen konnte.

Mugdan wurde von den Ausschußmitgliedern zum Referenten in der folgenden Sitzung des Bezirkseisenbahnrats am 10. Dezember 1885 bestimmt. Seine große Aktivität im Ausschuß war also honoriert worden.

In der folgenden Sitzung des Breslauer Bezirkseisenbahnrats am 10. Dezember 1885 gab es nach der ausführlichen Vorberatung im Ausschuß keinen nennenswerten Widerstand mehr gegen den Entfernungsstaffeltarif.

Alle drei Fragen des preußischen Eisenbahnministers wurden mit großer Mehrheit oder einstimmig im Sinne der Ausschußabstimmungen entschieden[565].

Eine wirksame Opposition gegen die wiederum souveräne Verhandlungsführung Mugdans kam, vergleichbar der Diskussion im Bromberger Bezirkseisenbahnrat, nur von Mitgliedern, deren lokale Interessen gegen eine Begünstigung des Eisenbahntransports sprachen. Kaufmann Tießen aus Stettin vertrat ganz offen die Interessen der Reeder und des Getreidehandels Stettins. Stettin hatte sich im Zuge der Industrialisierung durch einen massiven Ausbau des Hafens zu einem der wichtigsten Industriestandorte und Handelsplätze entwickelt; dabei war der Getreidehandel von großer Bedeutung[566]. Tießen war aber dennoch nur daran interessiert, die von den Auschußmitgliedern vorgebrachten Argumente zu relativieren. Für ihn war entscheidend, daß die Wasserfrachten auch nach Inkrafttreten der Eisenbahntarifermäßigung noch deutlich geringer waren. Bei der Eigenproduktion Deutschlands blieb schließlich auch noch eine Versorgungslücke, die durch den ausländischen Import über die Häfen gedeckt werden mußte[567].

Für den Interessenvertreter aus Sorau in der Niederlausitz war die vorgeschlagene Frachtermäßigung schon eine größere Bedrohung der eigenen Interessen. Er befürchtete zu Recht, daß die Landwirtschaft in der Lausitz mit ihren Absatzmärkten in Mitteldeutschland schwere Nachteile aus einem Entfernungsstaf-

564 Anlagen Abgeordnetenhaus 1887, Band 1, S. 116.
565 Anlagen Abgeordnetenhaus 1887, Band 1, S. 117 ff.
566 Hinz, Pommern, S. 353 ff.
567 Anlagen Abgeordnetenhaus 1887, Band 1, S. 120.

feltarif haben mußte, der die konkurrierende schlesischen Landwirtschaft einseitig bevorteilte[568].

Sorau lag nämlich an einer Hauptbahn der preußischen Eisenbahn, die nach Westen genau in den wichtigen mitteldeutschen Absatzmarkt führte, aber auch östlich weite Teile in Schlesien mit Mitteldeutschland verband. Die Lausitz wäre somit von dem Entfernungstarif über 400 Kilometer im Gegensatz zu den schlesischen Mitbewerbern wie zum Beispiel die von Langermann vertretene Landwirtschaft um Lissa ausgeschlossen worden.

Mugdan gelang es, diese berechtigte Kritik zurückzuweisen, indem er den Kritikern vorwarf, nur ihre Sonderinteressen zu verfolgen[569]. Dies mußte Erfolg haben, da die meisten Mitglieder aus Schlesien kamen und somit in erster Linie an einem innerschlesischen Interessenausgleich interessiert waren.

Die Breslauer Bezirkseisenbahnverwaltung hatte zwar anscheinend ihre Zweifel bezüglich der Wirkungen der Tarifermäßigung nicht aufgegeben, sie beschränkte sich aber angesichts des zustimmenden Votums der wirtschaftlichen Interessenvertreter im Gutachten darauf, den geschätzten Jahresausfall zu beziffern[570]. So hatten in den beiden östlichen Bezirkseisenbahnräten die unterschiedlichen Interessengruppen einen Konsens gefunden, der zur Zustimmung zu einer Tarifermäßigung führte, die in ihrem Interesse erdacht worden war.

Beunruhigende Gerüchte über aufgeregte Reaktionen in den mittel- und westdeutschen Bezirkseisenbahnräten waren aber von den Staatseisenbahnvertretern verbreitet worden.

3. *Der Erfurter Bezirkseisenbahnrat*

Der Direktionsbezirk Erfurt wies die Besonderheit auf, daß Erfurt umgeben war von den thüringischen Kleinstaaten. Eisenbahnpolitisch brachte dies aber keine Nachteile für Preußen.

Die thüringischen Staaten konzessionierten schon 1844 auf preußischen Druck die private Thüringische Eisenbahngesellschaft, die Preußens westliche und mittlere Provinzen verband, und das reine Privatbahnsystem in diesen Staaten dominierte[571]. Bei der Verstaatlichung der Eisenbahnen in Preußen 1882 ließen sich die Kleinstaaten aus der Thüringischen Eisenbahngesellschaft durch Tausch gegen Staatsanleihen herausdrängen, weil Preußen wie auch 1844 damit

568 Anlagen Abgeordnetenhaus 1887, Band 1, S. 120.
569 Anlagen Abgeordnetenhaus 1887, Band 1, S. 120.
570 Anlagen Abgeordnetenhaus 1887, Band 1, S. 89.
571 Ziegler, Eisenbahnen und Staat im Zeitalter der Industrialisierung, S. 209.

drohen konnte, sonst parallel eine eigene Eisenbahnstrecke auf preußischem Territorium zu bauen. Die über 500 Streckenkilometer dieser Gesellschaft wurden daher preußisch[572].

Die besondere Lage Erfurts führte dazu, daß in der Kommission, die der Bezirkseisenbahnrat zur vorbereitenden Beratung der Sitzung des Ausschusses eingesetzt hatte, fast nur Mitglieder des Bezirkseisenbahnrats vertreten waren, die aus dem südlichen Teil der preußischen Provinz Sachsen kamen. Dies entsprach der geographischen Lage der am Getreide interessierten Wirtschaftszweige in der Industrie, dem Handel und in der Landwirtschaft im Direktionsbezirk Erfurt. Der Getreideanbau blieb in den thüringischen Kleinstaaten aber lohnend, weil die zahlreichen Mühlen auf die Zulieferungen angewiesen waren[573]. Der Anteil der gewerblichen und industriellen Wirtschaftszweige an der Volkswirtschaft, die nicht auf eine Getreidezufuhr angewiesen waren, hatte aber schon in frühindustrieller Zeit einen so hohen Stand, daß nach Abschluß der Hochindustrialisierung die Landwirtschaft in manchen der thüringischen Kleinstaaten eine fast untergeordnete Rolle spielte[574].

In der Provinz Sachsen, der durch die Bodenertragsfähigkeit am meisten begünstigten Provinz des preußischen Staates, hingegen lag der Anteil der landwirtschaftlichen Fläche hoch über dem Reichsdurchschnitt, was die Provinz zu einem landwirtschaftlichen Überschußgebiet machte. Infolgedessen führte die leistungsstarke Nahrungsmittelbranche Getreide in die stärker gewerblich- industriellen Gebiete, in die thüringischen Kleinstaaten, nach dem Königreich Sachsen, in den rheinisch-westfälischen Raum und nach Berlin aus[575].

Die Landwirtschaft der Provinz Sachsen hatte also die Märkte bereits erobert, auf welche die Landwirte der östlichen preußischen Provinzen vordringen wollten. Die Mitglieder des Erfurter Bezirkseisenbahnrats hatten über eine Tarifermäßigung zugunsten einer möglichen Konkurrenz auf ihren wichtigsten Absatzmärkten zu entscheiden. Die Diskussion nahm einen Verlauf, der diese Konkurrenzsituation und auch die besondere Lage Thüringens widerspiegelte.

Die Gegner der Tarifmaßnahme hatten durchaus unterschiedliche Gründe für ihre ablehnende Haltung. Der Vertreter der Handelskammer in Halle, Steckner, hatte die Interessen des Getreidehandels in Halle zu vertreten, der über den Halleschen Hafen abgewickelt wurde. Die Saaleschiffahrt hatte trotz des wiederholten Ausbaus des Halleschen Hafens in den 60er und 70er Jahren durch die wachsende Konkurrenz der Eisenbahn einen erheblichen Verkehrsrückgang erlitten.

572 Facius, Thüringen, S. 524.
573 Facius, Thüringen, S. 528.
574 Facius, Thüringen, S. 525 und S. 528 f.
575 Klein, Sachsen-Anhalt, S. 258.

Diese Entwicklung konnte erst umgekehrt werden, als 1884 die Kettenschiffahrt auf der unteren Saale eingeführt wurde[576].

Steckner sprach sich daher dafür aus, daß die Schiffahrt neben der Eisenbahn bestehen bleiben müsse, weil die von der Eisenbahnverwaltung vorgelegte Statistik zeigte, daß die ermäßigten Eisenbahnfrachten zu Tarifen führten, die für den Transportweg von Mitteldeutschland nach den westlichen preußischen Provinzen die Schiffsfrachten unterbieten konnten[577]. Dies lag daran, daß 1885 die Schiffahrt von Halle aus nur über die Elbe nach Hamburg führte, was einen sehr viel längeren Transportweg gegenüber den von Osten nach Westen verlaufenden Eisenbahnlinien bedeutete. Die Schiffahrtsverbindung in west-östlicher Richtung wurde erst zu Beginn des 20. Jahrhunderts mit dem Mittellandkanal geschaffen[578].

Steckner versuchte, den Getreidestaffeltarif als eine Rückkehr zum System der Differentialtarife der Privateisenbahnzeit zu diskreditieren. Seiner Meinung nach sollte sich die Eisenbahntarifpolitik darauf beschränken, die Schutzzollpolitik zu ergänzen und nur den Export und die Durchfuhr zu fördern. Im Inland sollte aber ein Prinzip der Tarifgleichheit herrschen, auch weil Deutschland ein Getreideimportland sei[579]. Mit diesem Prinzip der allgemeinen Gleichheit war nichts anderes gemeint als die seit 1877 mit dem Tarifschema angestrebte Eisenbahntarifvereinheitlichung.

Steckner hatte aber gar nicht die Absicht, dieses Tarifschema vor einer etwaigen Aufweichung durch den Getreidestaffeltarif zu schützen. Er verfolgte vielmehr nur die Interessen der Halleschen Getreidehändler, die kaufmännisch dachten und so keinen Sinn für die Sonderinteressen einzelner inländischer Getreideproduzenten in den östlichen Provinzen entwickelten. Der Getreidehandel unterlag trotz der Schutzzölle und der Debatte über Identitätsnachweise keiner staatlichen Kontrolle, wie es Graf Kanitz und andere ostelbische Großgrundbesitzer immer forderten, sondern unterlag dem freien Warenverkehr. Die Anbindung Halles über die Wasserstraße an das freihändlerisch gesonnene Hamburg ermöglichte daher nicht nur den Transport von Getreide aus dem südlichen Teil der Provinz Sachsen nach dem Rheinland. Das sächsische Getreide kam vielmehr in Hamburg in einen Getreidehandel, der wie eine Drehscheibe Deutschland mit deutschem und Getreide aus aller Welt bediente. Dadurch wurde aber auch über Hamburg das ausländische Getreide über die Elbe und die angeschlossenen Ka-

576 Klein, Sachsen-Anhalt, S. 265.
577 Anlagen Abgeordnetenhaus 1887, Band 1, S. 129.
578 Klein, Sachsen-Anhalt, S. 265 f.
579 Anlagen Abgeordnetenhaus 1887, Band 1, S. 129.

näle nach Mitteldeutschland und damit möglicherweise auch wieder nach Halle transportiert.

Der leitende Beamte unter den Eisenbahnvertretern, Wehrmann, wandte sich dann auch sofort scharf gegen die von Steckner vorgetragenen Argumente[580]. Zu Recht wies er darauf hin, daß Staffeltarife im Tarifschema als eine Möglichkeit des Entfernungstarifs ausdrücklich vorgesehen waren. Steckner hatte aber insofern Recht, als die Ausnahmetarife insgesamt die Tarifeinheit bedrohten und eine größere Zahl der Ausnahmetarife alte Differentialtarife waren, welche die Staatseisenbahnverwaltung bei der Verstaatlichung einfach übernommen hatte.

Die Forderung Steckners, die Ausnahmetarifpolitik nur zur Förderung des Exports einzusetzen, widersprach nun ganz der offiziellen Eisenbahn- und Schutzzollpolitik im Sinne Bismarcks zum Schutz der einheimischen Wirtschaft, besonders der Landwirtschaft. Wehrmann stellte klar, daß die vorgeschlagene Tarifmaßnahme darauf gerichtet sei, den ausländischen Getreideabsatz zugunsten der deutschen Getreideproduzenten in den östlichen Provinzen zu verringern[581].

Wehrmann durchschaute Steckners wirtschaftliche Interessen. Er konnte die Einwände wegen der Konkurrenz von Eisenbahn und Binnenschiffahrt aber wirksam abwehren. Die angestrebte Tarifermäßigung mußte nicht zwangsläufig dazu führen, daß die ausländischen Getreideexporteure ebenfalls hiervon profitierten. Die ausländische Getreideeinfuhr nach Deutschland wurde nämlich hauptsächlich über die Wasserstraßen zu den wichtigen deutschen Industriezentren abgewickelt, wobei die Eisenbahn nur die Rolle eines Spediteurs zur Verfrachtung auf kurze Stecken spielte[582]. Die ausländische Getreideeinfuhr wurde daher durch einen Entfernungsstaffeltarif nur begünstigt, wenn es auf ganzer Transportstrecke auf der Eisenbahn verfrachtet wurde, was nicht der Fall war. Wehrmann konnte mit Fug und Recht behaupten, daß der Entfernungsstaffeltarif mit der Schutzzollpolitik im Einklang stand[583].

Seine Bemühungen waren jedoch vergeblich, weil die Mehrheit der anderen Interessenvertreter ebenfalls von ihren Einzelinteressen her gegen den Entfernungsstaffeltarif stimmen mußte.

Fabrikbesitzer Wolff hatte Sitz und Stimme im Erfurter Bezirkseisenbahnrat für den Verein der sächsischen Malzfabrikanten in Halle. Als Interessenvertreter einer Industrie, die das Getreide für eine weitere Verwendung veredelte und ihre Rohstoffe von der Landwirtschaft bezog, dazu noch bevorzugt aus der unmittelbaren Umgebung, lag die Gefahr einer weiteren Getreidezufuhr aus dem deut-

---

580 Anlagen Abgeordnetenhaus 1887, Band 1, S. 130.

581 In der Betonung, daß die Bauern im Osten deutsche Staatsbürger waren, lag ein Anflug von Antisemitismus, Anlagen Abgeordnetenhaus 1887, Band 1, S. 129.

582 Anlagen Abgeordnetenhaus 1887, Band 1, S. 130.

583 Anlagen Abgeordnetenhaus 1887, Band 1, S. 130.

schen Osten in einem Preisverfall, der sich auf das veredelte Getreide ohne weiteres übertragen würde[584].

Aus derselben wirtschaftlichen Interessenlage schloß sich Mühlenbesitzer Woltersdorff aus dem thüringischen Arnstadt als Funktionär des thüringischen Zweiges des Verbandes deutscher Müller, der seinen Sitz in Erfurt hatte, der ablehnenden Haltung von Steckner und Wolff an[585]. Besonders die thüringischen Mühlen hatten ihren Markt in den stark industrialisierten thüringischen Kleinstaaten. Woltersdorff empfand den Entfernungstarif daher als eine Benachteiligung der Mühlenindustrie in Thüringen[586].

Die Befürworter der Eisenbahntarifermäßigung waren aber gerade die Interessenvertreter aus den stark industrialisierten Gebieten Thüringens, Mühlhausen und Erfurt, die staatsrechtlich zu Preußen gehörten[587]. Meyer von der Handelskammer in Erfurt hatte kein Interesse des Handels an der Binnenschiffahrt zu vertreten. Thüringen nahm zwar seit alters her im innerdeutschen Verkehr eine wichtige Stellung ein, dabei hatte es aber selbst keine günstigen Land- und Wasserstraßen. Die alteingesessenen Industrien Thüringens konnten sich vielmehr an ihren alten Standorten nur halten, weil ihnen die Eisenbahn seit der Mitte des 19. Jahrhunderts die benötigten Rohstoffe zuführte[588].

Meyer erweckte zwar den Eindruck, als ob es gleichgültig sei, auf welchem Weg, Wasserstraße oder Schiene, das Getreide nach Thüringen gelangte[589]. Er befürwortete jedoch die Tarifermäßigung wegen der großen Bedeutung der Eisenbahn für den Handel mit den landwirtschaftsfernen Industriegütern. Erfurt war schon seit 1870 ein Zentrum der Schuhindustrie[590]. Bei seiner Stellungnahme wirkte sich die staatsrechtliche Zersplitterung Thüringens aus, die dazu geführt hatte, daß hier meist einzelstaatliche und zentralisierte Handelskammern entstanden waren. Meyer sprach somit nur für den Handel des preußischen Eisenbahnverkehrsknotenpunkts Erfurt.

Der Fabrikant aus dem wirtschaftlich von der Kaliindustrie bestimmten Mühlhausen begründete seine Zustimmung mit der Sorge um die Versorgung der arbeitenden Bevölkerung in dieser Region, wie auch in den anderen Industrie-

---

584 Anlagen Abgeordnetenhaus 1887, Band 1, S. 130.
585 Anlagen Abgeordnetenhaus 1887, Band 1, S. 131.
586 Anlagen Abgeordnetenhaus 1887, Band 1, S. 131.
587 Die Reichsstadt Mühlhausen war ebenfalls für die niederrheinischen Gebietsverluste von Preußen ein Jahr vor dem Reichsdeputationshauptschluß besetzt worden.Klein, Sachsen-Anhalt, S. 245.
588 Facius, Thüringen, S. 525.
589 Anlagen, Abgeordnetenhaus 1887, Band 1, S. 131.
590 Facius, Thüringen, S. 527.

städten in Thüringen[591]. Sein Motiv war andererseits in der Lage Mühlhausens zu finden, das an keine ausgebaute Wasserstraße angebunden war, weshalb die Verbraucher in Mühlhausen deutlich höhere Brotpreise zahlen mußten als die Verbraucher in den an den Wasserstraßen gelegenen Handelsplätzen im südlichen Teil der Provinz Sachsen[592].

Der eigentliche Grund für seinen Einsatz zugunsten der Arbeiter war aber nicht ökonomischer, sondern politischer Art.

Bereits seit den Siebziger Jahren entwickelte sich Thüringen zum Stammland der Sozialdemokratie. Bei den Wahlen zum Reichstag nach dem allgemeinen Wahlrecht wurden die Wahlkreise im Thüringer Gebiet immer mehr zu festen Stützen der wachsenden politischen Macht der Sozialdemokraten[593]. Der Mühlhausener Fabrikant hatte deshalb ein großes Interesse daran, daß seine politisch links stehenden Arbeiter nicht zu einer etwaigen Streikaktivität durch zu hohe Brotpreise oder gar Versorgungsengpässe aufgestachelt würden.

Die vom preußischen Eisenbahnminister gestellten Fragen wurden aber im Sinn einer Ablehnung des Entfernungsstaffeltarifs zugunsten der Landwirte in den östlichen Provinzen sowohl in der vom Bezirkseisenbahnrat eingesetzten Kommission am 14. Oktober 1885 als auch in der letztlich entscheidenden Ausschußsitzung am 4. Dezember 1885 beantwortet.

Die Frage nach dem Nutzen des Entfernungsstaffeltarifs für die Landwirtschaft der östlichen Provinzen zu verneinen, war eigentlich ein Widerspruch gegen die Bejahung der Frage nach der Beeinträchtigung der Interessen der anderen Landesteile, so daß die Wortführer der landwirtschaftlichen Interessen des südlichen Teils der Provinz Sachsen auch die erste Frage bejahten[594]. Ausschlaggebend für die Abstimmung gegen den Entfernungsstaffeltarif war, daß in Ausschuß und Kommission die landwirtschaftlichen Interessenvertreter aus dem südlichen Landesteil der Provinz Sachsen die Mehrheit der Mitglieder stellten. Im Ausschuß hatte diese Gruppe noch mit Canstein einen Verbündeten, der den landwirtschaftlichen Provinzialverein für Brandenburg und die Niederlausitz vertrat und im Erfurter Bezirkseisenbahnrat die Interessen der dortigen Landwirtschaft, die von dem Entfernungsstaffeltarif in direkter Nachbarschaft zu den östlichen Provinzen nicht profitieren konnten, hier erfolgreicher zur Geltung bringen konnte als im Bromberger Bezirkseisenbahnrat, dem er ebenfalls angehörte[595].

---

591 Anlagen Abgeordnetenhaus 1887, Band 1, S. 126 und S. 131.
592 Anlagen Abgeordnetenhaus 1887, Band 1, S. 126 und S. 131.
593 Rovan, Geschichte der deutschen Sozialdemokratie, S. 38 f.
594 Anlagen Abgeordnetenhaus 1887, Band 1, S. 128.
595 Anlagen Abgeordnetenhaus 1887, Band 1, S. 125 und S. 128.

Hier gab es wie allgemein typisch für Mitteldeutschland besonders im Zentrum der Provinzhauptstadt Magdeburg eine im Vergleich zu Ostdeutschland starke Industrialisierung. Diese stand aber immer im Zusammenhang mit der bis ins 20. Jahrhundert starken Landwirtschaft. Die Entwicklung des Maschinenbaus war daher vor allem eine Entwicklung des Landmaschinenbaus[596]. Wenn auch nicht der Großgrundbesitz wie in Ostdeutschland vorherrschte, so prägte das Bild doch der landwirtschaftliche Großbetrieb[597]. Es entstand so in der zweiten Hälfte des 19. Jahrhunderts in den preußischen Provinzen Sachsen und Anhalt eine leistungsstarke Nahrungs- und Genußmittelindustrie (vor allem Zuckerfabriken), die in die benachbarten, mehr gewerblich-industriell entwickelten Gebiete exportierte, in das Königreich Sachsen, nach Thüringen, in den rheinisch-westfälischen Raum und nach Berlin Getreide (besonders Weizen), Zucker, Kartoffeln und Schlachtvieh[598].

Diese gegenseitige Abhängigkeit führte dann auch hier dazu, daß die Interessenvertreter aus Industrie und Landwirtschaft in der Frage des Getreidestaffeltarifs wegen der gemeinsamen Interessen an einem Strang gezogen haben.

In der Ausschußsitzung im Herbst 1885 waren als landwirtschaftliche Interessenvertreter zwei Gutsbesitzer, für die Industrie ein Rittergutspächter aus Hundisburg und Fabrikbesitzer Stengel aus Staßfurt sowie für den Handel bzw. die Handelskammern Bankier Bethke aus Halle und Kommerzienrat Neubauer[599] als Mitglieder an der Debatte zum Getreidestaffeltarif beteiligt[600]. Die vier Vertreter der Staatseisenbahndirektion wurden auch hier von dem Eisenbahndirektionspräsidenten angeführt[601]. Die einführende Stellungnahme der Eisenbahnvertreter war davon geprägt, daß die finanzielle Einbuße für die preußische Eisenbahn in diesem Direktionsbezirk als sehr gering (13700 Mark) geschätzt wurde, so daß finanzielle Bedenken seitens der Eisenbahnverwaltung nicht bestanden[602]. Die Eisenbahnvertreter gingen dabei davon aus, daß die kombinierten Bahn- und Wasserfrachten auch nach Einführung des Getreidestaffeltarifs diesen fast immer

596 Geschichte der deutschen Länder, S. 269.
597 Geschichte der deutschen Länder, S. 259.
598 Geschichte der deutschen Länder, S. 258.
599 Bank-, Kommissions- und Zuckergeschäft Magdeburg; Jahrbuch der deutschen Handelskammern und sonstigen amtlichen Handelsvertretungen, 2. Ausgabe Leipzig 1910.
600 Anlagen Abgeordnetenhaus 1887, Band 1, S. 133.
601 Anlagen Abgeordnetenhaus 1887, Band 1, S. 133.
602 Anlagen Abgeordnetenhaus 1887, Band 1, S. 140.

noch unterbieten würden[603]. Dies galt um so mehr, als bisher schon ein Getreideausnahmestaffeltarif von Bromberg auf der Ostbahn nach Berlin galt und die Eisenbahnvertreter glaubten, die Wirkung des Entfernungsstaffeltarifs auf dieser Grundlage einschätzen zu können. An der Einführung war aber besonders wichtig, daß zum ersten Mal bei der Wirkung der Tarifermäßigung für die ausländische Konkurrenz der Zusammenhang mit der Außenhandelspolitik beachtet wurde.

In dem deutsch-österreichischen Handelsvertrag war vereinbart worden, daß bezüglich der Eisenbahnfrachten die Bewohner der vertragschließenden Länder nicht unterschiedlich behandelt werden durften. Hieraus waren aber keine Bedenken gegen die Tarifermäßigung herzuleiten, weil für den direkten Eisenbahntransport von Österreich-Ungarn aus die Grenzstationen so nahe lagen, daß für diese Getreidezufuhr nach Mitteldeutschland auf der preußischen Strecke der Entfernungsstaffeltarif gar nicht zur Anwendung kommen konnte[604].

Die Reaktionen der wirtschaftlichen Interessenvertreter gegen die geplante Tarifermäßigung fielen um so heftiger aus.

Auffällig war, daß diese ablehnende Haltung und besonders die Polemik der Argumentation immer darauf aufbaute, die eigenen Interessen auch als volkswirtschaftlich wichtig darzustellen.

Rittergutsbesitzer von Heimburg war der Meinung, daß die geplante Tarifermäßigung nur den östlichen Provinzen zugute kommen würde, und gleichzeitig die Landwirtschaft in den mittleren und westlichen Provinzen Nachteile zu erleiden hätten[605]. Denn die Landwirte in den östlichen Provinzen hätten die Vorteile des geringen Bodenwertes der Güter und der billigeren ländlichen Arbeitskräfte. Außerdem würde der Entfernungstarif auf weiten Strecken eine gesteigerte Wirksamkeit erhalten und so der Landwirtschaft in den mittleren und westlichen Provinzen die Absatzgebiete nehmen. Die Tarifermäßigung zugunsten der östlichen Provinzen widerspräche damit dem Gleichheitsgrundsatz. Andererseits hätte aber deshalb eine allgemeine Herabsetzung der Tarife für Getreide und Mühlenfabrikate seine Zustimmung gefunden.

Bankier Bethcke aus Halle wies darauf hin, daß die Schutzzölle für Getreide einen allgemeinen Schutz für die Landwirtschaft bewirken sollten. Diese Wirkung würde aber seiner Meinung nach für die Landwirtschaft in den westlichen und mittleren Provinzen durch den neuen Getreidestaffeltarif zugunsten der östlichen Provinzen wieder aufgehoben. Auch er sah darin einen Verstoß gegen den

603 Anlagen Abgeordnetenhaus 1887, Band 1, S. 138 f.
604 Anlagen Abgeordnetenhaus 1887, Band 1, S. 140.
605 Anlagen Abgeordnetenhaus 1887, Band 1, S. 140.

Grundsatz, daß mit der Verstaatlichung der Eisenbahnen möglichst alle verkehrstreibenden Interessenten gleich zu behandeln waren[606].

Der Ausschuß beschloß als Ergebnis der Debatte eine Resolution. Danach würde der neue Getreidestaffeltarif eine große Gefahr für die im Bezirk der Königlichen Eisenbahndirektion in Magdeburg gelegenen Landesteile sein, weil von hier aus dann zu teureren Frachten Getreide nach den westlichen und südwestlichen Provinzen hätte versandt werden können als von den östlichen Provinzen[607]. Dennoch wurde aber eine vollständige Ablehnung der Tarifmaßnahme vermieden. Einerseits wurde zwar eine allgemeine Tarifermäßigung abgelehnt, weil auch diese nachteilig für den Magdeburger Bezirk sei. Andererseits wäre diese jedoch beansprucht worden, falls auf eine Tarifermäßigung nicht verzichtet worden wäre.

In der Sitzung des Bezirkseisenbahnrats am 24. September 1885 nahm dieser die im Ausschuß verabschiedete Resolution ebenfalls einstimmig an[608].

5. Der Bezirkseisenbahnrat Hannover

Die Stadt Hannover war zugleich Sitz der preußischen Provinz Hannover. Diese Provinz umfaßte Hannover, Schleswig-Holstein, Braunschweig und Oldenburg. Hier spielten sowohl die Landwirtschaft als auch die Industrie eine große Rolle. Die Großindustrie hatte besonders im Süden der Provinz großen Aufschwung genommen. Wichtig waren neben der Eisengießerei die Wagen- und Maschinenfabrikation und der Schiffsbau[609]. Im Bezirkseisenbahnrat waren der Verein Deutscher Eisengießereien zu Osnabrück sowie der Verein Deutscher Eisen- und Stahlindustrieller vertreten, außerdem landwirtschaftliche Vereine aus den verschiedenen Teilen der preußischen Provinz Hannover.

Im Juli 1885 fand die Sitzung des Ausschusses des Bezirkseisenbahnrats Hannover zur Frage des Getreidestaffeltarifs zugunsten der östlichen Provinzen statt[610]. Die Vertreter der Handelskammern in den Hafenstädten Bremen und Hamburg lehnten die Ermäßigung alleine zugunsten der östlichen Provinzen entschieden ab. Sie begründeten ihre Ablehnung damit, daß es unbillig sei, wenn ein Getreidetransport per Schiff von Königsberg nach Bremen verfrachtet und dann mit der Bahn nach Frankfurt am Main verschickt werde, auf der Bahnstrecke

606 Anlagen Abgeordnetenhaus 1887, Band 1, S. 140.
607 Anlagen Abgeordnetenhaus 1887, Band 1, S. 141.
608 Anlagen Abgeordnetenhaus 1887, Band 1, S. 144.
609 Brockhaus, 8. Band, S. 790 u. 791.
610 Anlagen Abgeordnetenhaus 1887, Band 1, S. 144 ff.

nicht die Vergünstigung des Getreidestaffeltarifs erhalte[611]. Sie sprachen sich daher für einen allgemeinen Staffeltarif für den Getreidetransport auf der Bahn aus. Auch die landwirtschaftlichen Interessenvertreter wandten sich gegen die geplante Tarifermäßigung. Sie lehnten den Getreidestaffeltarif als neuen Ausnahmetarif ab. Es sei ein Grundsatz der neuen Eisenbahntarifpolitik seit der Einführung des Reformtarifs, daß die Begünstigung Einzelner durch Ausnahme- und Differentialtarife beseitigt würde[612].

Für sie kam nur eine allgemeine Tarifermäßigung ohne Staffelung für den Getreidetransport in Frage. Gegen den Staffeltarif zugunsten der östlichen Provinzen sprach ihrer Meinung nach auch, daß die Vergünstigung dem österreichischen und russischen Getreide aufgrund der Handelsverträge nicht versagt werden könne. Damit würde der Getreidezoll unterlaufen. Die landwirtschaftlichen Interessenvertreter dachten dabei an die Meistbegünstigungsklausel in den Handelsverträgen, die vorschrieb, daß die günstigen Eisenbahntarife gegenseitig gewährt werden mußten.

Die Vertreter der industriellen Vereine schloßen sich den Bedenken der anderen Mitglieder des Bezirkseisenbahnrates an. Auch sie gingen davon aus, daß ein Staffeltarif die westlichen Provinzen schädigen würde. Hannover sei nicht 400 Kilometer von dem Hauptabsatzgebiet, dem rheinisch-westfälischen Industrierevier, entfernt[613]. Außerdem seien die Getreideüberschüsse der östlichen Provinzen nicht so erheblich. Die angestrebte Tarifermäßigung sei daher nicht erforderlich. Bei erhöhten Transporten von Getreide aus den östlichen Provinzen würden zudem die Marktpreise zum Schaden der Landwirtschaft in den mittleren und östlichen Provinzen fallen[614].

Im Oktober 1885 tagte der Bezirkseisenbahnrat zur Frage des Getreidestaffeltarifs zugunsten der östlichen Provinzen[615]. Im Bezirkseisenbahnrat setzte sich die ablehnende Haltung aus der Ausschußsitzung fort.

Der neue Ausnahmetarif könne mit den in jedem Fall billigeren Wasserfrachtsätzen nicht konkurrieren, so daß der Getreidestaffeltarif unnötig sei[616]. Dieses von dem Interessenvertreter des Verbandes deutscher Müller vorgetragene Argument wurde auch von einem Vertreter der Handelskammer in Göttingen vorgetragen. Es wurde auch noch von einem landwirtschaftlichen Interessenvertreter nochmals darauf hingewiesen, daß der Transport von zusätzlichem Getreide von

611 Anlagen Abgeordnetenhaus 1887, Band 1, S. 145.
612 Anlagen Abgeordnetenhaus 1887, Band 1, S. 145.
613 Anlagen Abgeordnetenhaus 1887, Band 1, S. 145.
614 Anlagen Abgeordnetenhaus 1887, Band 1, S. 146.
615 Anlagen Abgeordnetenhaus 1887, Band 1,S. 147 ff.
616 Anlagen Abgeordnetenhaus 1887, Band 1, S. 149.

Osten nach Westen die Preise im Westen drücken würde[617]. Neben der einstimmigen Ablehnung des Getreidestaffeltarifs zugunsten der östlichen Provinzen wurde noch eine Resolution einstimmig verabschiedet, in welcher sich der Bezirkseisenbahnrat sowohl gegen die Erleichterung der Zufuhr von Getreide aus den östlichen Provinzen nach dem Westen durch Einführung eines neuen Staffeltarifs als auch gegen die allgemeine Einführung billigerer Frachtsätze für weitere Entfernungen aussprach. Dies habe nämlich eine schwere Schädigung der Interessen der Produzenten der westlichen Landesteile und der dortigen Mühlenindustrie zur Folge[618].

6. Der Bezirkseisenbahnrat Frankfurt am Main

Auch für Frankfurt am Main ergab sich ein gemischtes Bild bezüglich der Interessenvertretung von Industrie und Handel einerseits, sowie der Landwirtschaft andererseits. Hervorzuheben ist, daß Spitzenverbände wie der Verein des Deutschen Brauereibundes in Frankfurt am Main und der Verein Deutscher Lederfabrikanten in Frankfurt am Main in dem Frankfurter Bezirkseisenbahnrat vertreten waren. Industrieverbände waren vor allem aus der Region um Frankfurt vertreten, da in der Region für Frankfurter Rechnung gearbeitet wurde[619].

Der Frankfurter Bezirkseisenbahnrat hatte in seiner Sitzung am 18. Januar 1885 eine Kommission zur Begutachtung der Tarifermäßigung zugunsten der östlichen Getreideproduzenten eingesetzt, die am 19. Oktober 1885 tagte[620]. Die vom Minister gestellte Frage, ob überhaupt durch die angestrebte Frachtermäßigung mehr Getreide von Osten nach Westen geliefert werden könnte, wurde von der Kommission einstimmig bejaht[621]. Dieses Ergebnis kam nur zustande, weil die Erhebungen der Eisenbahndirektion zu dem Ergebnis führten, daß eine Frachtermäßigung zu einem Mehrtransport nach Westen beitragen würde, denn die direkte Bahnfracht war nach diesen Erhebungen höher als die kombinierte Wasser- und Bahnfracht[622]. Eigentlich hatten die Kommissionsmitglieder größere Bedenken. Die Versendung des Getreides nach dem Westen sei schon durch die bisherige Tariflage bei Bahn und Schiffahrt gesichert. Die geringe Ausnutzung dieser Möglichkeit erkläre sich durch die geringe Qualität des östlichen Getrei-

617 Anlagen Abgeordnetenhaus 1887, Band 1, S. 149.
618 Anlagen Abgeordnetenhaus 1887, Band 1, S. 148.
619 Brockhaus, 7. Band, S. 42.
620 Anlagen, Abgeordnetenhaus 1887, Band 1, S. 150.
621 Anlagen, Abgeordnetenhaus 1887, Band 1, S. 154.
622 Anlagen, Abgeordnetenhaus 1887, Band 1, S. 152.

des[623]. Außerdem werde für den Transport auch weiterhin der natürliche Weg über die Ostseehäfen gewählt, weil die Bahnfracht mit den Transportkosten per Schiff nicht konkurrieren könne[624].

Die Frage, ob der Tarifermäßigung zugunsten des östlichen Getreideanbaus wichtige wirtschaftliche Interessen anderer Landesteile entgegenstünden, wurde einstimmig bejaht[625].

Ein vermehrtes Getreideangebot im Westen würde dort die Getreidepreise drücken und damit die westlichen Getreideproduzenten schädigen[626]. Die Tarifermäßigung widerspreche auch den Grundsätzen der deutschen Wirtschaftspolitik. Die Wirtschaftspolitik des Deutschen Reichs erstrebe durch Zölle den einheitlichen Schutz der deutschen Produktion. Es entspreche dem nicht, wenn man im Inneren des Landes selbst Sonderinteressen begünstigen wolle[627]. Die östliche Produktion sei durch billigeren Boden und niedrigere Löhne schon genügend im Vorteil. Es erscheine daher die vorgeschlagene Maßregel als eine weitere Bestätigung des Bestrebens der Regierung, den Osten auf Kosten von West- und Mitteldeutschland zu begünstigen[628]. Die Kommissionsmitglieder sahen also in der Tarifermäßigung eine Maßnahme, die keinen Interessenausgleich zwischen östlichen und westlichen Provinzen bewirken, sondern die Interessengegensätze verschärfen würde. Die Frage, ob Bedenken gegen die Tarifermäßigung sich daraus ergeben würden, daß ausländisches Getreide von der Tarifmaßnahme nicht ausgeschlossen werden könne, wurde von der Kommission einstimmig bejaht[629].

Dies wurde damit begründet, daß die süddeutschen Eisenbahnverwaltungen dem Beispiel einer Tarifermäßigung folgen könnten und so das österreichische Getreide vermehrt in die westlichen Provinzen Preußens zugeführt werden würde[630]. Eine Steigerung der russischen Getreideeinfuhr wurde von den Kommissionsmitgliedern weniger befürchtet, weil diese nach wie vor den Wasserweg benutzen werde[631]. Die Frage nach den finanziellen Auswirkungen der Tarifermäßigung auf den Direktionsbezirk wurde in Übereinstimmung mit den Kommissionsmitglieder von der Eisenbahnverwaltung als neutral eingestuft[632]. Der Ein-

---

623 Anlagen, Abgeordnetenhaus 1887, Band 1, S. 154.
624 Anlagen, Abgeordnetenhaus 1887, Band 1, S. 154.
625 Anlagen, Abgeordnetenhaus 1887, Band 1, S. 156.
626 Anlagen, Abgeordnetenhaus 1887, Band 1, S. 155.
627 Anlagen, Abgeordnetenhaus 1887, Band 1, S. 155.
628 Anlagen, Abgeordnetenhaus 1887, Band 1, S. 155.
629 Anlagen, Abgeordnetenhaus 1887, Band 1, S. 157.
630 Anlagen, Abgeordnetenhaus 1887, Band 1, S. 157.
631 Anlagen, Abgeordnetenhaus 1887, Band 1, S. 157.
632 Anlagen, Abgeordnetenhaus 1887, Band 1, S. 157.

nahmeausfall werde durch die Mehreinnahmen mit den Mehrtransporten von Getreide ausgeglichen.

Der Frankfurter Bezirkseisenbahnrat beriet in der Sitzung am 18. November 1885 über die Tarifermäßigung zugunsten des östlichen Getreides. Die Mehrheit im Bezirkseisenbahnrat riet dazu, den Kommissionsbeschlüssen zuzustimmen, weil nach Fertigstellung des Nordostseekanals für den Versand von Getreide nach dem Westen der Bahnweg außer Betracht kommen werde[633]. Die Beschlüsse der Kommission wurden vom Bezirkseisenbahnrat ohne weitere Diskussion mit großer Majorität angenommen[634].

7. Der Bezirkseisenbahnrat Köln am Rhein

Köln war nicht nur einer der bedeutendsten Eisenbahnverkehrsknotenpunkte im Reich, sondern auch einer der wichtigsten Industriestandorte. Die Palette der industriellen Fertigung reichte von der Deutzer Gasmotorenfabrik über Chemikalienindustrie bis zur Rheinisch-Westfälischen Maschinenbau- und Kleinindustrie[635]. Dementsprechend waren die verschiedensten Vereine der rheinisch-westfälischen Industrie im Kölner Bezirkseisenbahnrat stark vertreten.

Der Ausschuß des Kölner Bezirkseisenbahnrats diskutierte die Tarifermäßigung zugunsten des östlichen Getreides in seiner Sitzung am 2. Oktober 1885. Die vom Minister gestellte Frage, ob überhaupt durch die angestrebte Frachtermäßigung mehr Getreide von Osten nach Westen geliefert werden könne, wurde vom Ausschuß einstimmig bejaht[636]. Dabei setzte sich die Auffassung durch, daß das Getreide aus dem Osten wegen seiner niedrigeren Preise im Westen konkurrenzfähig sei[637]. Einer anderen Meinung nach war die die Qualität des östlichen Getreides so schlecht, daß ein erhöhter Absatz im Westen nicht zu befürchten sein würde[638]. Diese Ansicht setzte sich aber nicht durch.

Die Frage, ob der Tarifermäßigung zugunsten des östlichen Getreideanbaus wichtige wirtschaftliche Interessen anderer Landesteile entgegenstünden, wurde ebenfalls einstimmig bejaht[639]. Die Kommissionsmitglieder waren der Meinung, daß die Tarifermäßigung eine "künstliche" Verschärfung der Konkurrenz für die

633 Anlagen, Abgeordnetenhaus 1887, Band 1, S. 160.
634 Anlagen, Abgeordnetenhaus 1887, Band 1, S. 160 f.
635 Brockhaus, 10. Band, S. 499.
636 Anlagen, Abgeordnetenhaus 1887, Band 1, S. 163.
637 Anlagen, Abgeordnetenhaus 1887, Band 1, S. 163.
638 Anlagen, Abgeordnetenhaus 1887, Band 1, S. 163.
639 Anlagen, Abgeordnetenhaus 1887, Band 1, S. 164.

Landwirtschaft in Rheinland und Westfalen bedeuten würde[640], denn durch die erhöhte Zufuhr von Getreide aus dem Osten würden im Westen die Getreidepreise fallen[641].

Die Frage, ob Bedenken gegen die Tarifermäßigung sich daraus ergeben würden, daß ausländisches Getreide von der Tarifmaßnahme nicht ausgeschlossen werden könne, wurde von dem Ausschuß ohne weitere Diskussion einstimmig bejaht[642]. Zur Frage der Einnahmeausfälle für die Eisenbahnverwaltungen im Kölner Direktionsbezirk wurde im Ausschuß nicht Stellung genommen.

Der Kölner Bezirkseisenbahnrat beriet über die Tarifmaßnahme zugunsten des östlichen Getreideanbau in der Sitzung am 9. Dezember 1885. Die vom Minister gestellte Frage, ob überhaupt durch die angestrebte Frachtermäßigung mehr Getreide von Osten nach Westen geliefert werden könne, wurde vom Bezirkseisenbahnrat einstimmig bejaht[643]. Der Unterschied der Preise der verschiedenen Getreidesorten im Osten und im Westen mache schon jetzt, wenn auch vorwiegend auf dem Wasserweg, die Einfuhr nach den westlichen Provinzen möglich. Ermäßigte Bahnfrachten würden aber die Benutzung günstiger Konjunkturen namentlich im Winter bei geschlossener Schiffahrt erleichtern und damit die Zufuhr erheblich vermehren[644].

Die Frage, ob Bedenken gegen die Tarifermäßigung sich daraus ergeben würden, daß Interessen anderer Landesteile Preußens beeinträchtigt würden, wurde von dem Bezirkseisenbahnrat ebenfalls einstimmig bejaht[645].

Durch die Erleichterung der Einfuhr vom Osten würden die Getreidepreise in den westlichen Provinzen auf diejenigen im Osten herabgedrückt und damit die Landwirtschaft im Westen, welche ohnehin unter erheblich schwierigeren Produktionsverhältnissen (höhere Löhne, teurerer Boden) arbeite, schwer geschädigt werden[646].

Die Frage, ob Bedenken gegen die Tarifermäßigung sich daraus ergeben würden, daß ausländisches Getreide von der Tarifmaßnahme nicht ausgeschlossen werden könne, wurde von dem Bezirkseisenbahnrat ebenso einstimmig bejaht[647]. Die Tarifermäßigung werde nämlich die Einfuhr großer Mengen russischen Getreides nach den westlichen Provinzen zu Folge haben, weil dieses Getreide auch

---

640 Anlagen, Abgeordnetenhaus 1887, Band 1, S. 164.
641 Anlagen, Abgeordnetenhaus 1887, Band 1, S. 164.
642 Anlagen, Abgeordnetenhaus 1887, Band 1, S. 164.
643 Anlagen, Abgeordnetenhaus 1887, Band 1, S. 166.
644 Anlagen, Abgeordnetenhaus 1887, Band 1, S. 166.
645 Anlagen, Abgeordnetenhaus 1887, Band 1, S. 167.
646 Anlagen, Abgeordnetenhaus 1887, Band 1, S. 167.
647 Anlagen, Abgeordnetenhaus 1887, Band 1, S. 167.

in den Genuß der ermäßigten Bahnfracht kommen werde[648]. Die Kölner Staatseisenbahndirektion war der Meinung, daß die Einnahmeausfälle durch die Tarifmaßnahme nur gering sein würden[649].

8. Der Berliner Bezirkseisenbahnrat

Der Bezirkseisenbahnrat Berlin und Berlin-Görlitz umfaßte ein Gebiet von Stettin im Norden bis Breslau im Süden. In diesem Bezirkseisenbahnrat befanden sich u.a. die Handelskammern von Berlin, Stettin, Cottbus, Stralsund und Breslau. Auch hier traten wieder der Verband Deutscher Müller in Berlin und der Verein für Rübenzuckerindustrie in Berlin in Erscheinung. Andererseits kam in diesem Bezirkseisenbahnrat das industrielle Element, zum Beispiel durch den Verband Deutscher Eisen- und Stahlindustrieller, zum Tragen.

Berlin war das Gebiet im Reich mit der größten Gewerbetätigkeit. Von Bedeutung waren namentlich die Metall- und Maschinenindustrie, Lokomotivbau (Borsig) und Eisengießerei[650].

Von dem Bezirkseisenbahnrat Berlin war die Frage eines Getreidestaffeltarifs zugunsten der östlichen Provinzen schon Ende 1884 verhandelt worden. In der Ausschußsitzung am 20. November 1884 wurde der Antrag von einem Vertreter der Handelskammer in Posen gestellt, die Fracht für Getreide und Mühlenfabrikate im Verkehr von Stationen in Posen und Breslau nach Stationen in Sachsen und Thüringen durch Einführung eines dem Bromberger Staffeltarif nachgebildeten Ausnahmetarifs zu ermäßigen[651]. Begründet wurde der Antrag damit, daß mit dem Staffeltarif die Konkurrenz gegen das amerikanische, österreichisch-ungarische und russische Getreide erleichtert würde[652]. Der Ausschuß beschloß, dem Bezirkseisenbahnrat die Ablehnung des Antrags zu empfehlen. Die Abwehr des ausländischen Getreides sei nicht Aufgabe der Eisenbahntarifpolitik, sondern der Zollpolitik[653]. Außerdem dürfe bei einer Eisenbahntarifmaßnahme nicht eine einzelne Provinz bevorzugt werden[654].

In der Sitzung des Bezirkseisenbahnrats am 11. Dezember 1884 setzte sich die Auffassung durch, daß der beantragte Staffeltarif die ausländische Konkurrenz nicht vom deutschen Markt fernhalten werde. Man könne in jedem Fall nicht

---

648 Anlagen, Abgeordnetenhaus 1887, Band 1, S. 167.
649 Anlagen, Abgeordnetenhaus 1887, Band 1, S. 167.
650 Brockhaus, 2. Band, S. 807 ff.
651 Anlagen, Abgeordnetenhaus 1887, Band 1, S. 168.
652 Anlagen, Abgeordnetenhaus 1887, Band 1, S. 168.
653 Anlagen, Abgeordnetenhaus 1887, Band 1, S. 168.
654 Anlagen, Abgeordnetenhaus 1887, Band 1, S. 168.

mit dem amerikanischen Getreide konkurrieren, das den Getreideabsatzmarkt in Sachsen beherrsche, weil dieses auf dem Wasserweg transportiert werde. Die Wasserfrachten seien aber konkurrenzlos billiger gegenüber den Eisenbahnfrachten[655].

Der Berliner Bezirkseisenbahnrat schloß sich daher dem Votum des Ausschusses an[656].

9. *Die Tarifermäßigung zugunsten der östlichen Getreideproduzenten im Landeseisenbahnrat*

Dem Ausschuß des Landeseisenbahnrats lag die Frage nach der Tarifermäßigung zugunsten des östlichen Getreideanbaus in der Sitzung am 8. Juni 1886 vor. Der Ausschuß beschloß einstimmig, dem Landeseisenbahnrat zu empfehlen, die in Aussicht gestellte Frachtermäßigung nicht zu befürworten[657]. Die Ausschußmitglieder nahmen zwar keinen Bezug auf die Verhandlungen der Bezirkseisenbahnräte, weil diese erst später stattfanden. Es wurden aber Argumente genannt, die auch in den Diskussionen der Bezirkseisenbahnräte eine Rolle spielen sollten. Einerseits wurde gegen die Tarifermäßigung angeführt, daß durch ein größeres Angebot an östlichem Getreide auf dem westlichen Getreidemarkt die Preise sinken würden[658]. Dies bedeute eine Schädigung der Landwirte in den westlichen Provinzen, denn der Westen bedürfe wegen der höheren Herstellungskosten (z.B. höherer Löhne) auch höherer Preise[659].

Außerdem werde die Tarifmaßnahme auch die Reederei und den Handel der Ostseehäfen schädigen, weil diese dann ebenfalls die Seefrachten ermäßigen müßten[660]. Gegen die Frachtermäßigung zugunsten des östlichen Getreides wurde eingewandt, daß der Getreidepreis von Norden nach Süden reguliert werde, da das ausländische Getreide, das den Bedarf in Deutschland decke, über die Flüsse nach Deutschland transportiert werde[661]. Diese Argumentation vermochte sich aber nicht durchzusetzen.

Der Landeseisenbahnrat beriet in seiner Sitzung am 25. Juni 1886 über die Tarifmaßnahme zugunsten der östlichen Getreideproduzenten. Mit 30 gegen 7

---

655 Anlagen, Abgeordnetenhaus 1887, Band 1, S. 172.
656 Anlagen, Abgeordnetenhaus 1887, Band 1, S. 172.
657 Anlagen, Haus der Abgeordneten, 1887, Band 1, S. 696.
658 Anlagen, Haus der Abgeordneten, 1887, Band 1, S. 695.
659 Anlagen, Haus der Abgeordneten, 1887, Band 1, S. 695.
660 Anlagen, Haus der Abgeordneten, 1887, Band 1, S. 695.
661 Anlagen, Haus der Abgeordneten, 1887, Band 1, S. 695.

Stimmen wurde die Tarifermäßigung abgelehnt[662]. Auch im Landeseisenbahnrat wurde die Argumentation wiederholt, daß sich die Getreidepreise von Norden nach Süden regulieren würden[663]. Die Vertreter aus den östlichen Provinzen Preußens waren zudem der Auffassung, daß als Konsequenz der Zollpolitik des Deutschen Reichs die östlichen Provinzen darauf angewiesen seien, ihre Getreideüberschüsse im Inland abzusetzen[664].

Es setzte sich aber im Landeseisenbahnrat die Ansicht der Vertreter aus den westlichen Provinzen durch, daß die westlichen Getreideproduzenten höhere Herstellungskosten als die östlichen Getreideproduzenten hätten. Die angestrebte Tarifmaßnahme würde nur die Getreidepreise im Westen herabdrücken. Dies ergäbe wirtschaftliche Verschiebungen, welche die westlichen Landwirte schädigen würden[665]. Diese Argumentation setzte sich auch deshalb durch, weil in der Sitzung des Landeseisenbahnrats die Ansicht vorherrschte, daß die Seefrachten von den Ostseeplätzen nach Mittel- und Westdeutschland bedeutend niedriger seien als die entsprechenden Eisenbahntarife auf den Strecken von Osten nach dem Westen[666]. Die Staatseisenbahnverwaltung folgte dem ablehnenden Votum des Landeseisenbahnrats[667].

10. Ergebnisse

Die Bezirkseisenbahnräte erfüllten für die wirtschaftlichen Interessenvertreter eine wichtige Aufgabe, indem dort die Verkehrsfragen des Eisenbahnbezirks diskutiert werden konnten. Außerdem konnten die wirtschaftlichen Interessenten wichtige Informationen in den Bezirkseisenbahnräten darüber erhalten, welche Verkehrsmaßnahmen die Staatseisenbahnverwaltungen planten. Hierzu gehörten besonders Fragen der Fahrplangestaltung, wie das Beispiel des Kölner Bezirkseisenbahnrats gezeigt hat.

In der umgekehrten Richtung erfüllten die Bezirkseisenbahnräte aber auch eine wichtige Aufgabe für die Staatseisenbahnverwaltung. Am Beispiel der Tariffrage im Kölner Bezirkseisenbahnrat zeigt sich, daß die wirtschaftlichen Interessenvertreter der Staatseisenbahnverwaltung die nötigen Informationen über die volkswirtschaftliche Wirkung der geplanten Tarifmaßnahme zur Verfügung stellten.

---

662 Anlagen, Haus der Abgeordneten, 1887, Band 1, S. 706.
663 Anlagen, Haus der Abgeordneten, 1887, Band 1, S. 705.
664 Anlagen, Haus der Abgeordneten, 1887, Band 1, S. 705.
665 Anlagen, Haus der Abgeordneten, 1887, Band 1, S. 705.
666 Anlagen, Haus der Abgeordneten, 1887, Band 1, S. 705.
667 Denkschrift, Der Preußische Landeseisenbahnrat, S. 47 f.

Zur Frage des Getreidestaffeltarifs zugunsten der östlichen Provinzen konnte die Staatseisenbahnverwaltung sich ein Bild über die Interessengegensätze in den östlichen und westlichen Provinzen Preußens verschaffen.

Die wirtschaftlichen Interessenvertreter hatten ihrerseits durch die Beratung des Getreidestaffeltarifs in allen Bezirkseisenbahnräten überhaupt die Möglichkeit, die Entscheidung der Staatseisenbahnverwaltung anders als durch Petitionen und andere Eingaben zu beeinflussen. Die Geschäftsordung des Frankfurter Bezirkseisenbahnrats zeigt, daß die wirtschaflichen Interessenvertreter durch Anträge und über den Ausschuß jederzeit die Möglichkeit hatten, den Bezirkseisenbahnrat dazu einzusetzen, über die wichtigen Entscheidungen der Staatseisenbahndirektion informiert zu werden und diese zu beeinflussen.

Sechster Teil. Der Preußische Landeseisenbahnrat im Ersten Weltkrieg

1. Die geheimen Ausnahmetarife aus Anlaß des Krieges

Der Ausbruch des Ersten Weltkriegs führte dazu, daß der Minister der öffentlichen Arbeiten von Breitenbach dem Preußischen Landeseisenbahnrat am 19. November 1914 eine als vertraulich bezeichnete Übersicht der aus Anlaß des Krieges gewährten Ausnahmetarife vorlegte[668]. In einem Begleitschreiben erläuterte der Minister die Gründe für die Ausnahmetarife. Die Ausnahmetarife sollten die Volksernährung und die Viehhaltung erleichtern, die Vorräte hierfür vermehren. Außerdem sollten die für den Krieg unentbehrlichen Rohstoffe mit den Tarifermäßigungen beschafft werden. Des weiteren sollten die Ein- und Ausfuhr zu Kriegszwecken belebt werden. Hinzu traten als Motive für die Ausnahmetarife gemeinnützige Zwecke. Die Bestrebungen des Roten Kreuzes sollten unterstützt werden, den durch den Einmarsch des Feindes geschädigten Landesteilen sollte wirtschaftlich geholfen werden, die deutschen Flüchtlinge waren zu unterstützen. So ergab sich die folgende Auswahl von Waren, für die Ausnahmetarife gewährt wurden.

Dazu gehörten Roggen und Weizen sowie Kartoffeln, Eicheln zu Futterzwekken, Gerste zu Futterzwecken, Johannisbrot, Mais zu Futterzwecken, Brauereiabfälle zu Futterzwecken, Margarine, Holzzellstoff, Eisenerz, verschiedene Kohlensorten, Schwefelsäure, der Abfall von Salpetersäure, Natriumnitrit, Mineralöle, raffiniertes Petroleum, Güter nach dem neutralen Ausland, Glas verschiedener Sorten, Rohkupfer, Eisen und Stahl, Zinkerz, landwirtschaftliche Geräte, Düngemittel, Pferde, Zugochsen, Magerschweine, schlachtreifes Vieh, ausgemusterte Militärdienstpferde und Beutepferde, Sendungen für freiwillige Krankenpflege, Liebesgaben für Kriegsgeschädigte in Ostpreußen. Der Landeseisenbahnrat hatte jetzt in der Sitzung des Ausschusses am 09. Dezember 1914 nur die Möglichkeit, zu bereits getroffenen Eisenbahntarifentscheidungen Stellung zu nehmen. Die Tarifmaßnahmen des Ministers wurden aber im Landeseisenbahnrat sehr gelobt. Nachdem in seiner Einleitung der von der Staatseisenbahnverwaltung entsandte Vorsitzende des Landeseisenbahnrats auf die besonderen Umstände und Notwendigkeiten des Kriegs hinwies[669], schloß sich dieser Einschätzung auch das

668 Vertrauliche Mitteilung über Ausnahmetarife, Landeseisenbahnrat 1914, S.1 ff.
669 Landeseisenbahnrat 1914, S. 46.

ordentliche Mitglied des Landeseisenbahnrats Arnhold an[670]. Arnhold schlug daher eine Resolution vor, nach welcher der Ausschuß dem Landeseisenbahnrat empfehlen solle, unter dankbarer Anerkennung der von der Staatsregierung der deutschen Volkswirtschaft in schwerer Stunde gewährten Fürsorge, zustimmend von der Vorlage Kenntnis zu nehmen[671]. Diese Resolution wurde vom Ausschuß in der Sitzung am 9. Dezember 1914 einstimmig angenommen[672].

Statt der Beratung durch den Landeseisenbahnrat hatte die Staatseisenbahnverwaltung mit einzelnen Sachverständigen, die auch dem Landeseisenbahnrat angehörten, in der gebotenen Eile die neue Tarifgestaltung angesichts des Kriegs erörtert[673]. Trotz des großen Verständnisses der Mitglieder des Preußischen Landeseisenbahnrats für die in der Eile des Krieges geschaffenen Tarifänderungen wurden die einzelnen Tarifmaßnahmen im Ausschuß des Landeseisenbahnrats am 9. Dezember 1914 nachträglich erörtert. Die Tarifermäßigung für Weizen und Roggen durch einen ermäßigten Staffeltarif über 400 Kilometer Entfernung diente dazu, eine gleichmäßige Versorgung Deutschlands mit Brotgetreide aus dem Osten nach dem Westen und Süden zu gewährleisten. Von einer Seite im Landeseisenbahnrat wurde der Staffeltarif als hinderlich für die Festsetzung der Höchstpreise angesehen[674]. Von anderer Seite wurde aber eingewandt, daß Einwendungen nur dagegen erhoben werden könnten, wie die Höchstpreise zustandekommen würden. Dem Staffeltarif liege nämlich die richtige Absicht zugrunde, zu verhindern, daß die Marktlage in Mitteldeutschland ungünstig beeinflußt werde[675]. Die geltend gemachten Bedenken gegen den Staffeltarif wurden aber angesichts der Wirtschaftslage im Kriegszustand zurückgestellt.

Bei dem neuen Ausnahmetarif für Gerste zu Futterzwecken wurde beabsichtigt, die Viehhaltung zu erleichtern. Dieser Tarif wurde angewandt, wenn der Frachtbrief die Inhaltsangabe "zu Futterzwecken im Inland" enthielt[676]. Da durch diese Tarifmaßnahme der Handel den landwirtschaftlichen Genossenschaften nunmehr gleichgestellt wurde, fand der neue Ausnahmetarif einhellige Zustimmung im Landeseisenbahnrat[677]. Eine weitere im Landeseisenbahnrat diskutierte Tarifmaßnahme war die Einstufung von Eisenerz in den Spezialtarif III für die Strecke von Lübeck und anderen Ostseehäfen nach den Hochofenstationen des

670 Landeseisenbahnrat 1914, S. 48.
671 Landeseisenbahnrat 1914, S. 48.
672 Landeseisenbahnrat 1914, S. 53.
673 Landeseisenbahnrat 1914, S. 46.
674 Landeseisenbahnrat 1914, S. 49.
675 Landeseisenbahnrat 1914, S. 49.
676 Landeseisenbahnrat 1914, S. 49.
677 Landeseisenbahnrat 1914, S. 50

Ruhrgebiets[678]. Diese Tarifmaßnahme sollte den Bezug von Eisenerz aus Schweden und Norwegen erleichtern[679]. Dabei hatte das Ruhrgebiet besondere Schwierigkeiten dadurch, daß in Lothringen aufgrund des Arbeitermangels der Bezug von Rohstoffen nicht mehr gesichert war[680]. Kritik wurde jedoch im Landeseisenbahnrat laut, weil die Fracht von Stettin erheblich höher war als die von Lübeck. Der Hafen von Stettin müsse zudem häufig ganz willkürlich angelaufen werden, da der Lübecker Hafen häufig voll besetzt sei[681]. Ein Redner widersprach dieser Forderung. Angesichts der finanziellen Aufwendungen, die der Lübecker Hafen für die Hafenanlagen für den Transport von Massengütern im Krieg aufgewandt habe, dürfe dem Lübecker Hafen der Verkehr jetzt nicht wieder entzogen werden[682]. Auch die Staatseisenbahnverwaltung bestritt einen Wettbewerbsvorteil Lübecks. Denn die höhere Fracht Stettins werde durch die höheren Umschlagkosten in Lübeck ausgeglichen[683].

Die Frachtermäßigung nach Spezialtarif III für Steinkohlen, Braunkohlen, Koks und Briketts war von binnenländischen Wasserumschlagplätzen im Verkehr der preußisch-hessischen Staatsbahnen gewährt worden, um den Bezug von Brennstoffen zu erleichtern und die Eisenbahn zu entlasten[684]. Dies wurde vom Landeseisenbahnrat begrüßt, weil der Verkehr der Binnenschiffahrt auf der Elbe um 40 % seit dem Kriegsausbruch abgenommen hatte[685]. Im Landeseisenbahnrat wurde aber gefordert, wegen des Transports von Kohle aus Böhmen und Sachsen den Ausnahmetarif auch nach den Umschlagplätzen zu gewähren. Die Vertreter der Staatseisenbahnverwaltung entgegneten aber, daß der Ausnahmetarif als Rohstofftarif auch für den Verkehr von den Produktionsstätten Geltung habe[686]. Für Güter zur Ausfuhr nach Rußland, Belgien und Frankreich, die infolge des Krieges nicht transportiert werden konnten, wurde die Fracht so berechnet, als ob das Gut ausgeführt worden wäre[687]. Im Landeseisenbahnrat wurde nun gefordert, daß die Fracht hin und zurück zu erstatten sei[688]. Dies wurde aber von der Staatseisenbahnverwaltung abgelehnt, weil man finanzpolitische Bedenken hatte[689]. Für den Transport von Schweinen in Wagenladungen von Schleswig-Holstein, Han-

678 Landeseisenbahnrat 1914, S. 3.
679 Landeseisenbahnrat 1914, S. 3.
680 Landeseisenbahnrat 1914, S. 50.
681 Landeseisenbahnrat 1914, S. 50.
682 Landeseisenbahnrat 1914, S. 51.
683 Landeseisenbahnrat 1914, S. 51.
684 Landeseisenbahnrat 1914, S. 4.
685 Landeseisenbahnrat 1914, S. 51.
686 Landeseisenbahnrat 1914, S. 51.
687 Landeseisenbahnrat 1914, S. 6.
688 Landeseisenbahnrat 1914, S. 51.
689 Landeseisenbahnrat 1914, S. 52.

nover und Hamburg wurden die Wagenladungsfrachten zur Förderung der Fleischversorgung Oberschlesiens um 50 % ermäßigt, wobei diese Tarifmaßnahme nur bis zum 31. Januar 1915 gelten sollte[690].

Im Landeseisenbahnrat wurde gefordert, diese Tarifmaßnahme dauerhaft bestehen zu lassen, weil die schlesischen Schweinemästereien vor dem Krieg vom Bezug russischer Gerste abhängig waren und der Absatz von Schweinen aus Schleswig-Holstein und Hannover so gut organsiert sei, daß die kriegsbedingten Schwierigkeiten so überwunden werden konnten[691]. Im Jahr 1915 teilte der Minister der öffentlichen Arbeiten Breitenbach dem Landeseisenbahnrat erneut vertraulich weitere Ausnahmetarife aus Anlaß des Krieges mit. Jetzt hatten die Ausnahmetarife noch mehr den Charakter von Maßnahmen zur Behebung von Notständen. Mit den Ausnahmetarifen sollte für die betroffenen Güter, die Grundversorgung mit diesen Gütern gewährleistet werden. Zu den Gütern zählten viele Grundnahrungsmittel. Es zählten hierzu Kartoffelstärke, Blumenkohl, Feld- und Gartenfrüchte, Spargel, Rhabarber, Milch zum Transport nach den Großstädten, Magermilch, Molke und Buttermilch, Fleisch- und Wurstwaren, Wild, Geflügel, Seefische, Weizen, Hafer, Rüben und Zucker[692]. Weiterhin wurde der Transport industrieller Grundstoffe ermäßigt, um vor allem die Handelsströme zu notleidenden Gebieten auftrechtzuerhalten. Die Metalle, die unter die Tarifermäßigung fielen waren: Zink-, Blei- und Kupfererze (zur allgemeinen Versorgung im Reichsgebiet), Stein- und Braunkohle (zur Versorgung der östlichen Provinzen). Ermäßigt wurden aber auch die Tarife für den Transport von Papier, um den Betrieb der Papierfabriken aufrechtzuerhalten[693].

Der Landeseisenbahnrat nahm in seiner Sitzung am 16. Juni 1915 Stellung zu der Tarifermäßigung für den Transport von Rohzucker von östlichen Stationen nach Stationen mit Zuckerraffinerien. Diese Ermäßigung diente dazu, den Absatz von Zucker vom äußersten Osten nach dem Westen und Süden des Reichs zu erleichtern[694], denn der Rohzuckerverkehr vom Osten nach dem Westen wurde vor dem Krieg über den Wasserweg mit den günstigen Schiffahrtsfrachten abgewikkelt[695]. Die Staatseisenbahnverwaltung hatte den Ausnahmtarif daher gewährt, um zu verhindern, daß die östlichen Rohzuckererzeuger ihre Ware deshalb nicht mehr hätten absetzen können, weil die Zuckerraffinerien im Osten nicht ausgereicht hätten, den östlichen Rohzucker zu verwerten. Außerdem war der bisherige Eisenbahntarif in Beziehung zum Preis für Rohzucker zu hoch, um den Rohzuk-

690 Landeseisenbahnrat 1914, S. 8.
691 Landeseisenbahnrat 1914, S. 52.
692 Landeseisenbahnrat 1915, S. 2 ff.
693 Landeseisenbahnrat 1915, S. 8ff.
694 Landeseisenbahnrat 1915, S. 8.
695 Landeseisenbahnrat 1915, S. 3.

ker überhaupt im Westen und Süden absetzen zu können[696]. Im Landeseisenbahnrat wurde daher die Notwendigkeit der Tarifmaßnahme als kriegswichtig angezweifelt und von verschiedenen Seiten gefordert, die Tarifmaßnahme zum neuen Betriebsjahr zu überprüfen[697]. Für den Transport von Kohle nach Ostpreußen waren die Tarife um 50 % gekürzt worden, weil hier eine Kohlenknappheit herrschte[698].

Diese Kohlenknappheit resultierte daher, daß die Eisenbahn auf den betroffenen Strecken zu stark zu militärischen Zwecken in Anspruch genommen wurde[699]. Die Mitglieder des Landeseisenbahnrats mahnten die Staatseisenbahnverwaltung, daß die Tarifmaßnahme nicht dazu führen dürfe, den Kohleproduzenten kriegsbedingte Gewinne einzubringen[700]. Im den Jahren 1916 und 1917 wurden vom Minister der öffentlichen Arbeiten dem Landeseisenbahnrat wieder vertraulich die kriegsbedingten Ausnahmetarife mitgeteilt. Es wurden fast immer wieder für die schon 1915 betroffenen Güter weitere Tarifermäßigungen gewährt[701]. Der Landeseisenbahnrat nahm aber nunmehr nur noch zustimmend von den Ausnahmetarifen Kenntnis, ohne diese im einzelnen zu beraten[702].

2. Die normale Arbeit des Landeseisenbahnrats im Weltkrieg

Im Jahre 1914 lagen dem Landeseisenbahnrat folgende weitere Anträge auf Tarifermäßigung vor: Frachtermäßigung zugunsten der Kartoffeltrocknung, Gewährung des Seehafenausnahmetarifs für Getreide, Aufnahme hölzerner Haus- und Küchengeräte, von Verbandwatte und von Bäckereiabfällen in andere Güterklassifikationen[703]. Im Jahr 1915 lagen folgende Tarifmaßnahmen zur Begutachtung vor: Einführung von Ausnahmefrachtsätzen für Siedesalz und Hüttensalz zu gewerblichen Zwecken, Aufnahme von Schaufelstielen und leichtverderblichem

696 Landeseisenbahnrat 1915, S. 3 f.
697 Landeseisenbahnrat 1914, S. 4 f.
698 Landeseisenbahnrat 1915, S. 5 f und S. 9 f.
699 Landeseisenbahnrat 1915, S.5.
700 Landeseisenbahnrat 1915, S. 6 ff.
701 Landeseisenbahnrat 1916, S. 2 ff und Drucksachen, 7. Band, Haus der Abgeordneten 1916/18, S. 145 ff.
702 Ausschuß des Landeseisenbahnrats am 16. Mai 1916, Landeseisenbahnrat 1916, S. 10, Sitzung des Landeseisenbahnrats am 21. Juni 1916, S. 15. Ausschuß 21. Mai 1917, Drucksachen 7. Band, Haus der Abgeordneten 1916/18, S.4722, Sitzung des Landeseisenbahnrats 26. Juni 1917, Drucksachen 7. Band, Haus der Abgeordneten 1916/18, S. 4727.
703 Landeseisenbahnrat 1914, S. 1 ff.

Käse, Beförderung von Raubtieren in eine andere Güterklassifikation[704]. Im Jahre 1916 lagen die folgenden Tarifmaßnahmen vor: Aufhebung der Ausnahmetarife für die Ausfuhr von Stein-und Braunkohlen und von Eisen und Stahl nach den Niederlanden, der Schweiz, Italien und Südfrankreich und die weitere Beibehaltung des allgemeinen Ausnahmetarifs für Düngemittel und Rohmaterialien der Kunstdüngerfabrikation[705]. Im Jahr 1917 hatte der Landeseisenbahnrat zu folgenden Fragen sein Votum abzugeben: Aufhebung oder Einschränkung einzelner Ausnahmetarife für Holz, Holzwaren, Holzstoff und Holzzellstoff, Strohstoff und Strohzellstoff, Kies, Sand und Schlacken, Stein und Siedesalz, Salz- und Schwefelsäure, Steine, Schwerspat, Schiefer, Zement, Blei und Zink[706].

3. Ergebnis

In den beiden ersten Jahren des Krieges hatten die deutschen Bahnen noch gute finanzielle Betriebsergebnisse und auch der Eisenbahnverkehr lief noch ohne größere Schwierigkeiten[707]. Die Staatseisenbahnverwaltung konnte daher in vollem Maß den kriegs- und volkswirtschaftlichen und sozialen Notwendigkeiten Rechnung tragen. Die deutschen Staatsbahnen bauten in den ersten Kriegsjahren ihre auf volkswirtschaftlichen und sozialen Erwägungen beruhenden Fahrpreisermäßigungen daher weiter aus. Eine typische Maßnahme auf dem Gebiet der Personentarife war die zur Sicherung der Volksernährung kurz nach Ausbruch des Krieges den freiwilligen Erntehilfsarbeitern gewährte freie Fahrt[708]. Diese Tarifentscheidung war dem Landeseisenbahnrat aber immerhin als vertraulich in der geheimen Übersicht der Ausnahmtarife mitgeteilt worden.

Auf dem Gebiet der Gütertarife zeigte sich als parallele Bewegung zu den Maßnahmen im Personentarif eine weitere erhebliche Ausweitung der Ausnahmtarife[709]. Diese Tarife zielten darauf, unmittelbare Kriegsfolgen wie die Besetzung von Teilen des Reichsgebiets, aber auch die Verteuerung infolge der Verschiebung der Produktions- und Absatzgebiete abzumildern[710]. Diese neuen Verkehrs- und Handelsströme ergaben sich daraus, daß Deutschland durch den Krieg vom Nachbar- und Weltverkehr abgeschnitten war. Der Preußische Landeseisenbahnrat hatte daher in den ersten beiden Kriegsjahren noch die Möglich-

---

704 Landeseisenbahnrat 1915, S. 1 ff.
705 Landeseisenbahnrat 1916, S. 1 ff.
706 Drucksachen,7. Band, Haus der Abgeordneten 1916/18, S. 4565 ff.
707 Sarter, Die deutschen Eisenbahnen im Kriege, S. 191.
708 Sarter, Die deutschen Eisenbahnen im Kriege, S. 193.
709 Sarter, Die deutschen Eisenbahnen im Kriege, S. 197.
710 Sarter, Die deutschen Eisenbahnen im Kriege, S. 197 f.

keit, wenigstens nachträglich zu den kriegsbedingten Ausnahmetarifen beratend Stellung zu nehmen. Ab dem Jahr 1916 änderte sich aber die Situation der Eisenbahnen. Die Ausgaben stiegen infolge der andauernden und verstärkten Kriegsbelastung so erheblich, daß ein vorsichtiges Finanzgebaren notwendig wurde[711]. Hinzu trat, daß die nunmehr durchorganisierte Kriegswirtschaft eine Steigerung der Preise für die zu transportierenden Güter brachte[712]. Die Staatseisenbahnverwaltung hob veraltete Ausnahmetarife auf und überprüfte die während des Krieges eingeführten Ausnahmetarife auf ihre Notwendigkeit[713].

Der Landeseisenbahnrat hatte offenbar bei dieser veränderten finanz-und preispolitischen Lage des Eisenbahnverkehrs keine Spielräume mehr zur begutachtenden Stellungnahme in volkswirtschaftlicher Hinsicht. Hieraus erklärt sich teilweise, daß der Landeseisenbahnrat die vertraulich mitgeteilten Ausnahmetarife seit 1916 nicht mehr beraten hat. Die immer mehr zunehmende Belastung der Eisenbahnen durch die sich verschärfende Kriegssituation wird zusätzlich dazu beigetragen haben, daß die kriegsbedingten Ausnahmetarife im Landeseisenbahnrat nicht mehr beraten wurden. Die schon bei der ersten Vorlage 1914 im Landeseisenbahnrat geäußerten patriotischen Gefühle haben sich angesichts des Kriegsverlaufs noch verstärkt. Die Abschnürung Deutschlands von seinen bisherigen Bezugsgebieten durch die feindlichen Fronten und die Blockade nötigte zur Heranziehung neuer wirtschaftlicher Hilfsquellen aus dem neutralen Ausland, den verbündeten Staaten und aus den besetzten Gebieten. Da aber dieser Ersatz weit unter den Verlusten durch die Blockade blieb und zudem die Kriegswirtschaft immer weitere Anforderungen an die deutsche Wirtschaft stellte, kam es zu der schärfsten Zwangsbewirtschaftung und Verteilung aller Stoffe durch zentrale Stellen, namentlich die sogenannten Kriegsgesellschaften[714]. Die Gütererzeugung ging daher und auch infolge der Mobilmachung aller wehrfähigen Männer zurück[715]. Aus diesen Gründen und wegen der Ausdehnung der Ausnahmetarife als kriegswichtige Ausnahmetarife, ohne Beratung durch den Landeseisenbahnrat, verringerte sich die Beratungstätigkeit des Landeseisenbahnrats zu den "normalen" Tariffragen.

711 Sarter, Die deutschen Eisenbahnen im Kriege, S. 199.
712 Sarter, Die deutschen Eisenbahnen im Kriege, S. 199.
713 Sarter, Die deutschen Eisenbahnen im Kriege, S. 199.
714 Sarter, Die deutschen Eisenbahnen im Kriege, S. 107.
715 Sarter, Die deutschen Eisenbahnen im Kriege, S. 108.

Siebenter Teil. Ende der preußischen Eisenbahnräte in der Weimarer Republik

Die Verhandlungen zwischen dem Reich und den Staatseisenbahnverwaltungen der Länder in den im sogenannten Fachausschuß für die Verreichlichung geführten Verhandlungen führten dazu, daß mit Wirkung zum 1. April 1920 der Übergang der Ländereisenbahnen auf das Reich erfolgte. Am 5. Mai 1920 übernahm Reichsverkehrsminister Bauer die oberste Leitung der Reichsbahn.

Das Verhältnis zwischen dem Reich und den Ländern wurde durch den Staatsvertrag über den Übergang der Staatseisenbahnen auf das Reich vom 31. März 1920[716] und das dazu gehörige Schlußprotokoll[717] geregelt. Die Länder wurden nun als ehemalige Träger der Eisenbahnunternehmen selbst zu Verkehrsinteressenten.

Dies fand seinen Niederschlag im oben genannten Staatsvertrag. Gemäß § 21 des Staatsvertrags mußten die Entwürfe der Personenzugfahrpläne regelmäßig nach ihrer Fertigstellung den am Staatsvertrag beteiligten Ländern vorgelegt werden, damit diese etwaige Änderungswünsche vorbringen konnten. Dem entspricht dann auch die Versicherung der Reichseisenbahnverwaltung in § 22, die Eisenbahntarife so fortzubilden, daß den Verkehrsbedürfnissen der Länder nach Möglichkeit Rechnung getragen werden sollte. Im Schlußprotokoll räumte die Reichsregierung daher den Ländern das Recht ein, Vertreter zur Teilnahme an den Verhandlungen der neu zu bildenden Eisenbahnräte abzuordnen.

Dies war nicht der einzige Grund dafür, daß der Übergang der Ländereisenbahnen auf das Reich eine grundlegende Neuordnung der Eisenbahnräte auch in Preußen zur Folge haben mußte.

Die Weimarer Reichsverfassung verpflichtete nach Artikel 93 die Reichsregierung, zur beratenden Mitwirkung in Angelegenheiten des Eisenbahnverkehrs und der Tarife für die Reichsbahnen mit Zustimmung des Reichsrats Beiräte zu errichten. Wörtlich heißt es in Artikel 93: "Zur beratenden Mitwirkung in Angelegenheiten des Eisenbahnverkehrs und der Tarife errichtet die Reichsregierung für die Reichseisenbahnen mit Zustimmung des Reichsrates Beiräte". Aufgrund dieser Verfassungsnorm traten nun ab 1922 an die Stelle der bisherigen Eisenbahnbeiräte in den Ländern ein Reichseisenbahnrat und 13 Landeseisenbahnräte.

716 RGBl. 1920 S.773.
717 RGBl. 1920 S. 791.

Dies bedeutete auch für die preußischen Eisenbahnräte das Ende ihrer Tätigkeit im Jahre 1922.

Mit der grundlegenden Neuordnung der Eisenbahnräte wurden die bisher unberücksichtigten Forderungen der nunmehr sozialdemokratischen Inhaber der Staatsmacht durch Zuziehung von Vertretern der Arbeitnehmerschaft und auch der gewöhnlichen Eisenbahnkunden erfüllt. Trotzdem wurden auch diese Beiräte vergleichbar den Eisenbahnräten in Preußen strukturiert.

Wie bisher blieb es bei Beiräten für einen oder mehrere Eisenbahndirektionsbezirke, die nur zukünftig Landeseisenbahnräte genannt wurden und die Aufgabe hatten, in wichtigen, die Interessen des Bezirks berührenden Fragen des Verkehrs und der Tarife der Deutschen Reichsbahn Gutachten abzugeben[718]. Hinzu trat noch ein Reichseisenbahnrat, der in wichtigen, das gesamte Reich berührenden Fragen des Verkehrs und der Tarife Gutachten zu erstatten hatte[719].

Der Minister für Handel und Gewerbe bestimmte daher, daß in jedem Landeseisenbahnrat ein Staatsbeamter zum Mitglied ernannt werden mußte, der weisungsunterworfen die Aufträge der Staatsverwaltung auszuführen hatte. Dies sollte regelmäßig der meistbeteiligte Regierungspräsident sein, wobei den Oberpräsidenten das Vorschlagsrecht bezüglich Mitglied und Stellvertreter zugebilligt war[720].

Entsprechend ihrer Bedeutung sollten auch die Provinzial- und Kommunalverbände in jedem Landeseisenbahnrat durch einen Vertreter der Provinzen, der Stadt und, soweit notwendig, auch jeweils durch einen Vertreter der Landkreise und der Städte vertreten sein. Auch diese Vertreter sollten wiederum von den entsprechenden Körperschaften und Verbänden vogeschlagen werden: den Provinzen, dem Städtetag und dem Verband der Landkreise[721].

Die Vertreter der freien wirtschaftlichen Körperschaften, aus denen sich bisher auch in Preußen die Eisenbahnräte auf der Seite der Verkehrsinteressenten ausschließlich zusammensetzten, wurden vom Ministerium aufgefordert, sich auf ihre Vertreter selbständig zu einigen, da in der neuen Zusammensetzung der Eisenbahnräte die Vielfalt und Anzahl der Vertreter dieses Teils der Verkehrsinteressenten nicht beibehalten wurde[722]. Dabei wurde ein Scheitern dieser Bemühungen dadurch verhindert, daß letztendlich die Entscheidung über die Vertreter dieser Verkehrsinteressentengruppe in Zusammenarbeit zwischen den Körperschaf-

718 GStA Merseburg, Reichsverkehrministerium, Rep. 93 Abt. E Nr. 3295, Bl. 7.
719 GStA Merseburg, Reichsverkehrsministerium, Rep. 93 Abt. E Nr.3295, Bl.7.
720 GStA Merseburg, Reichsverkehrkehrsministerium, Rep. 93 Abt. E Nr. 3295, Bl. 7a.
721 GStA Merseburg, Reichsverkehrsministerium, Rep.93 Abt. E Nr. 3295, Bl. 7a.
722 GStA Merseburg, Reichsverkehrsministerium, Rep. 93 Abt. E Nr. 3295, Bl. 8.

ten und den Oberpräsidenten bzw. den übrigen beteiligten Behörden zustande kommen sollte[723].

An das Ministerium hatten sich aber auch direkt der Zentralverband deutscher Konsumvereine mit Sitz in Hamburg und der Reichsverband deutscher Konsumvereine mit Sitz in Düsseldorf gewandt, was den Minister dazu veranlaßte, diese Vereine den zu bildenden Landeseisenbahnräten in Hamburg und Köln zuzuordnen[724].

Die nun erstmalig in Eisenbahnräte entsandten Vertreter aus der Arbeitnehmerschaft wurden von den gewerkschaftlichen Organsationen durch die Vorstände der Zentralverbände gewählt[725]. Über die Art der Wahl und die Verteilung der auf die einzelnen Gewerkschaftsgruppen entfallenden Mitglieder hatten sich die Gewerkschaften zu verständigen. Der Reichsverkehrsminister bestimmte nach Anhörung des Reichswirtschaftsrats und im Einvernehmen mit dem Reichsarbeitsminister, welche Verbände als Zentralverbände zu gelten hatten[726].

Die dritte Gruppe von Verkehrsinteressenten, die Mitglieder in die Eisenbahnräte entsenden konnten, waren schließlich die sogenannten staatlich organisierten Wirtschaftskörper, wozu die Handelskammern, Gewerbekammern, Handwerkskammern, Land- und Forstwirtschaftskammern zu zählen waren. Auch hier wurden wieder die Kompetenzen zur Auswahl den Oberpräsidenten übertragen, was schon deshalb notwendig war, um eine Einigung zu erzielen, falls mehrere Provinzen an einem der neu zu bildenden Landeseisenbahnräte beteiligt waren[727].

Nach diesen einschneidenden Veränderungen in der Mitgliederstruktur der neu zu schaffenden Eisenbahnräte schuf die neue Definition der Verkehrsinteressenten eine zumindestens pluralistisch-demokratisch Vertretung aller gesellschaftlich relevanten Gruppen, die irgendein Interesse am Eisenbahnverkehr hatten. Nach § 4 der Verordnung über Beiräte für die Deutsche Reichsbahn vom 24.April 1922 gab es nunmehr zwei Gruppen von Mitgliedern, die gewählte Vertreter in die Eisenbahnräte entsenden konnten[728]. Einerseits waren die Vertreter von staatlicher Seite gemäß § 4a die verschiedenen Kammern.

Die Verkehrsinteressenten aus den sogenannten freien land- und forstwirtschaftlichen Körperschaften konnten dabei ein Drittel der Vertreter auf staatlicher Seite durch Übertragung seitens der jeweiligen Länderregierung erhalten.

---

723 GStA Merseburg, Reichsverkehrsministerium, Rep. 93 Abt E Nr. 3295, Bl. 8a.
724 GStA Merseburg, Reichsverkehrsministerium, Rep. 93 Abt E Nr. 3295, Bl. 8a.
725 GStA Merseburg, Reichsverkehrsministerium, Reichsverkehrsministerium, Rep. 93 Abt. E Nr. 3295, Bl. 8a.
726 GStA Merseburg, Reichsverkehrsministerium, Rep. 93 Abt. E Nr. 3295, Bl. 8a.
727 GStA Merseburg, Reichsverkehrsministerium, Rep. 93 Abt. E Nr. 3295, Bl. 17a.
728 RGBl. 1922 Teil 2 Nr. 3 S.77.

§ 4 Abs. 3 der Verordnung bestimmte, daß allgemein das Recht, Mitglieder zum Landeseisenbahnrat zu ernennen, bei den Regierungen der Länder lag.

Die privatwirtschaftlichen Interessenvertreter hatten nun keinen garantierten Einfluß mehr in den neu gebildeten Eisenbahnräten. Einzig der Binnenschiffahrt garantierte die Verordnung nach § 4 Abs. 4 die Präsenz von mindestens einem Vertreter in jedem Landeseisenbahnrat.

Bei seiner ersten Sitzung im Potsdamer Bahnhof in Berlin im August 1922 lag dem Reichseisenbahnrat zunächst gemäß § 13 Abs. 4 der Verordnung der Entwurf einer Geschäftsordnung durch das Reichsverkehrsministerium vor.

In dieser Geschäftsordnung zeigte sich wiederum eine durch die Hinzuziehung von weiteren Verkehrsinteressenten bedingte im Vergleich zu dem Preußischen Landeseisenbahnrat demokratische Verfassung der Eisenbahnräte. Anträge, die nicht die Geschäftsordnung oder Vertagung und Schluß der Verhandlungen betrafen, waren gemäß § 6 schriftlich zu stellen und mußten von mindestens drei Mitgliedern des Reichseisenbahnrates unterstützt werden[729]. Der Reichseisenbahnrat faßte seine Beschlüsse gemäß § 7 mit einfacher Mehrheit. Es wurde ebenso wie im Preußischen Landeseisenbahnrat gemäß § 9 ein Ständiger Ausschuß eingerichtet, der möglichst gleichmäßig aus den Vertretern der Industrie, des Gewerbes, von Handel und Schiffahrt, von Land- und Forstwirtschaft sowie aus der Arbeitnehmerschaft zusammengesetzt war. Dieser Ständige Ausschuß erfüllte nach § 10 wie im Preußischen Landeseisenbahnrat die Funktion, dringende Aufgaben zwischen den Sitzungen zu erledigen. Neu war allerdings die Möglichkeit, daß der Ausschuß die Einberufung des Reichseisenbahnrats verlangen konnte. Dies war ansonsten dem Reichsverkehrsminister vorbehalten.

Diese veränderte Struktur der Eisenbahnräte bei der Reichseisenbahn läßt sich aber nicht nur durch eine Demokratisierung entsprechend den politischen Vorstellungen der neuen sozialdemokratischen Machthaber erklären. Vielmehr war diese neue Konzeption der Eisenbahnräte Teil der Vollendung eines konsensstiftenden korporativen Systems, das die verschiedenen gesellschaftlichen Gruppen zu einem gemeinsamen Willensbildungs- und Entscheidungsprozeß führte.

Korporative Strukturen prägten zwar bereits im Kaiserreich die gesellschaftlichen Verhältnisse, aber erst seit der Beschleunigung dieser Entwicklung und der Einbindung der Gewerkschaften im Krieg kann man von einem voll ausgebildeten korporativen System sprechen[730].

---

729 GStA Merseburg, Reichsverkehrsministerium, Rep. 93 Abt. E Nr. 3295, Bl. 33 ff.

730 Ambrosius, Staat und Wirtschaft im 20. Jahrhundert, S. 77; Ullmann, Interessenverbände in Deutschland, S. 124 f.

Unter der Herrschaft des Nationalsozialismus trat eine solche Konzeption insofern zurück, als die Nationalsozialisten Interessenvertretungen ausschließlich danach beurteilten, ob sie für ihr Konzept der "legalen Revolution" nutzbar zu machen waren oder diesem im Weg standen[731]. Die Interessen der Großindustrie wurden zwar von den nationalsozialistischen Machthabern weiterhin gefördert. Es kam aber zu einer Formierung der Wirtschaft. Gleichzeitig mit der Einrichtung von Zwangskartellen vollzog sich die 1934 abgeschlossene Organisation der Wirtschaft in Gruppen[732]. Am 1.April 1934 trat der Staatsvertrag außer Kraft, durch den die Reichsbahn am 31.März 1920 gemeinsam mit den Ländern geschaffen wurde. Am 19. September 1934 wurden alle Eisenbahnräte aufgehoben[733].

---

731 Blaich, Staat und Verbände in Deutschland zwischen 1871 und 1945, S. 98.
732 Hallgarten; Radkau, Deutsche Industrie und Politik, S. 241.
733 Reichsverkehrsministerium, Hundert Jahre Deutsche Eisenbahnen, S. 548 f.

Achter Teil. Gesamtergebnisse

1. Der Staat hat im 19. Jahrhundert entgegen einer verbreiteten Ansicht in der rechtsgeschichtlichen Forschung im Bereich der Eisenbahnen aktiv in das wirtschaftliche Geschehen eingegriffen.
2. Die Eisenbahnräte haben mit ihren Voten die Eisenbahntarifpolitik der Staatseisenbahnverwaltung maßgeblich beeinflußt, was die Tätigkeit der Eisenbahnräte zeigt.
3. Die Eisenbahnräte hatten entgegen der These von Ziegler nicht nur eine psychologische Aufgabe, die Entscheidungen der Staatseisenbahnverwaltung abzusichern.
4. Die Eisenbahnräte haben die wirtschaftspolitischen Ziele der Preußischen Staatsregierung bei ihren Beratungen befolgt, ohne aber einzelne Branchen oder Landesteile zu bevorzugen.
5. Die Eisenbahnräte haben auch die Aufgabe erfüllt, der Staatseisenbahnverwaltung die unterschiedlichen Interessenlagen zu einer Eisenbahntariffrage zu offenbaren.
6. Die Eisenbahnräte konnten Interessengegensätze nur bedingt ausgleichen, da sich bei den Empfehlungen zumeist eine Interessengruppe durchsetzte.
7. Die Eisenbahnräte waren keine Einzelerscheinung, sondern gehörten zu einer Reihe von vergleichbaren Einrichtungen in allen sozialen und wirtschaftlichen Bereichen im Kaiserreich.
8. Die juristische Einordnung der Eisenbahnräte ist nicht eindeutig möglich. Die Eisenbahnräte standen der Exekutive nahe, ohne von ihr ein Teil zu sein.
9. Die Eisenbahnräte erfüllten die Erwartung der Politiker, die sich von ihnen sachverständigen Rat in Eisenbahnfragen erwarteten.
10. Die Eisenbahnräte erfüllten nicht die Erwartung der Politiker, die sich eine Kontrolle der Eisenbahnverwaltung erhofften, denn die Eisenbahnräte kooperierten mit der Staatseisenbahnverwaltung, um volkswirtschaftlich sinnvolle Lösungen für die Eisenbahnfragen zu erreichen.
11. Die Eisenbahnräte werfen ein Demokratieproblem auf. Entscheidungskompetenzen werden dem demokratisch legitimierten Parlament entzogen und auf Gremien bestehend aus Sachverständigen und Interessenvertretern verlagert. Ein auch in der heutigen Zeit aktuelles Problem.
12. Die Bezeichnung "Räte" leitet sich daher auch von den Räten der absolutistischen Zeit ab.

13. Die Eisenbahnräte waren Einrichtungen, die dazu beigetragen haben, den Wettbewerb zu verwischen. Die Preisbildung durch den Markt wurde durch eine Konsensentscheidung ersetzt (beispielhaft für die Wirtschaftsrechtsgeschichte und heutigen Fragen zu diesen tradierten Entscheidungsprozessen: Berthold, Hank; Bündnis für Arbeit: Korporatismus statt Wettbewerb).
14. Die gegenteilige Ansicht geht davon aus, daß die hierdurch getroffenen Konsensentscheidungen einen wichtigen gesellschaftlichen Beitrag erbrachten und heute noch erbringen (beispielhaft: Giddens, Der dritte Weg).

FSC
www.fsc.org
MIX
Papier | Fördert gute Waldnutzung
FSC® C083411

Kolibri 360 GmbH
Ferdinand-Jühlke-Straße 7
99095 Erfurt, Deutschland
produktsicherheit@kolibri360.de

Druck:
CPI Druckdienstleistungen GmbH
im Auftrag der
Kolibri 360 GmbH
Ferdinand-Jühlke-Str. 7
99095 Erfurt